国家出版基金项目
NATIONAL PUBLICATION FOUNDATION

再读马克思：
文本研究与哲学创新系列 | 郭 湛 主编

中国哲学创新方法论研究

姚新中　陆宽宽　著

中国人民大学出版社
·北京·

总　序

郭　湛

在以往的二百年间，给予世界特别是中国影响最大的思想家，非马克思莫属。用马克思的话说："哲学家们只是用不同的方式**解释**世界，而问题在于**改变**世界。"不同于以往的哲学家，马克思不仅以创新的理论方式解释世界，而且以现实的实践方式改变世界。诉诸实践的马克思主义哲学，以马克思列宁主义等为行动指南的中国共产党及其领导的人民群众的革命、建设、改革的实践，从根本上改变了中国。人们对于这种实践改变的解释可以多种多样，但这种翻天覆地的改变却是不容否认的事实。

哲学是被把握在思想中的它的时代。四十年前，"实践是检验真理的唯一标准"的大讨论，解放思想，实事求是，开启了中国改革开放和现代化建设的新时期。不断发展的马克思主义哲学，深刻影响着人们的精神面貌，不愧为时代精神的精华。在新时代中国的发展中，面对复杂多变的内外部环境，马克思主义哲学的世界观和方法论意义不仅不减，反而日益凸显。哲学是文化的活的灵魂。展望未来，在我们奋力实现中华民族伟大复兴和构建人类命运共同体的实践中，更需要发挥马克思主义哲学这种基本的文化程序和取向的引领作用。

面对新时代的新境遇和新问题，我们在立足实践、关注现实的基础上，必须深入思考、分析、概括、把握国内外发展的方向和道路，审时度势，探索创新，坚定前行。以往中国特色社会主义事业的成功，与马克思主义哲学的指导息息相关；未来中华民族共同体和人类命运共同体的发展，同样离不开马克思主义哲学的世界观和方法论。一个世纪以来的中国历史证明，要能够从思想上引领我们实践的发展，没有任何一种理论学说能够取代马克思主义哲学的核心地位。能够发挥实践引领作用的绝不是凝固僵化的教条，而只能是充满活力的、发展着的马克思主义理论。一部马克思主义哲学发展的历史，始终是在实践中研究和回答时代的迫切问题，同时也不断实现自身创新发展的过程。

"问渠那得清如许，为有源头活水来。"马克思主义哲学理论发展的源头活水，就是马克思主义的经典著作，更是透过这些著作能够感受到的产生这些思想的历史时代。在哲学发展的历史长河中，继承始终是创新的前提，没有充分的理论继承，不可能有真正的理论创新；而不包含理论创新的理论继承，也不可能是真正的理论继承。继承与创新的辩证统一，是文化存在和发展的内在要求。马克思主义哲学的存在和发展也是这样。割裂继承与创新的关系，必然危及哲学的存在和发展。对于马克思主义哲学研究来说，首要的是继承马克思的哲学思想，结合历史时代研究经典文本，解读马克思哲学产生和发展的历史形态；进而要结合当今时代的实践与问题，推进理论和方法的发展，创新马克思主义哲学的当代形态。

马克思逝世之后的一百多年间，中国乃至世界发生了巨大变化，既证明了马克思主义哲学世界观和方法论的真理性，也涌现了马克思当年未曾遇到的许多新的迫切问题，需要从马克思哲学世界观和方法论的高度加以解决。时代的发展呼唤全面而又深入的马克思哲学文本研究，以及在此基础上得以实现的马克思主义哲学理论创新。为此，我们以部分在京高校和科研院所学者为主体，策划和编写了"再读马克思：文本研究与哲学创新系列"丛书。

这套丛书的策划缘于两年前的 2016 年 5 月，习近平总书记主持召开哲学社会科学工作座谈会，强调要加快构建中国特色哲学社会科学。为了落实这一讲话精神，也为了纪念马克思诞辰 200 周年，中国人民大学出版社组织选题策划研讨，决定于 2018 年推出"再读马克思：文本研究与哲学创新系列"丛书。丛书编者与作者共同的目的在于，通过深化马克思主义经典著作研究，解读其文本与思想，拓展当代中国的哲学创新之路。这些著作分别研究了《德意志意识形态》、《资本论》、

《1857—1858年手稿》、《1861—1863年手稿》、《人类学笔记》和《历史学笔记》等经典著作，对其理论线索、思想脉络进行了深入剖析。作者们试图运用马克思主义的理论和方法，进一步探讨当代中国哲学创新的方法论，从比较哲学和应用哲学的角度，分析当代中国哲学创新的可能路径，探索了马克思主义哲学的几种新形态。

马克思主义的经典文本博大精深，相关的文本研究面向的是一个开放的领域。以此为重要前提的当代中国哲学创新，更是一个永无止境的过程。随着学者们研究的推进，我们将陆续推出新的书目。“再读马克思：文本研究与哲学创新系列”丛书第一批，涉及的主要是目前学界研究较少而又有迫切理论需要的经典著作。这一批著作从文献、文本、方法论等方面，对马克思哲学进行深入研究与探索，并将马克思哲学、中国哲学、西方哲学进行比较研究，力图在大哲学的视野下更好地进行理论创新。相信这些研究成果将有助于人们更好地理解马克思的思想，推进我国哲学社会科学学科的发展，引领中国特色社会主义建设实践，实现中华民族伟大复兴的中国梦。期待这套丛书的编者和作者的辛勤努力，能够得到广大读者的理解和回应，产生良好的社会影响。

2018年5月2日于中国人民大学人文楼

中国哲学创新的动能、路径与方向

姚新中

作为一门现代学科，中国哲学学科自 20 世纪初在西方哲学的参照下诞生以来，一直在创新的驱动中不断地寻找自身的合法性、概念体系的合理性、推理论证的独特性。中国哲学“创新”的内在动力一方面来自中国哲学对自身现状的不满，另一方面则源于对更为理想模式的追求；而外在动力则受益于社会发展变化对中国哲学所提出的需求与期待。内在动力与外在动力最终会合在对传统中国思想、外来西方哲学体系和马克思主义哲学的创造性吸收与创新性发展中。中国哲学学科的创新，既根源于哲学的本性，又特别呈现在中国哲学发生、发展、演化的历程中。如何理解当代时空语境下中国哲学创新的含义？如何探寻真正意义上中国哲学创新的必要性与可能性？如何扩展中国哲学创新的空间和检验中国哲学创新的各种不同模式？提出这些问题并试图找到回答问题的途径，就是摆在读者面前的这个“三部曲”系列的起因与设想。

哲学源于人类对人生、社会和世界根本问题的拷问，成长于对这些问题的反思、理解和回应。哲学问题的可重复性与可复制性决定了哲学的普遍性和永恒性，而哲学回应的多样性与可变性则表现了哲学的特殊性和时代性。因此，与其他学科的创新不同，哲学创新的基本追求不是把过去已有的思想推倒重来，而是站上巨人的肩膀以看得更远、借助历史的势能使前进的步伐迈得更大、汲取来自科学技术高速发展所可能产生的启示使哲学思考的空间更广阔且内容更深刻。相较之下，其他学科

（如经济学、法学等）的创新可能会导致对学科基本问题的否定，而哲学则更多是从新的视角看古老的问题或以新的方式重新诠释历史中的理解。自人类文明进入“轴心时代”以来，中外大哲学家们所提出的哲学基本问题（如什么是人性、何为正义、如何获得对世界本质与规律的真理性认识，等等）始终伴随着人类在心智、知识、技能、生产方式、生活方式等方面的进展并在其中呈现出不同的形态。知识的广度、生活的方式可以很不相同，但人类的本性、生活的本质并没有发生根本的改变。这是哲学问题永恒性的基因，代代相传。但从另外的角度看，虽然哲学问题的内在规定性也许并不会随人类偏好的变化而变化，但理解这些问题的视角和回答它们的方式却必须受到时代的制约，从而使哲学探究具有了时空的相对性。哲学正是通过致广大与尽精微、表象解释与深层反思、形式认知与理念探寻之间的交互作用而不断获得发展的动能。

虽然中国哲学作为一门现代学科直到 20 世纪初才得以建成，但其概念、推理、辩证、审问不仅承接西方自古希腊以来的知识积累，而且连贯中国自先秦以降的思想脉络。因此，只有在哲学的谱系中才能把握当代中国哲学的本性和特质，也只有在哲学的历史性与时代性统一中才能理解创新何以对当代中国哲学具有如此特殊的意义。当代中国哲学创新何以可能？要回答这一问题，我们必须从中国哲学本身的性质上进行方法论追寻。因此，本系列三卷的重点落脚之处便在于从方法论的层面对当代中国哲学创新问题的三个方面做出历史的梳理和学理的考察，即《中国哲学创新方法论研究》《比较哲学与当代中国哲学创新》《哲学创新视野中的应用哲学研究》。我们的目的是，探求和论证中国哲学创新在方法论上的必要性、在时间上的可持续性以及在空间语境下的可能性。

中国哲学创新的必要性存在于中国哲学的本性中，这一点只有在哲学与时代的关系中才能鲜明地体现出来。因此，第一卷就以“哲学与时代”为导论，开启我们探讨中国哲学创新方法论的征程，论述我们所处时代的特点和要求、所面临的时代问题，从而引出哲学创新对时代的意义。哲学的时代性使哲学的视野必然受到时代认知所能达到临界点的限制，但新的时代必然会开发出新的可能性，从而使哲学具有未来性。哲学的未来性是问题导向的，提出好的问题是时代的要求，也是哲学的本性。因此，第一章就需要从哲学的元问题，即关于哲学问题的问题入手，来理解哲学创新的性质、特质和空间，来研究哲学问题的在场性、未来性以及问题链形成的必要条件与充分条件。但中国哲学创新的必要性又不仅仅是由哲学问题决定的，它还与中国哲学产生的历史背景以及当前面临的困境密切相关。这必然引向“什么是中国哲学”的问题，所以第二章就从“以西律中”、“以西释中”和“中西会通”三个角度梳理中国哲学学科所遇到的合法性、合理性问题。由于中国哲学特殊的学科建构历程，所以追踪哲学学科在中国的产生和发展历史，分析中国哲学由于特殊建构历程而内含的结构问题，就构成了第三章的主要内容。接续而来的第四章是关于中国哲学的内在张力问题，此章以传统与现代、本土与外来为经纬，检查了中国哲学在内容与形式、理想与现实以及哲学内在要求与时代期望等之间的一致性、矛盾性及其原因。面对这些问题、张力或矛盾，我们该怎么办？于是，第五章便从方法论层面寻求化解的途径和方式。这一章指出了我们以往对这些问题的看法的缺陷，以及应如何转换视角，从相对封闭的迷谷走向视野更开阔的山巅。在这一章，我们试图以“大哲学”的视野面对哲学困境，并在克服这些困境中实现哲学学科的结构变革，并为第六章寻找新的哲学生长点奠定方法论基础。当然，我们也将表明，新的哲学生长点的关键在于多维的融合而非两极的破裂。只有在实践与智慧并重、传统与现代并融、中国性与世界性并立中，我们才有望看到创新性发展的可能。第七章把上述关于哲学创新的思考自觉地应用到哲学教育中，论证哲学理论创新与哲学教育创新之间相辅相成、互相促进的关系。最后，此卷以“中国哲学的返本与开新”为结语，强调当代中国哲学必须在中国哲学、西方哲学与马克思主义哲学的融会贯通中，在哲学厚重的历史传承与时代精神的未来导向之间构筑坚实的桥梁。

当代中国哲学起源的特殊语境和方式决定了其在一开始就是以比较来定位自己，论证自己的存在与发展。因此，如何从比较的视角来理解当代中国哲学创新就成了第二卷的主题。此卷虽然与其他两卷不同，因为其主要内容并不是重新写就，而是由汇集比较哲学领域近年来已经发表的文章所组成，但经过有目的性地编辑、删改和修正，这些文章在逻辑上已经纳入了我们这个哲学创新系列之中，并开辟出当代中国哲学创新研究的一个新途径和新维度。鉴于西方哲学在中国哲学创立之初所发挥的参照性作用，在一定意义上，可以说比较哲学是中国哲学的宿命，相应地，当代中国哲学创新必然要借助比较这个有效工具而加以证成。但由于篇幅和主题所限，此卷所说的比较主要指东西方哲学的互鉴、互释与对话，而没有把世界上其他重要哲学形态如印度哲学、非洲哲学、日本哲学等纳入我们的比较研究之中。我们的关注点在于如何通过批判性地检查比较哲学的理论形态、研究方法、问题意识与创新思路，来研究比较哲学的一些基本问题，如为什么比较、如何比较以及当下比较哲学所面临的问题或困境，目的是在新的时代环境中提出如何进一步推进中西文化的融合，如何实现中西马三种哲学的会通，以及如何使得当代中国哲学更具世界化的视域。

第二卷的导言以哲学比较的方法论开题，检查了迄今为止比较哲学所遵循的三条路线或所使用的三种方法，其关注的重点不是第三条路线与第一条路线和第二条路线之间的差异，而是展现第三条路线形成的内外动因和实践过程，落脚在比较哲学第三条路线与中国哲学话语权等当今重要的理论和实践问题。在第一章，我们具体检查了比较哲学的中国学术语境与研究特点，探讨了以儒学为代表的传统中国哲学与西方哲学语境中的中国哲学之间的互动、互融以及如何由此证成当代“中国的哲学”。此外，我们还探讨了比较哲学的在地普遍性与研究语境问题。全球化时代的来临为比较哲学的研究与学术对话提供了新的思想场域，在这样的语境中，比较哲学既要坚持“言说”的地方性，同时更要在思想上具有全球性视野和普遍性眼光。提出各个哲学传统之间的差异是比较哲学研究的合理性依据，但哲学的在地普遍性与“家族相似性”同样构成比较哲学的重要前提。所有的比较哲学研究都要立足于某个哲学传统，但与此同时，为了真正理解并发展自己的哲学传统，又不能仅限于这个传统，它必须走出自身，向其他哲学传统学习，而这也正是海外中国哲学研究蓬勃兴起的原因之一。比较哲学是要努力改变哲学的地方性定义，将地方文化的狭隘性、经验性限制，扩展为一种新的具有世界历史意义的时代观念和哲学理论。第二章关注于比较哲学的理论形态与研究方法，提出比较哲学是一种有意识的理论建构尝试。比较哲学不同于哲学比较，其目的不在于简单说明两个或多个不同哲学文本之间的异同，而在于促进哲学文本的“视域融合”，并最终实现不同哲学体系之间因交通互镜而生成新的哲学知识体系这一初衷。比较哲学虽然通常以哲学比较的方式呈现，但在问题比较和思维比较的背后，实际上所牵涉的乃是不同道德体系和文明体系的自我定位、自我理解、相互关联以及互竞互争等问题。它涉及在当今文明多样性背景下如何从比较思维开出道德形态学方法，进而在古今对看、中西互镜的道德形态学中探究创新性思维及其启蒙视野。第三章所讨论的主题是比较哲学的学术立场与文化重建。哲学的产生离不开一定的文化场域和思想传统，这些场域和传统便构成了比较哲学的基本立场，哲学虽然不可能无立场地比较，但比较并不是“厚此薄彼”或“以己度人”的思想“判教”。比较哲学的目的是在全球化时代寻找哲学的通达之路，从而为人类的共同命运提供多元而普遍的思想智慧。为此，比较哲学鼓励哲学研究走出各自的“文化围城”，通过克服文化壁垒和打破思想禁锢，最终实现中国哲学传统的文化重建。第四章关注于比较哲学的时代性与哲学会通之路问题，提出比较哲学在当代中国的时代性主要体现为当代儒学研究的特点，体现了中国哲学（尤其是儒学）在面向西方哲学探索“哲学会通”的可能性路径时所使用的观念与方法。当代中国比较哲学之所以具有这种特点，一方面与儒学在中国传统文化中一直占据着核心地位并逐渐内化为中国人精神层面的“文化无意识”有着重要的关联，另一方面也与现代新儒学尤其是海外新儒家在世界范围内对儒学的新探索和全球性推广有着密不可分的关系。第五章以中西智慧观比较为主题。在这一章，我们以早期儒家和古犹太教传统中的智慧观比较为具体案例，通过比较的哲学与伦理学视角，提出比较哲学不能仅限于哲学概念领域，而且要比较文化、比较生活、比较智慧，要通过文化、生活和智慧的互镜来完成思想的“调音”和哲学的创新，要透过“他者”的眼光看到新的自己。在此意义上，中西哲学比较便有必要回到其各自哲学生活的开端，发现儒家和古犹太教传统自“轴心时代”起便呈现出的诸多不同与共性。第六章则回到“大哲学”范围，探讨如何从比较哲学走向世界哲学。比较哲学意味着否定固化，内含吸纳、付出与超越，是超越传统、超越现代性的后现代性和后全球性，这是中国哲学接纳西方哲学，迎接新科技革命，开出一条世界哲学之路的内在原因，也是中国哲学有望成为走向后全球化与后现代化道路上的积极创化力。

比较是当代中国哲学前行的重要途径，但不是唯一途径。当代中国哲学创新不仅仅在于方法论层面的开拓，在于比较领域的开创，更表现在促成了应用哲学的兴起。因此，本系列的第三卷就以应用哲学为主要内容而展开，为哲学创新提供具有实践意义的重要平台。第一章以当代中国哲学的转向为主题，论述了作为哲学转向之时代背景的当代科技发展，包括生物技术对人类存在方式的影响、信息技术对人类交往方式的改变以及人工智能对思维主体的冲击，由此引出多元主义作为哲学转向的认识立场，以及以“大哲学”为内涵的新时代哲学转向进程。第二章论述传统哲学的“降格”，提出在当今时代西方哲学成功实现了从传统的理论哲学到现代的应用哲学的转型，并在转型的过程中完成了西方哲学的自在创新，而我们通过对西方哲学转型过程的梳理和阐释，可以为当代中国哲学创新提供借鉴，从而正确把握当代中国哲学创新的路径和方向。第三章继续西方哲学的叙事，提出西方哲学在现代遭遇到颠覆性转换后，实现了从传统形而上学到当代哲学的转化，这种转化的重要标志就是哲学应用的功利主义尝试、实证主义尝试和马克思主义尝试，并最终通过现象学带来了向生活世界的回归，通过存在主义唤起了对存在本身的关注以及通过分析哲学引发了哲学变革。第四章聚焦于哲学创新视域下的应用哲学研究。这一章从哲学创新的本质、动力及横纵向关系开始，来阐述当代中国哲学创新的可能路径，并从应用哲学在中国所带来的问题和问题意识视角来审查应用哲学如何引领哲学的当代转向，指出应用哲学的兴起对当代中国哲学产生了诸多直接影响，甚至成为当代中国哲学的主要表现形式和未来发展方向；应用哲学研究正在成为当代哲学研究的一个新的生长点，这对我国现代化事业的建设和发展，对新时期哲学研究的繁荣和兴盛已经并将继续产生切实而显著的影响。应用哲学虽然取得了一些进步，但就目前所达到的深度和广度而言还是远远不够的，因为，纵观国内公开发表的研究成果，具有世界哲学视角和哲学意味的应用哲学研究成果非常不足，人们期待的高水平应用哲学研究要么尚属空白，要么尚未系统深入。因此，为了将应用哲学研究和哲学创新从现实性提升到可能性，再从可能性转化为现实性，我们就必须深入应用哲学内部来看应用哲学如何能促进哲学的创新。而这正是我们在第五章中所要做的主要工作，即从应用哲学内含的破本质主义和兴建构主义来检查应用哲学的试错式发展，同时，通过应用哲学的融通性，论证弃理论门户之见、立跨学科视野及建跨文化分析框架的必要性。应用哲学对哲学创新的推动作用也可以从其独特的表达形式中窥见一斑，因为应用哲学往往实行个案式研究、对话式研究和情境式研究，这样的研究可以在深度与广度两个向度来促进哲学的创新性深入和拓展。在上述研究的基础上，第六章引申出中国应用哲学的未来走向问题，指出应用哲学在今日中国方兴未艾，既意味着现实世界日新月异的发展向哲学提出了诸多难题和挑战并等待着哲学做出回应，同时也显示出中国哲学学人不断进行理论创新的尝试，借此着力推动中国理论哲学实现现代转向。这一章重点分析当代中国应用哲学所处的时代（我们将之归结为科技时代）及其问题意识、应用哲学的方法论建构、应用哲学的大问题导向等，因为只有能对这些问题做出系统而有力的回答才能有效推动应用哲学创新并开辟出应用哲学研究的中国模式。

当代中国哲学创新是一个宏伟的主题，我们三年前之所以愿意承担这样一个项目并不是因为我们自以为已经完全掌握了这个主题，而是因为我们感到对该主题的无知但又对追求这个主题的无限热爱。从 2015 年春正式立项到今天，我们不仅在学习中扩展了我们的视野，在思考中系统化了我们的观点，而且在与诸多师友争论中不断深化和改进了我们的认识。三卷本的哲学创新系列能够最终得以完稿，有赖多方面的帮助和支持。我们感谢中国人民大学重大规划项目的支持，没有这样的支持，很多想法可能依然停留在观念之中。我们感谢中国人民大学出版社慷慨而有效地帮助，特别是杨宗元、罗晶、吴冰华等编辑为出版立项、报审、编辑所做的大量工作。我们感谢北京大学哲学系赵敦华教授，中国社会科学院赵汀阳研究员、刘素民研究员，北京师范大学刘笑敢教授，东南大学樊浩教授等学者在立项开题会上对该课题研究的内容与方式提出了许多宝贵意见和建议，其中的很多已经为我们随后的研究所采纳和发展。我们还要感谢国内外学者在哲学创新、哲学比较领域所做的重要突破，他们的工作对我们的思考和写作给予了有益的启发。我们特别感谢香港中文大学黄勇教授、武汉大学吴根友教授、北京师范大学田海平教授、新加坡南洋理工大学李晨阳教授、美国夏威夷大学成中英教授等知名学者，感谢他们同意我们借鉴、使用他们已经发表的文章，他们的学术观点、论证思路和理论见解已经成为本系列特别是第二卷《比较哲学与当代中国哲学创新》中的重要组成部分。最后，作为“当代中国哲学创新研究”的立项负责人，我由衷感谢这个研究团队的所有成员，特别是李萍教授、臧峰宇教授和陆宽宽博士为本项目得以顺利实施和完成所做的大量工作和贡献。

当代中国哲学创新是一个思之常新的话题，而我们的研究只能是阶段性的成果。已经达到的认知可能依然无法令人满意，毕竟，呈现在读者面前的这三卷书作在思想上还有很多缺漏需要补遗，在理论上还有许多面向有待完善，在观点中也还有许多论述有待证实……通向真理的道路总是漫长而艰苦，但好在哲学的探索也从来不是一劳永逸的事业，我们还将继续我们的思考，我们的理论反思和实践探索也将永远在路上。

2019 年 1 月于中国人民大学静园

目　录

导论　哲学与时代 …… 1
第一章　关于哲学问题的问题 …… 9
1.1　问题与哲学问题 …… 10
1.2　哲学问题的生长力 …… 13
1.3　哲学问题的性质 …… 17
1.4　哲学问题的传承 …… 24
1.5　哲学问题的循环与消失 …… 28
第二章　何谓“中国哲学” …… 35
2.1　以西律中：中国哲学是“哲学”吗 …… 36
2.2　以西释中：中国哲学不是“哲学”吗 …… 50
2.3　中西会通：中国哲学是何种“哲学” …… 67
第三章　中国哲学的学科历程及其结构困境 …… 77
3.1　中国哲学的学科历程 …… 78
3.2　中国哲学的学科建制 …… 93
3.3　中国哲学学科的结构困境 …… 99
第四章　中国哲学的内在张力 …… 106
4.1　传统与现代之“续” …… 106
4.2　本土与外来之“序” …… 117
4.3　内容与形式之“叙” …… 132

第五章　中国哲学创新的方法论突围 …… 147
5.1　方法论：非此即彼 …… 148
5.2　“大哲学”：方法论的革新 …… 161
5.3　“大哲学”与中国哲学创新 …… 173
第六章　中国哲学的可能生长点 …… 184
6.1　实践与智慧并重 …… 184
6.2　传统与现代并融 …… 195
6.3　中国性与世界性并立 …… 208
第七章　哲学创新与哲学教育 …… 222
7.1　哲学与哲学教育 …… 223
7.2　哲学教育的时代反思 …… 233
7.3　“大哲学”与哲学教育的创新 …… 246
结语　中国哲学的返本与开新 …… 252

参考文献 …… 257
后记 …… 272

Contents

Introduction　Philosophy and the Times ······ 1
Chapter One　Questions about Philosophical Questions ······ 9
1.1　Questions and Philosophical Questions ······ 10
1.2　Growing Power of Philosophical Questions ······ 13
1.3　Nature of Philosophical Questions ······ 17
1.4　Inheritance of Philosophical Questions ······ 24
1.5　Circulation and Disappearance of Philosophical Questions ······ 28
Chapter Two　What is "Chinese Philosophy" ······ 35
2.1　The Western Model for the Chinese: Is Chinese Philosophy the "Philosophy" ······ 36
2.2　Interpreting Chinese as the Western: Is Chinese Philosophy not the "Philosophy" ······ 50
2.3　Intercommunication between the Chinese and the West: What Kind of "Philosophy" Chinese Philosophy Is ······ 67
Chapter Three　Historical Evolution of Chinese Philosophy Discipline and Its Structural Dilemmas ······ 77
3.1　Historical Evolution of Chinese Philosophy Discipline ······ 78
3.2　The Establishment of Chinese Philosophy Discipline ······ 93

3.3 The Structural Dilemmas in Chinese Philosophy Discipline ······ 99
Chapter Four Inhabitant Tension of Chinese Philosophy ······ 106
4.1 "Continuation" from Tradition to Modernity ······ 106
4.2 "Order" of the Native and the Foreign ······ 117
4.3 "Narratives" of the Content and the Form ······ 132
Chapter Five Methodological Breakthrough in Chinese Philosophy ······ 147
5.1 Methodology: One or the Other ······ 148
5.2 "Macro-Philosophy": Methodological Innovation ······ 161
5.3 "Macro-Philosophy" and Innovation of Chinese Philosophy ······ 173
Chapter Six Possible Growing Fields of Chinese Philosophy ······ 184
6.1 Valuing Both Practice and Wisdom ······ 184
6.2 Integrating Both Tradition and Modernity ······ 195
6.3 Co-existence of Chineseness and Globality ······ 208
Chapter Seven Philosophical Innovation and Philosophy Education ······ 222
7.1 Philosophy and Philosophy Education ······ 223
7.2 Contemporary Reflections on Philosophy Education ······ 233
7.3 "Macro-Philosophy" and Innovation of Philosophy Education ······ 246
Conclusion Returning to the Root and Opening up New Thinking ······ 252

Bibliography ······ 257
Postscript ······ 272

导论　哲学与时代

哲学与时代是一个历久弥新的课题，哲学的魅力之一在于每一代哲学学人都要反思他们的哲学思想与他们所处时代之间的关系问题：如何既能站在时代的前列，提出理解当务之急问题的方法和视角，又能立足历史的高度，批判性地反思这些所谓的新问题、新方法、新视角，超越短期利益诉求，指向人类哲学思想的深处。在这个意义上说，每一种哲学都有它自己的"现时代"，而每一个时代也都呼唤着适应它自己的哲学。从表面上看，自西方的苏格拉底、中国的孔子、印度的释迦牟尼、希伯来语《圣经》等具有标志性的时代人物和文本出现以来，哲学的术语、问题、论辩似乎沿袭多于创造。但实际上每一代哲学家、每一个时代都在重新诠释这些术语，都在从不同的角度反思这些问题和论辩，在递进中传承人类的哲学思想，在传承中加深对世界、人生与社会的哲学理解。今天，我国已经全面进入快速全球化、深度现代化、文化多元化的时代，哲学如何既继承以往的哲学遗产，又适应新条件下的需要，引领时代的精神发展，就成为当今哲学学人必须认真思考的重要内容之一。

1. 哲学与时代：历史的回顾

谈及哲学与时代，人们常常会想到黑格尔和马克思关于这一问题的经典表述。前者说，哲学"是被把握在思想中的它的时代"①；后者更

① 黑格尔. 法哲学原理. 范扬，张企泰，译. 北京：商务印书馆，1961：12.

是明确指出，“任何真正的哲学都是自己时代的精神上的精华”①。真正的哲学绝不简单地等同于时代主流思潮，而是以批判性思维对当前思想的提升。然而，在一些人看来，“时代精神”“思想精华”这些动人的字眼可能只不过是哲学的自我粉饰，因为实际上哲学与现实的距离不是越来越近而是渐行渐远。更有人争辩说，随着科技的发展和进步，各个学科门类研究的分化和细化以及整个社会日趋实用化、技术化，哲学已经沦为看似玄妙其实毫无用武之地的“屠龙之技”。这样的看法反映在哲学内部就是，有些哲学家表现出对哲学本身之价值和地位的焦虑（如利奥塔就曾感叹：“哲学的大厦已成废墟”）。换句话说，哲学的身份和哲学在现时代的合法性都出现了危机。这样的危机和疑虑虽然在哲学史上从未真正成为哲学思想的主流，但也常常成为困扰哲学家的重要问题，而对这一问题的回答又构成整个哲学史的一部分。在当下这个知识爆炸、功利主义盛行、思想隐退的时代，对这一问题的重思不仅恰逢其时，而且有着十分重要的理论意义和时代意义。

21 世纪是现代化继续扩展和深化的时代中的一部分，“向前看”的思维模式依然主导着思想潮流，哲学领域也频繁出现“哲学前沿”“思想前沿”“理论前沿”等提法。哲学领域虽然不断出现貌似新的主义、理论、学说，但新的学说总是与哲学史密切相关。与实用学科不同，哲学的前沿和后方并没有严格的划分，过于强调哲学的所谓“前沿性”只会切断哲学发展的脉络，把哲学对现时代的反思与以往的哲学积累分割开来。进而言之，哲学对时代的反思既是纯粹而深刻的，同时也是艰苦而困难的。它的每一次探索都不过是以新的方式不断返回原点而已，而这个原点被雅斯贝尔斯称为人类思想的“轴心时代”（公元前 800—前 200 年）。在雅氏看来，“轴心时代”在中国、印度、欧洲三大区域“产生了直至今天仍是我们思考范围的基本范畴，创立了人类赖以存活的世界宗教之源端。无论在何种意义上，人类都已迈出了走向普遍性的步伐”②。“这一过程的结果是，以前无意识接受的思想、习惯和环境，都遭到了审查、探究和清理。”③ 换句话说，雅氏所说的“轴心时代”的

① 马克思恩格斯全集：第 1 卷. 北京：人民出版社，1995：220.

② 卡尔·雅斯贝斯. 历史的起源与目标. 魏楚雄，俞新天，译. 北京：华夏出版社，1989：9.

③ 同②.

标志就是真正意义上的哲学的出现，按雅氏的描述就是："哲学家首次出现了。人敢于依靠个人自身。……人证明自己有能力，从精神上将自己和整个宇宙进行对比。他在自身内部发现了将他提高到自身和世界之上的本原。"①

"轴心时代"的人类第一次系统地思考哲学与时代的关系问题。这一思考的普遍性在于提升人的主体性和设立超越的世界，并在这两种似乎矛盾的价值之间找到了平衡。作为对特定时代要求的回应，每一种轴心文明在如何理解主体性、采纳何种精神取向上具有本质上的相同性，但在具体方式和途径上却各具特色。中华文明与欧洲文明之精神取向的核心都是实现超越，但在超越方式和途径上两者呈现出了不同，后者是通过有神文化而展现出向现实世界之外（之上）的超越，而前者则通过"天人合一"而展现出影响深远、具有鲜明"内向超越"倾向的文明存在方式。在"外向超越"的哲学形态中，产生了以柏拉图为代表的哲学体系，把世界区分为两个部分，即完满的理念世界和可朽的现实世界：前者是永恒的，而后者只是前者的摹本。"善"（good）的理念并不在人性中，而是在一个完全与人无涉的超越领域里，处于永恒不变的静止状态。哲学鼓励个人超越后者而与前者合为一体。中国思想家通过百家争鸣发展出了"内向超越"哲学形态。中国哲学认为世界只有一个，虽然也有"天人之分"的论辩，但总体上中国哲学家都承认"天道"和"人道"并不遥远。"道不远人"，因为"道"或"天道"不在人道之外而在"人伦日用"之中。② 哲学不是要寻求超越这个世界，而是要在实际生活、世界运行中体验"生生不息"的大化流行以"得道"。由于"天道"在"人道"中，所以哲学需要直接地向人"心"用力。无论是孔子的"人而不仁，如礼何？"（《论语·八佾》）的疑问，孟子关于"尽心知性而知天、事天"的认知辩论，荀子关于"治气养心"的实践途径，还是韩非子关于"虚心以为道舍"（《韩非子·扬权》）的形上论断，它们都指向一种"内向超越"哲学形态，为后来中华文明的发展奠定了坚实的

① 卡尔·雅斯贝斯. 历史的起源与目标. 魏楚雄，俞新天，译. 北京：华夏出版社，1989：10.

② 李泽厚指出："在中国，'天道'与'人道'是同一个'道'。'天''天道''天命''天意'总是存在和呈现在'人道'之中。"（李泽厚. 由巫到礼 释礼归仁. 北京：三联书店，2015：26）

基础。

寻求内向超越的哲学精神适应了那个时代中国的特殊环境，并在成功吸收与改造道家文化、佛教文化后日趋完满，从而在很长一个时期内占据着中国思想的主流，打造出一个虽然有诸多问题但总体上还算繁荣的东亚儒家文化圈。然而，这样的大一统格局在19世纪以后由于西方列强的入侵而分崩离析，以内向超越为牵引的哲学受到以外在超越为驱动的文化的无情打击。随之而来的是，哲学与时代的关系一次又一次地被提上日程。无论是洋务运动还是中体西用、全盘西化、苏联模式等，都包含着哲学对时代的回应，表现了中国哲学在面临“三千年未有之大变局”时的仓促应对。自此，中国哲学学人开始了长达一个多世纪的思索和探讨，各种截然不同或略微相近的主义、思潮、取向在古今中外的激辩中纷至沓来，在哲学空间中进行着多方位的攻防搏斗。哲学中的这一局面并不奇怪。欧洲古希腊的哲人、中国春秋战国时代的思想家正是通过类似的争鸣、辩驳而最终形成他们对时代的回应并建立起相应的哲学体系。虽然哲学的本质表现为历史的厚重、思想的深沉，在变化莫测的时代面前总是略显滞后，但我们不必为此感到过度的忧虑，因为剧烈变化的时代也为哲学发展提供了契机和动力。从大历史的视角看，哲学一定可以通过对物质、文化、制度、心理层面之变动的反思、提炼而展现出新时代的思想精华，也可以在反思时代精神中呈现超前性，为中华文明在新时代的发展奠定自己的精神取向。

2. 哲学与时代：当今的反思

然而，上述对哲学与时代互动的大历史自信在今天的具体现实中还没有完全表现出来。哲学界内外似乎都有一种深深的局促与不安，大家普遍感到“中国的哲学”的现状距离人们的期待甚远，哲学的前行有待于跟上时代的步伐，更有待于在急剧变动的时代中引领思潮的发展。以中西方哲学结合而生成的新型中国哲学形态诞生百余年来，似乎依然无法超脱古今中外之辩的套路，更不要说由蛹蜕变为自由飞舞的美丽蝴蝶。换句话说，中国哲学在现时代依旧困惑于有用无用问题之间，而对创造新范型、提出新理论、提炼时代精神则无从用力，在发展自己独特的精神取向和境界以及如何能在世界哲学之林中占有应该具有的地位等方面更缺乏广泛的共识。之所以会出现这样的情况，既有时代的原因，也有中国哲学自身的问题。反思哲学与时代在当今的问题、问题产生的根源以及可能的解决办法，是一个巨大的任务，需要全方位、多层次的思考与辨析，但初步而言大体可以从以下三个方面入手。

第一，21 世纪人类认识能力提升、领域扩大和层次加深所带来的变化日新月异，使哲学遇到了巨大的挑战。宇宙科学、生命科学、人工智能等新兴科学的兴起，互联网、物联网、大数据等技术的广泛使用，正在迅速改变着人们的思维方式、生活方式、行为方式，同时也改变着人们对传统哲学问题如物质与意识、心身关系、自由意志、社会公正等的认识和期待。哲学发端于人类的好奇，古希腊哲学最初来自对世界本源的寻求，中国哲学则起因于对社会治乱、宇宙秩序原因的探讨。哲学思考虽然一经产生便沿着自己的标识特立独行，但从根本上说，哲学与人类已经达到的知识水平是一致的。哲学的发展依赖科学的进步，哲学概念、哲学问题的重新理解也与科学技术的新发现有着不容忽视的关联。宇宙大爆炸、暗物质、反物质的推论、量子力学的新理论等不可避免地影响着人们对宇宙本源的哲学分析，基因的分解与组合、脑神经科学的实验对人们已有的关于意识本质、知行关系的伦理解释提出了挑战。因此，在今天做哲学仅仅有哲学史的知识是不够的，仅仅凭借以往的教科书是无法对哲学问题给予完满解释的。做真正的哲学必须了解现代自然科学和技术的新发现、新发明，必须理解现代社会科学和经济科学提出的新模式、新模型。唯有如此，哲学才有可能提出新的思维范式或对问题的新理解，才有可能保证不会变为被时代抛在身后的套话、大话、空话，从而始终与时代结伴而行、对社会有用、为人类生活所需。

自然科学、社会科学的发展向哲学提出了挑战，但同时也可以成为哲学取得进步的重要基础。知识的扩展和提升对哲学造成的影响并不全是负面的。哲学是“爱智之学”，哲学的目的是智慧。知识虽然是构成智慧的一个重要基础，但对哲学来说，更重要的是“转识成智”，以避免成为知识的奴隶，正如施特劳斯（Leo Strauss）所说，“屈从于解决之道的诱惑，是哲学面临的根本危险”①。如何使哲学发展与知识进步同步，对新的知识结构给予新的解释，使之既指导科技发展又成为哲学进步的阶梯，是我们今天需要认真思考的问题：“宇宙学、生命医学、

① 施特劳斯，等. 论僭政. 何地，译. 北京：华夏出版社，2006：213.

神经科学、基因学、人工智能等等的新发现正在改变着我们对世界、对生命、对自我、对未来的观点和看法，而这些必然会对我们的哲学思考产生重大影响。哲学既是科学新范式、技术新突破的前提和条件，同时科学技术领域的重大突破也为人类认识世界和自我昭示着新的哲学范式。”①

第二，全球化的迅猛发展和现代化的深入展开使原来相互分割的学科日益贯通，也使曾经作为哲学深化手段的二级学科分割日渐不合时宜。现时代中国哲学学科内部出现的结构困境起源于中国哲学形成和建构的历史，中、西、马三分天下的哲学格局凸显了中国学术的基本特色。学院式哲学在其独特的历史进程中又造就了以二级学科为“经”、以教研室/研究室为“纬”的基本框架。由此导致的结果是：一方面，中国的哲学院系因“种类齐全”而成为可能是世界上人数最多、规模最可观的哲学研究队伍；另一方面，每个二级学科都需要在古、今、中、西、马五个维度有所发展，从而导致哲学学科内部产生了叠床架屋的复合型结构。因为研究资源有限，所以不同学科之间、不同导向之间势必会由于竞争而相互排斥，这种竞争在哲学教育上的反映就是，强化哲学学科的知识传递功能，淡化哲学教育中理性批判思维的培养、方法论的训练以及选择能力的提升。如果哲学教育仅仅成为数量至上、规模扩张的战场，那么知识的传递就必然会取代对智慧的追求，从而使哲学丧失作为思维方式之基础的功能。

面对这样的困境，如何打破学科间的学术壁垒，融哲学的中国性与世界性、传统性与现代性于一体就显得格外迫切。作为时代精神的精华，哲学只能通过对智慧的不断追求才能实现中、西、古、今的贯通。但不同时代的人都只能站在各自不同的“洞穴”中，从不同的视角看待自己那个时代的世界。在全球化日益成为我们的基本生存样态、哲学各领域日益交互融合的今天，我们固然要以地方化和具体学科研究的深化来应对全球化和学科交融所带来的挑战，强化中国哲学的特色和本学科的特殊视角，但同时绝不应当固执于我们所掌握的哲学特殊性，并使之与哲学的普遍性对立。实现哲学领域的全球化与地方化、普遍哲学与特殊学科的合一，就应当打通哲学研究中的各种时空壁垒，形成一种非

① 姚新中，陆宽宽. 当代中国哲学的结构困境. 哲学研究，2016 (3)：126.

传统意义上的“大哲学”，从而在哲学的知识性和智慧性、哲学的中国意象和世界眼光，以及哲学的“现代化”和“化现代”之间保持良好的张力。

第三，随着智能通信的普及，大多数中国人特别是知识阶层、城市居民正在步入后现代生活。后现代社会对哲学提出了双重要求：既能作为当代日常生活基础的思维训练，又能作为超出日常思维习惯的精神追求。前者必须立足现实、深入实际生活，是关于现实生活的思辨；后者则必须超脱现实、高于现实，是远离现实的精神理想。起源于西方的经验主义与理性主义本来就各有侧重，展现出哲学的现实性和理想性的双重品格。以我们现有的哲学结构、知识结构，要把这两个方面结合起来，满足现实性与理想性的双重要求，必定会表现出力所不及。因此，不同二级学科的哲学学人常常会偏向一端：或者强调哲学的生活化、现实化，把哲学与实用学科相融合，这样的所谓哲学始终困扰于现实问题，成为解释现实和为现实辩护的工具，难以提升为真正哲学的思考；或者强调哲学的思辨性、精神性，这样的所谓哲学会成为纯思维游戏，把理性等同于“超验”，把思考当作概念的推演。两种偏向都无法体现哲学与现时代的真正关系。与现代社会的规范化不同，后现代社会的标志之一是张扬个性和自主创新，而创新在哲学领域表现为形成新的范畴或诠释已有的知识范式。在法国哲学家德勒兹（Gilles Deleuze）等人看来：“严格地说，哲学是一门创造概念的学科。”“哲学的目的就是不断地创造新概念。”① “尼采这样规定哲学的任务：‘哲学家不应该仍满足于别人交到自己手里的概念，进而揩拭一番，使其重放光芒。哲学家应当着手制造、创新和提出概念，并且说服人们去运用。’”② 或者就是，“假如人们在谈论一位哲学家时说：他没有创造什么概念，他没有创造自己的概念，那么这位哲学家还有多少价值可言呢?”③ 在同样的意义上，杨国荣也提出了新哲学形成的两条途径，他说：“新的哲学思想的形成，或者通过新概念的提出而实现，或者通过对已有概念的重新阐发

① 吉尔·德勒兹，菲力克斯·迦塔利．什么是哲学?．张祖建，译．长沙：湖南文艺出版社，2007：205.

② 同①206.

③ 同①207.

而展现出来。”[①] 哲学的现实性与理想性合一的方式是通过特有的概念把握时代，概念与时代之间内在的、深层的关联性是哲学不脱离时代的重要保证。

作为时代精神的哲学应当以创新回应后现代生活的现实，而哲学概念的解释力可以被看作检验这一回应的重要指标，没有“哲学概念”及其背后所内含的思想理论，哲学创新就是一句空话。“哲学家们只是用不同的方式**解释**世界，而问题在于**改变**世界。”[②] 马克思虽然把重点放在改变世界，但也肯定哲学是以不同的方式解释世界；解释世界的本质是创新，而解释世界的基本工具是哲学概念。但哲学创造概念、解释世界并不是玩弄文字游戏，概念的创造要具有现实的内容，要能体现时代精神的精髓，它不是纯粹抽象思辨的结果，而是人类理解世界的“视角”，是“理念”的哲学显现。每一个哲学概念的创造都应当有助于人类更好地理解自己所生活的世界，有助于人类更好地改造这个世界。

---

① 杨国荣．如何做哲学．哲学动态，2016（6）：8.

② 马克思恩格斯选集：第1卷．北京：人民出版社，2012：140.

第一章　关于哲学问题的问题

亚里士多德曾说，哲学始于人的原初讶异。“人都是由于好奇而开始哲学思考，开始是对身边所不懂的东西感到惊异，继而逐步前进，而对更重大的事情产生疑问。”① 有了好奇和惊异，人便会生出疑问，继而开始思考和探究，古希腊哲学就是在这种思考和探究中走出了神话与宗教的世界。在古希腊，哲学最初的思考对象是自然，第一批哲学家也常常被称为自然哲学家。自然哲学家之后，苏格拉底等哲学家开辟了哲学研究的新方向，他们把哲学从天上拉回人间，开启了哲学关照人世的进程。哲学获得了扩展的空间，关于自然背后原因的探索（如宇宙论、本体论、形而上学等）和关于人事之理的探索（如伦理学、认识论、政治哲学等），共同构成了哲学的两个核心组成部分（逻辑学、宗教哲学等则可以被视为这两个部分的方法论基础和扩展）。

哲学离不开问题，这一点从哲学诞生的原因和过程中便可知晓。打开任何一部哲学著作，我们都可以轻松找到一些哲学问题以及不同哲学家对这些哲学问题的回答。我们如果按照时间或者逻辑顺序将这些问题和回答串联起来，那么看到的就是一部非常直观的哲学史。但哲学和问题的关系并非只是单向的，哲学可以提出问题，通过问题我们也可以反思哲学，如果我们把哲学提出的问题称作哲学问题，那么通过问题反思哲学便可以算得上元哲学问题，或者说关于哲学问题的问题。哲学家们

① 亚里士多德. 形而上学. 苗力田，译. 北京：中国人民大学出版社，2003：5.

虽然并不过多地谈论元哲学问题，但这并不意味着元哲学问题不重要，相反，有些元哲学问题甚至比许多哲学问题本身更重要，比如，什么是哲学，什么是哲学问题，等等。当然，无论是哲学问题还是元哲学问题，首先都是哲学，或者说都是哲学的问题，只不过哲学问题是以哲学的方式探索问题，而元哲学问题是以问题的方式探索哲学。如果说前者构成了哲学的主体，那么便可以说后者构成了哲学的前提。就此而言，在追问中国哲学的问题之前，我们或许可以先从元哲学问题的视角就一些有关哲学问题的问题做一番考察，而对这些问题的思考将有助于我们更好地进行后续的研究工作。

1.1 问题与哲学问题

问题是哲学澄明和显现自身的窗口。哲学常常以问题而始，问题常常因哲学而“终”（终极），但相比之下，没有问题的哲学比没有哲学的问题更令人不可思议。因为哲学天然是问题，但问题并不必然都是哲学。简单而言，问题之所以能够被提出，常常是因为人类的好奇、疑问或困惑，提出问题本是为了寻求答案，但并非所有的问题都有答案或者都能得到有效的回答。一般来说，我们可以宽泛地把问题分为两种，一种是认识论的，一种是存在论的。前者表现为对认识的疑问和对知识的渴求，而后者则表现为有关生存的焦虑和对价值的追寻。对认识论问题而言，问题的症结往往在于知识的匮乏，因此我们只需要通过建立或补充对认识对象具有有效解释力的知识体系便足以解决问题。但对存在论问题而言，只有知识是不够的，或者说知识在这种问题上常常是无效的。因为存在论问题关涉的不仅是认识，而更多的是人的生存，它需要的不是有关事实的解释，而是对价值和意义的支撑。在此意义上，问题便不再是单纯的需要回答（ask and answer）的问题（question），而成了要不要去做（to do or not to do）的难题（problem）。如果说前者的焦点还在于答疑解惑，那么便可以说后者的重心是安身立命。因此，有哲学家指出：“提出一个问题（question）是一种理智的活动；而面对一个难题（problem）则是涉及整个人身的一种处境。一个问题是渴求知识的产物；而一个难题则反映了困惑甚至苦恼的状态。一个问题寻求的是答案，一个难题寻求的是解决方案。”① 问题不解决，一个人顶多是无知；但难题不解决，一个人就很可能无法好好生活。就此而言，存在论问题乃是根植于我们每个人的生存处境中的难题，是我们每个人都无法逃避的共同命运。哲学问题便是这样的难题。

哲学问题虽然不像认识论问题那样能够产生“可靠”的知识和科学，但哲学并不会因此而成为无用之学，甚至遭到废黜。因为哲学是根植于人性最深处的形而上学冲动。哲学问题虽然也试图寻求答案，但与认识论问题不同，它往往没有标准答案，换句话说，哲学并不是为回答问题而生的。这不是说哲学问题不需要回答，而是说对哲学问题的回答往往超出了知识的范围，甚至超出了人类理性能力的承载范围。哲学问题常常是终极性的问题，比如关于世界的本原、人生的幸福、人类的命运等的问题，这些问题往往超出了有限理性者的凡思。人类并不是上帝，并不具有“上帝之眼”，既不能跳出自己的身体和皮肤去感知与思考，也无法站在时空之外去筹划人类的总体命运。因此，对于哲学问题，人类所能提供的只有哲学的意见，而没有哲学的知识。对哲学问题的答案，我们常常只能说好与不好，而很难确定对与不对。这样的结果确实让人有些沮丧，但让人更沮丧的是，我们不得不忍受甚至接受哲学的这种处境。哲学可以高傲地提问，但必须学会谦卑地回答；否则，哲学要么走向独断，要么沦为对生活无用的旁白。这一点从哲学的源头便可以窥出些许端倪。我们说，在哲学的故乡古希腊，哲学被视为“爱智之学”，哲学并不是知识，甚至不是智慧本身，而是对智慧的热爱和无尽追寻。智慧被称为一种“神技”，为神（智慧女神雅典娜）所拥有，凡人所能做的只是热爱并追寻智慧，由此便形成哲学，这是人靠近神的最安全的方式。否则，人类便有可能如苏格拉底所说，因直视阳光而弄瞎自己的双眼。苏格拉底把哲学从天上拉回人间，并成为神谕中最有智慧的人，但他本人对神谕的最佳解释则是：我只知道自己一无所知。这种诠释或许意味着，人只有认识到自己的无知才能学会谦卑，虚怀若谷，也只有摒除所有的偏见，才能真正开始向智慧之路迈进。因此，认识自己乃是哲学的第一步，而真正的哲学则只能在途中，在通向智慧的

---

① A. J. 赫舍尔. 人是谁. 隗仁莲，安希孟，译. 贵阳：贵州人民出版社，2007：1.

途中。

我们说，哲学研究问题但并不研究所有的问题，或者说并不是所有的问题都具有哲学性，这一点从上文对问题的二分中便已知晓。哲学问题与一般问题的最大不同在于，哲学问题是对终极性问题的追思，是一种特殊的“元”（meta-）问题。一般问题可以停留在事物的表面，但哲学问题则必须深入事物的背后和根基。因此，哲学问题常常是终极性问题，这是由哲学自身的特性决定的。那么，接下来的问题便是：哲学问题是由谁提出的？通常而言，我们并不认为只有哲学家才能提出哲学问题，即便未受过严格哲学训练的人也可能提出有意义的哲学问题，比如著名的“高更（Paul Gauguin）三问”：我们从何处来？我们是什么？我们往何处去？（Where do we come from? What are we? Where are we going?）从某种意义上说，这些问题确实是三个重大的哲学问题，但我们并不因此而认为凡是这般提问的人都是哲学家，因为他们的这种提问在哲学意义上未必是自觉的，即便是自觉的，他们也无法哲学地思考和回答这些问题，而哲学地思考和回答这些问题甚至比哲学问题更重要。因此，在回答谁才能提出哲学问题时，我们必须把能够思考和回答哲学问题视为能提出哲学问题的构成性条件。如此一来，如果我们把那些能够进行哲学思考并能以哲学的方式回答哲学问题的人叫作哲学家的话，那么我们似乎就只能说是哲学家真正提出了哲学问题，或者换一种说法，哲学问题就是哲学家以哲学的方式提出的问题。这个结论虽然与我们通常的印象有些出入，但却是经过理性反思所达到的。在保留前提条件的情况下，我们认为这一结论是合理的。在人类历史上，我们通常把古希腊哲学家泰勒斯视为第一个哲学家，因为他最先有意识地提出了第一个哲学问题并给出了哲学的回答。他的问题是：世界的本原是什么？也就是说：世界是由什么构成的？世界从哪里来，最终又去向哪里？泰勒斯给出的答案是：水。这样的回答多少有些让人气馁，我们也无从得知他为什么会得出此结论，也许是因为看到所有的生命都离不开水，也许是因为整个希腊世界都被海水包围，但无论如何，他提出了第一个哲学问题，并给出了哲学的回答。泰勒斯之后的哲学家们接过了这一问题，并对他的回答进行了完善，从而导致世界上第一个哲学词汇和第一种哲学形态的诞生，这就是“本原”概念和“本体论”形态，本体论也即对世界本原的哲学追问。虽然哲学家们对本体论的回答见仁见智，但这并不影响本体论被发扬光大，这一最初的哲学问题也没有因为缺乏一致的答案而退场。相反，本体论不仅成为哲学的最初形态，而且成为哲学的最基本形态，其后的哲学形态，如认识论、价值论、语言哲学等，都可以从本体论中衍生出来。

1.2　哲学问题的生长力①

哲学形态的改变往往意味着哲学问题的转移，而哲学问题的转移往往又与时代变迁密切相关。通常而言，我们认为，任何一个哲学问题都要依附于一个特定的时代，没有哲学的时代是可悲的，没有时代的哲学是可笑的。哲学的时代性不仅仅体现为如上所述的黑格尔和马克思对哲学与时代的宏观把握，它首先而且更真实地体现为哲学如何在具体的时代中提出有意义的哲学问题。泰勒斯及其后继者们在哲学诞生之初追问世界的本原，于是方有自然哲学；苏格拉底把哲学从天上拉回人间，柏拉图和亚里士多德追问变动世界背后的不变者，于是有形而上学；到了希腊化时期和罗马时期（公元前 322—公元 529 年），战争频仍，民不聊生，人不如犬，哲学家们纷纷开始追问人生和伦理问题，遂有伦理学的繁荣；而后宗教哲学、认识论、先验哲学、经验主义、理性主义、马克思主义哲学、哲学的语言学转向、存在主义、政治哲学的复兴等，都是哲学在面向具体时代而提问时所产生的哲学体系。在中国，孔子面对“礼崩乐坏”的时代而追问如何复礼，遂有“仁”；老子看到治乱兴衰而发问，遂有“道”。在印度，释迦牟尼看到人生疾苦而发问，遂有“佛”。总之，所谓哲学离不开时代，主要是说哲学问题离不开时代，而哲学问题离不开时代主要是因为提出哲学问题的哲学家离不开时代。哲学不像数学和物理学等科学可以有独立于时代的问题域，哲学自身没有问题，哲学的问题都是时代的问题，离开时代，哲学便不能开口，哲学一旦开口，便已有一个时代在其中。

需要指出的是，哲学问题离不开时代并不意味着哲学问题必然是时

① 从本节（1.2）的第二段始至本章第五节（1.5）的倒数第三段止，是根据赵汀阳教授 2017 年 3 月在中国人民大学的一次讲座录音改写而成，特此说明，并对赵汀阳教授同意将其内容纳入本书表示感谢。

代的前沿问题。哲学可以有自己的前沿，但这未必是时代的前沿，相反，哲学前沿很有可能是非常古老的东西，比如古典哲学之于文艺复兴时期。因此，这就涉及如何理解哲学的前沿这一前提性问题。那么，什么是哲学的前沿？是英语中的 advance guard（前卫）、frontier（前锋）、pioneering（领先），或是 hottest（最热门的）、newest（最时髦的）topics（话题）之类的？当我们提到哲学的“前沿问题”时，到底哪一个“前沿”才是我们真正想要的“前沿”？或者由此我们也会想到，是不是还有一些问题会被认为是不“前沿”的、“落后”的，或者是过时的？如此，我们如何判定一个问题到底是所谓的“前沿”问题还是所谓的“落后”问题？这些都是问题。古人云：“江山代有才人出，各领风骚数百年。”（赵翼：《论诗五首·其二》）经典的问题和思想尚且会成为历史，更何况那些仅仅是时下最热门、最时髦的问题？如果哲学总是热衷于追逐所谓时下最热门、最时髦的问题，那么我们的哲学研究就很可能始终是非常浅层次、非常表面化的思考。哲学如果只是停留在追风逐波的层面，那么最终就很可能随风飘散。所以，哲学问题的前沿不可能指的是这些东西。当然，哲学的前沿也不应当是比较新潮和前卫的东西，如前卫艺术等，这种前卫式的“前沿”与哲学的“前沿”并不相同。按照我们的理解，哲学的前沿应该是接近探索性和开拓性的“前”。当哲学在特定的时代对哲学问题有了新的探索和开拓，比如发现了新的哲学问题，或者找到了回答原有哲学问题的新思路，便可以被理解为哲学的前沿。因此，哲学或哲学问题的前沿比较接近英文 pioneering，用这个词表达哲学前沿也许是比较合适的。

就此而言，当我们在考虑哲学问题的时候（因为哲学研究总要有哲学问题），我们首先要思考真正重要的问题，而不是追逐那些时下最热门、最时髦的问题。在哲学的世界中，重要的不是前沿问题，而是我们回避不了的问题，只有回避不了的问题才是真正重要的问题。这种回避不了的问题，大体而言，至少有两类。一类是我们称之为永恒的问题。所谓永恒的问题，并不是说它们真的永恒，而是说它们总是在场，无论人类生活在哪个时代，这些问题永不退场。就此而言，永恒的问题实际上是与人类的生存密切相关的问题，是人类无法一劳永逸地解决或者永远需要面对的问题。哲学中的那些最经典的问题基本上都属于这类问题。比如说有关真理的问题，虽然人类已经讨论了两千多年，但作为哲学的一个根本性问题，它始终在场，即便它已经不再是一个热门问题。所以，只要是能够始终在场的问题，都是非常严肃而重要的问题，都是值得慎重而认真地思考的问题。另一类回避不了的问题或者说真正重要的问题，就是在未来必定在场的问题。这类问题是具有未来性的，是属于未来的问题。并且，通常来说，这类问题会在时代的转型期大量出现。我们现在正好处于这样一个历史时期，因此我们会碰到许多具有未来性的问题。这些问题也是我们回避不了的。

无论是永恒的问题还是属于未来的问题，都是有生长力的问题。一个问题只有具有生长力，才需要并且值得哲学认真思索和探究。所谓有生长力，就是说具有开放性，能够延续下去，就像种子那样有生机和活力，能发芽、开花、结果，从而最终枝繁叶茂。至于那些没有生长力的哲学问题，即便不能说它们是无意义的，但就整个哲学发展史而言，也很难说它们是多么重要的问题，从而也就难以引起人们长久的关注。因此，真正有生长力、有意义的问题，肯定会有大批的学者在研究，并且自古以来就有人在研究。当然，这并不包括刚才我们所说的那些属于未来的新问题，因为这些新问题是属于未来的，古人是没有办法遇到或听说它们的。在此意义上，生活在转型期的那一代人便可以说赶上了好时代。哲学工作者应当很能理解这样一种感觉，即：在哲学研究中，我们很难说有哪个哲学问题是前人没有谈过的，甚至随便说起某个哲学理论都会感觉像是两千多年前就说过的，在很大程度上，这是个事实。正如《圣经·旧约·传道书》中所说："太阳之下并无新事。"彼时，人类的生活刚刚展开，人类所有重大问题都摆在眼前，还没人想过，就像开荒一样充满创造性和开拓性。而且我们要知道，人类的生活一旦展开，问题就并不是一个一个出现的，而是同时出现的。关于人类生活和命运的基本问题总共也就那么一二十个，它们同时摆在那里，于是当时的哲人、圣人或所谓的先知，他们敏锐地看到并回应了这些问题。由于这些基本问题是每个时代的人类都会遇到的，所以他们遇到的那些问题，我们是回避不了的，但他们能够提前回答这些问题，并将之上升至哲学的高度，从而为后来哲学的展开奠定了基础。处于历史转型期的哲学家很幸运赶上了一个新时代的来临，他们会遇到一些初始性问题，一些古代人乃至同时代人都没有遇到过、没有想到过甚至没有听说过的新问题。

时代的转型既会带来许多问题和挑战，也会给这个时代的哲人们提供许多机会。总之，那既是一个好时代，也是一个坏时代，但对哲学来说，这终究会是一个美好的时代，因为我们不但会面临过去的老问题，而且还有新的问题不断涌现。对哲学思想而言，有了问题便有了希望和机遇。

既然只有那些回避不了的、有生长力的问题才是真正重要的问题，那么重要的就是“挖出”这些深藏于生活中的值得思考的问题。在现代学术体制中，当知识的训练变得越来越规范化的时候，这既是一个优势，但同时也会产生一种误导：很多人以为问题就在书本里，于是都在文本里找问题。比如，因为康德说过某个问题，所以人们就研究这个问题；或者说，因为罗尔斯说过这个问题，所以它就是个问题，人们便去研究这个问题。但如果是这样的话，那么我们所接触的问题就只是书本、文本里面的问题。这些问题所存在的世界就是这个文本，可我们怎么知道这个文本对我们的实际生活是有意义的？如果我们受困于书本，我们的思考便被限制在前人告诉我们的一个又一个故事里。康德说了康德的故事，罗尔斯说了罗尔斯的故事，施密特（Carl Schmitt）说了施密特的故事。但如果我们的思想世界只囿于别人的故事，那么我们如何确保这些故事真实和有意义？此时我们应该保持苏格拉底式的警惕：没有经过理性审视的生活是不值得过的，没有经过理性深思的故事是值得怀疑的。我们必须对那些看似重要但实际上很可能对我们的生活和世界没有多大意义的故事持审慎态度。这样的故事也许吸引人，但却未必是真实的故事、真正的问题。儿童可以把童话当作现实，但如果一个人过了儿童的年龄还依然把童话当作真实的世界，那么他多半会成为他人的笑柄，甚至有可能成为他人的灾难。事实上，所有真正的问题都是在生活中，而不是在书本里，书本里的问题只不过是人们在生活中所遇到的问题的倒影，是人们对生活中的问题的回应，有时候是对它的一个模型化，有时候是给它设定的一个实验状态。比如，罗尔斯有关“无知之幕”（veil of ignorance）的那个众所周知的思想实验，从某种意义上说就是这方面的一个典型。其实罗尔斯本来要面对的也是生活中的问题，美国在 20 世纪五六十年代出现了一系列社会和政治问题，这促使他从理论上研究与重新建构正义的概念和理论。起初他是从自由、平等这方面去找，结果越找越远，最后，为了更清楚地说明正义问题，他就假设了一个思想实验状态，这就是“无知之幕”，但正因如此，他就显得有些脱离实际生活。因为这个状态在生活中是没有过的，而且将来也不会有。也就是说，他的这种实验状态、实验条件很有可能是没有临床应用的。那么，如此一来，做这些思想实验的“意义”又何在？但这确实是哲学的一个特点：哲学可以设想实际不存在的状态，并以此为基础建立起一个非常漂亮的理论。这样做一方面是为了悬置纷繁现实中许多不必要因素对理论的干扰，从而提升理论的抽象性和概括性；另一方面是为了磨砺人的思想，促使理论朝着彻底和完善的目标前进。这也是思想实验的一个功用之所在。但与此同时，我们也确实可以合理地表达我们的“遗憾”，因为这样建立起来的理论虽然漂亮且具有启发性，有助于人们对现实问题的思考，但它毕竟不是生活中已有的，所以从某种意义上说，它只是一个故事。总之，在所有哲学问题上，我们都需要有自己的判断和反思，唯有如此，我们的哲学才能不断前行。当然，允许一种与现实不符的理论存在乃是哲学制度化的产物，也是哲学令人着迷的地方。重要的是要意识到，哲学家们可以继续讲他们的故事，但我们不能未经反思就将这些故事信以为真。我们需要把这些故事、把这些我们在书本里读到的问题带入生活，使之接受生活的检验，如果这些问题在生活中依然存在，那么它们就是真实的问题，我们就可以继续前进。

1.3　哲学问题的性质

知道了什么是真正重要的问题以及这些问题藏在什么地方，接下来我们还需要讨论另外一个问题，即哲学问题的性质。我们知道，数学问题是可以演算的，物理学问题是可以观察、可以实验的，它们都有自己独特的性质。那哲学问题具有什么样的性质？前些年，网上流传过一个笑话，说香港大学经济学教授孙永泉画了 13 张图来表示 13 个专业，其中就包括历史学、数学、新闻学、哲学等专业。首先，我们可以看一下表示历史学专业的图：

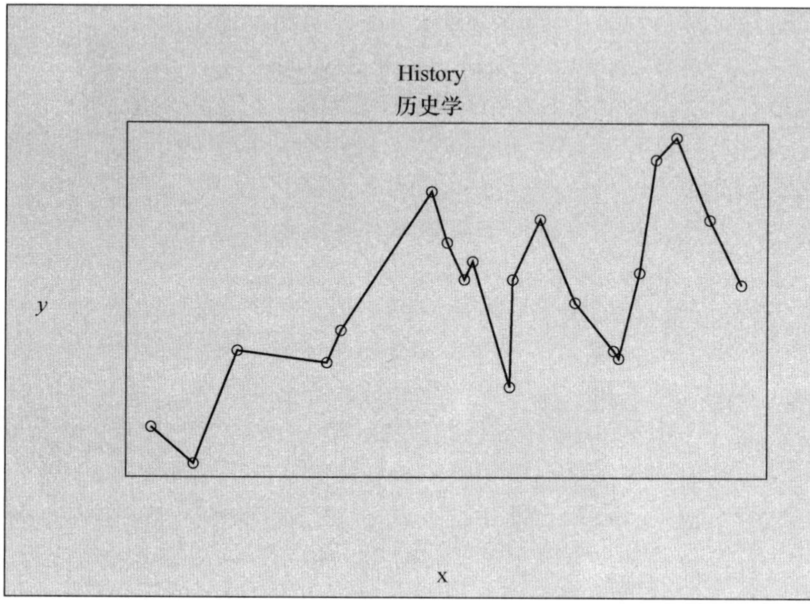

对历史学专业的解读是：数据虽然很多，但能用理论把它们统统连起来！

其次，我们可以看一下表示数学专业的图：

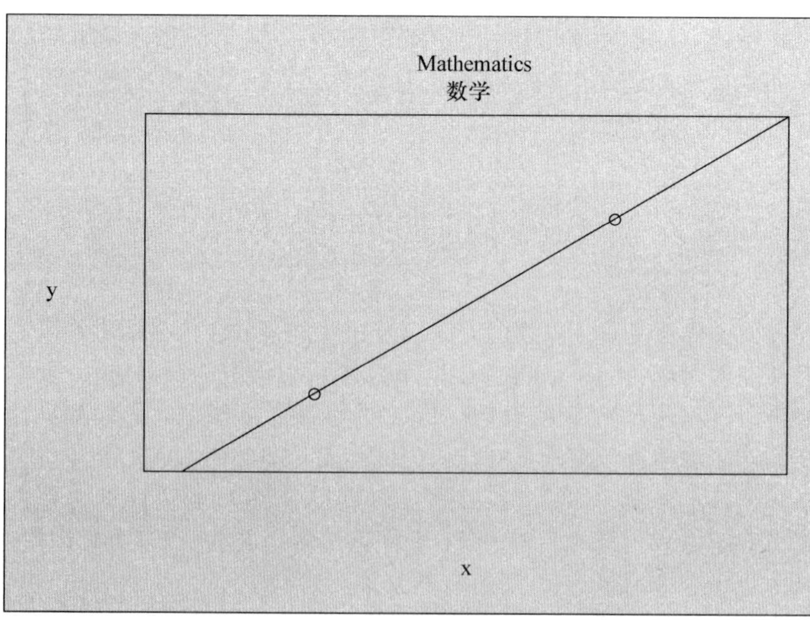

对数学专业的解读是：数据很少，但只要有两个点，就能建立起一种理论。

再次，我们可以看一下表示新闻学专业的图：

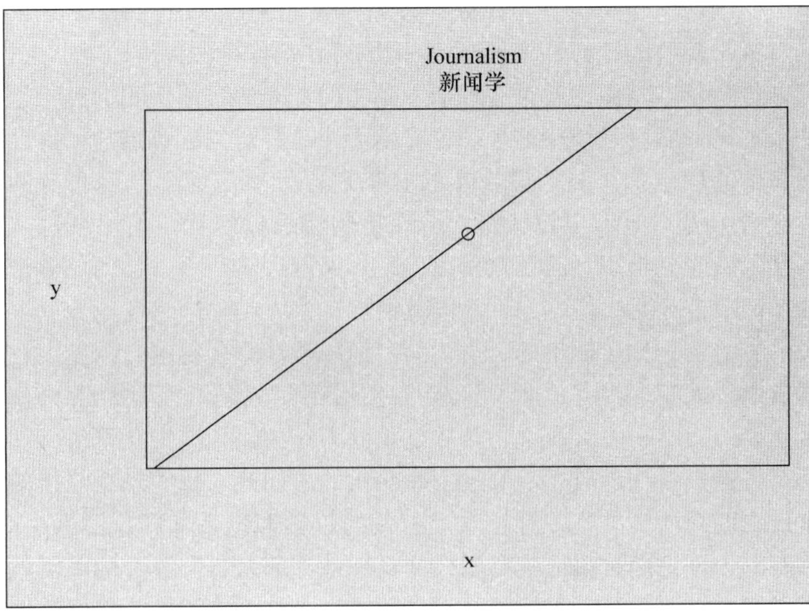

对新闻学专业的解读是：只要有一个数据，就能建立起一种理论。

最后，我们来看看表示哲学专业的图：

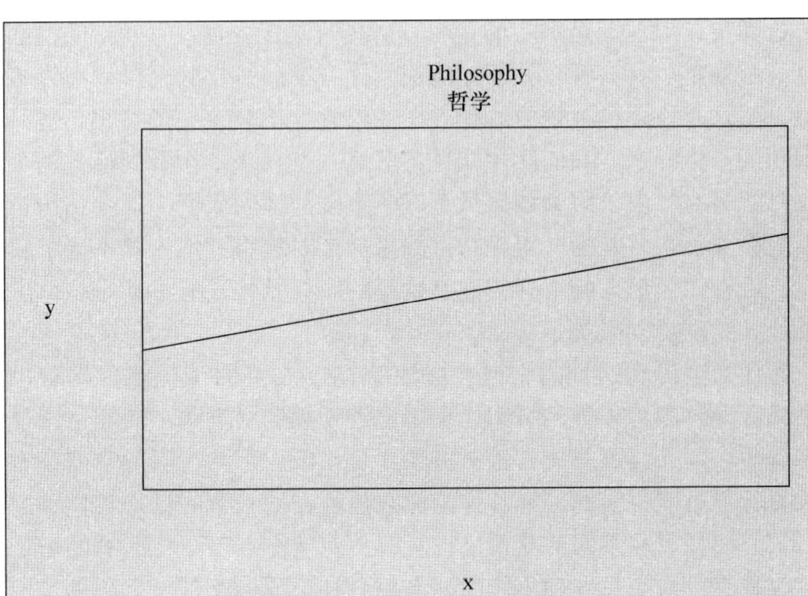

对哲学专业的解读是：没有数据，依然能够建立理论。

类似的调侃还有很多，都十分有趣。我们说，这虽然只是个笑话，但其对哲学性质的把握和概括还是相当生动有趣的，从某种意义上说，我们做哲学基本上做的就是这种似乎是闭门造车的事情。我们经常是先编一个理论，然后又期望这个理论对生活碰巧是对的、有用的。这种实验状态下的理论如果只停留在实验状态还好，然而为了兑现自身的价值，它又不得不走出实验状态，与现实生活加以对比，但一旦进入生活，问题就立刻出现。问题之所以出现，原因可能是多方面的，但最根本的原因或许还是生活本身就是混乱的。也许人类早期（比如原始人时期）的生活还是比较简单的、清楚的。但随着社会变得越来越庞大、越来越复杂，尤其是到了今天，人类的生活不仅混乱，而且常常自相矛盾。正如历史唯物主义所说，矛盾是无处不在的，生活中几乎每一件事情都有可能是自相矛盾、混乱且不断变化的。如此，我们怎么能指望有一个放之四海而皆准，并且还永远有效的哲学理论来解释这样的生活？如果有哪个理论声称自己具有永久的真理性，那么哲学本身的逻辑就决定了我们必须要对其表示怀疑乃至拒斥。这个结论应该是能够理性地推导出来的。这就是说，哲学问题的性质或者说特点就是，没有现成答案，或者有许多答案，有无穷多答案。但如果我们说一个问题有许多答案，这其实在学理上是不能成立的。当我们说答案时，一般指的是必须只有一个答案，具有唯一性的才能被叫作答案。哲学问题可以有许多个解决方法，有许多种视角或解释方案，但它并不只有一个答案。这是哲学问题的一个特点。我们必须能够容忍这一点，否则在看到他人的不同观点时就容易气愤。因为如果只有一个答案的话，人们一般会认为自己相信的那个答案才是唯一正确的，如果这个时候看到他人的不同解释或观点，就会以为他人的解释或观点是错的。但真相很有可能是：你的观点和他人的观点同时都是对的。

为什么会出现这样的情况？原因就在于人类的认识能力具有局限性，或者说，因为人类的智力处理不了“无限”的问题。人类可以懂得很多东西，但人类不可能真正懂得什么是无限，因为无限的东西是有限的人类所不可能说明的。能够作为无限而存在的只有一种，我们称之为“上帝”。比如，在莱布尼茨看来，只有上帝才能一下子把所有的可能性都尽收眼底，清点每一种可能性，而每一种可能性又都是无限的，因此只有上帝才能清点无限多的可能性，才能（按照数学上的说法叫作）走遍无限的可能性。只有走遍无限的可能性，我们才能知道唯一的答案是什么。即便只剩下一种可能性尚未清点，我们也没有资格说知道最终的答案，因为也许真正的答案就是那种我们没有清点到的可能性。当然，我们这里所说的无限性，主要是时间上的无限性。假定我们是半个上帝，我们知道此时此刻的无限的可能性，但我们很快就会发现这并没有什么用，因为时间在继续，事情在不断发生，也许下一秒就会出现新的可能性。时间上的无限性证明了有些东西是人类的智力所不可能超越的。就像对于自然数列，我们永远没法指望数到最后一位。时间上的无限性对知识所构成的挑战，当年休谟的怀疑论已经论证过，即人类的智力是绝对不可能成为上帝的。

但对哲学而言，更有意义的也许是另外一种时间上的无限性，这是博尔赫斯（Jorge Luis Borges）发现的，叫作时间的分岔。他有一个非常有名的小说，叫《小径分岔的花园》（*A Garden of Forking Paths*，1941）。但是他的这个 path，其实暗示的是时间，所以这本书的主题应该是 the forking time（分岔的时间）。博尔赫斯发现，我们所处的时间上的每一个点都面临着许多种可能性，所以时间是分岔的。既然时间上的每一个点都是分岔的，那么就可以想象在每一个分岔点上又有无穷的分岔点。这样一来，我们就完全没法说什么是答案，没法说什么是对的、什么是错的，什么是好的、什么是坏的。就像一个哲学家的哲学理论，在一个时间点，在他所处的那个时代，可能是最前沿的，但分岔到下一个时间点，他的理论就可能被边缘化，而到了再下一个分岔点，他的理论又可能再受到人们的关注，重新回到哲学的最前沿。所以，时间的分岔意味着答案永远都具有未来性。我们如果回忆一下哲学史，就会发现其实没有一个哲学问题得到了终极解决，人类从来没有解决过任何一个哲学问题。如果有人说有一种理论一劳永逸地解决了哲学问题，那么这个人若不是故意要说谎的话，就有可能是真诚的无知。

如果说有某种理论对于解决哲学问题具有真理性，那么它也只能是提出了否定性的解决方案。关于否定性的解决，我们可以举出休谟的例子。休谟提出了两条否定性定理。第一条否定性定理是：从以往到此刻所发生的所有经验不可能推知未来。第二条否定性定理是：从“是”（to be）推不出“应当”（ought to be）。但第二条否定性定理稍微复杂些，而且不一定对。学界对此的讨论很多，在此我们姑且不论。

哲学家为了让人们理解一个哲学问题，常常会写很多书或文章。但我们或许会注意到一个十分奇怪的现象，那就是我们在某个哲学家所写的书或文章中很少看到他所举的例子，即便偶尔碰到，这些例子也十有八九都非常不可思议。为什么会出现这样的情况？很多学科，即便像数学这么抽象的学科，都能举出许多非常有趣并且极其生动、准确的例子，可为什么哲学却举不出来？一个理论声称自己对生活是有效的，但却举不出例子，这是不是有些说不过去？当然，并不是所有的理论都不能举出好例子。比如，经济学所举的例子很多就是合格的，甚至在某种意义上是很精彩的。哲学家们有时候为了说明哲学问题，甚至不得不借助于经济学的例子，比如说经济学中的"囚徒困境"①、"公地悲剧"②，以及"反公地悲剧"③ 等，都非常生动、非常有趣。哲学的例子当然也

① "囚徒困境"是博弈论中非零和对策的代表性例子，反映个人最佳选择并非团体最佳选择，人类的个人理性有时可能导致集体的非理性。"囚徒困境"是1950年美国兰德公司的梅里尔·弗勒德（Merrill Flood）和梅尔文·德雷希尔（Melvin Dresher）拟定出的相关困境理论，后来由顾问艾伯特·塔克（Albert Tucker）以囚徒方式阐述，并将之命名为"囚徒困境"。"囚徒困境"的故事是：两个人作案后被警察抓住，被分别关在不同的屋子里接受审讯，不能互相沟通。如果两个人都不揭发对方，则由于证据不确定，每个人获刑1年；若一人揭发而另一人沉默，则揭发者因立功而立即获释，沉默者因不合作而获刑10年；若两个人互相揭发，则因证据确凿，二者都获刑8年。于是，每个囚徒都面临着选择：坦白或抵赖。然而，不管同伙选择什么，每个囚徒的最佳选择都是坦白。囚徒由于无法信任对方，所以倾向于互相揭发，而不是同守沉默，最终导致纳什均衡仅落在非合作点上的博弈模型。

② "公地悲剧"是说公地作为一项资源或财产有许多拥有者，他们中的每一个都对公地有使用权，但没有权利阻止其他人使用，而每一个人都倾向于过度使用，从而造成资源枯竭。"公地悲剧"是英国学者哈丁（Carrett Hardin）1968年在他的一篇发表在《科学》杂志上的题为《公地悲剧》（"The Tragedy of the Commons"）的文章中提出来的。他说，作为理性人，每个牧羊者都希望自己的收益最大化。在公共草地上，每增加一只羊都会有两种结果：一是获得增加一只羊的收入；二是加重草地的负担，并有可能使草地被过度放牧。经过思考，某个牧羊者决定不顾草地的承受力而增加羊的数量。于是，他便会因羊的数量的增加而收益增多。看到有利可图，许多其他牧羊者纷纷加入这一行列。由于羊群的进入不受限制，所以牧场被过度使用，草地状况迅速恶化，悲剧就这样发生了。

③ "反公地悲剧"是针对"公地悲剧"提出的。1998年，美国黑勒教授（Michael A. Heller）在《反公地悲剧》（"The Tragedy of Anti-Commons"）一文中提出"反公地悲剧"理论模型。黑勒说，尽管哈丁教授的"公地悲剧"说明了人们过度利用（overuse）公共资源的恶果，但他却忽视了资源未被充分利用（underuse）的可能性。在公地内，存在着很多权利所有者，为了达到某种目的，每个当事人都有权利阻止其他人使用该资源或相互设置使用障碍，没有人拥有有效的使用权，从而导致资源的闲置和使用不足，造成浪费，于是就发生了"反公地悲剧"。

有，有些还非常经典，西方的哲学教材会经常使用，比如普特南（Hilary Putnam）的那个叫作“缸中之脑”（brain in a vat）的著名思想实验。在这个例子中，他想象把一个人的大脑切下来，放在营养液里，然后把大脑的神经末梢连接在计算机上，通过计算机的程序向大脑发送信息，使大脑保持一切正常的幻觉。最后的问题是：我们如何确定自己不是处于这样的困境中？我们说，这已经是哲学中非常好的例子了，是所有哲学教材都一定要用的。但我们发现，即便如此，这样的例子也仍然让人觉得不可思议，因为它似乎离我们的生活十分遥远，没有对我们的生活进行很好的说明。

但哲学从一开始就不会举例子吗？并不是，恰恰相反，在古希腊和中国古代的思想世界中，有很多很生动形象的例子和故事。比如，柏拉图在《斐德罗篇》中将灵魂比喻成理性驾驭的双马车，其中激情是驯服的马，欲望是桀骜的马；他在《理想国》中提出了那个寄托着哲学家使命感和政治理想的“洞喻说”。又比如，培根用以批判阻碍科学发展与进步的传统心理和社会根源的“四假象说”，其中提到的“种族假象”“洞穴假象”“市场假象”“剧场假象”都是十分生动的哲学例子。中国哲学家孟子用“鸡犬之放”比喻“心之放”，从而鼓励人们“求其放心”；用“牛山之秃”比喻“四端之遮蔽”，从反面证明“仁义礼智”乃“我固有之”。这些都是很好的例子和故事。《庄子》一书几乎通篇都是生动的故事，并且都讲述了很多深刻的哲学道理。凡此种种，再加上古今中外的一些神话故事等，都说明古人能够在这些例子和神话中表达真正的问题，包括真正的哲学问题，即便是现在我们也很难超出这个水平。也就是说，人类最初在使用神话进行思考的时候，那些伟大的问题都已经被考虑到了，而神话就是例子，是一个个非常生动的故事。那么，为什么古人能够讲出故事，而我们今天却失去了讲故事的能力，更别说构造神话的能力了？这是一个很有意思也值得深思的问题。

举不出例子这个现象本身多多少少暗示着我们的理论和实际生活之间的断裂并没有为我们所克服。我们说，古人的生活世界相对而言要简单一些，他们能够通过朴素的神话和故事来思考他们的生活世界，从而创造出许多精彩的例子。但随着现代生活的复杂化和哲学思维的抽象化，生活世界和哲学理论之间的平衡被打破，通过简洁明了的故事来描述复杂的生活现象变得愈发困难。于是，现代哲学家们不得不发明一个个思想实验，通过悬置杂乱生活中的枝蔓元素来达到拷问思想、构造理论的目的。如此一来，才会出现我们前文所举出的那些令人匪夷所思的例子。然而我们需要明白，理论和实际生活之间的这种断裂虽然仍未被我们克服，但这并不意味着现代哲学中的这些例子和思想实验就是“无用的”或没有意义的。哲学构造故事的原初意义是为了使人理解生活，在人类整体抽象思维能力尚未达到较高层次的时候，这种理解导向的构造便处于突出地位。但随着人类抽象思维能力的提升，“讲故事”的目的便不止于理解，它更期待思想的对话、碰撞和交锋，一旦思想得以凸显，故事便淡出视野，退居次要地位，所谓“得鱼忘筌”即是。因此，从某种意义上说，由故事引发的思想难题才是现代哲学思想实验的鹄的，或者说，现代哲学虽然也面向生活，但它们“讲故事”的直接目的不是理解生活，而是磨砺思想、推进理论，并最终达到通过理论来透视生活的目的。也正因如此，理论和实际生活之间的隔阂乃至断裂就成了哲学思想的一个现代性特征。

1.4 哲学问题的传承

在哲学研究中，除了例子以外，还有一个比较重要的问题，那就是问题链。如果一个哲学问题和其他哲学问题之间不能串成问题链，那么这个哲学问题自身的意义就会比较有限。我们说，重要的哲学问题是具有生长力的，哲学问题既然没有答案，那么它的生长便只能是由一个问题生出另一个问题，哲学的生命就是这样延续下去的。它不是靠真理，不是靠答案，而是靠问题生问题，从一个问题通向另一个问题而获得延续。如此一来，我们便有了问题链。

前文说到，在人类的文明生活初步展开的时候，古代的哲人们把哲学的几乎所有基本问题都谈论了。他们之所以能发现好的问题、创造出好的哲学，主要是因为他们当时所面对的乃是赤裸裸的生活，处于一个初始的状态，因而一下子有很多问题可以谈。古人的哲学阴影是如此之大，以至于过去有一个说法：整个欧洲哲学传统其实无非就是“对柏拉图学说的一系列脚注”①。当然，这么说或许有些夸张，稍微准确一点

① 怀特海. 过程与实在. 李步楼，译. 北京：商务印书馆，2012：63.

来说，应该是对柏拉图和亚里士多德两个人的学说的脚注。中国可以有类似的说法，即中国传统哲学其实都是孔孟老庄之学的脚注。在这一点上，中西有可以类比的地方，这就是说，我们很少能够谈论到超越他们的问题。大多数问题都是老问题，我们所谓的推进，就是不断地产生各种理论来解释或扩展这些老问题。比如说，关于真理的理论，人类已经提出来的就有几十个。我们就是这样靠着产生和提出的理论一点点往前走。有一个笑话，据说是个真实的故事，说某诺贝尔奖得主，在得了诺贝尔奖之后，他的母校觉得很光荣，于是就请他回校指导。他已经二十多年没回去了，回去之后，校领导带他参观学校，还带他参观学生的考试现场。他很好奇，就看了一下卷子，看完之后就不高兴了，说：这都二十多年过去了，为什么考试题目还跟我当年的一样，还是同样的问题？那个校长很有智慧，跟他说：虽然问题没变，但是答案都变了。其实，哲学的推进也有与这类似的地方。问题都是老问题，但是我们会在答案上不断翻新，所以产生了很多似乎是不同的理论。

那么，接下来我们需要反思的就是：在理论和问题之间，是理论产生的传承或者说继承一个理论对思想的生产力高，还是问题之间的传承对思想的生产力高？如果我们传承的是理论、学说或主义，那么这种传承基本上就是“注经”的走法，这是中国传统很擅长的方式。两千多年来，为什么我们会觉得中国的思想进步不大？因为中国的伟大思想基本上在先秦都说完了，之所以后来很少有新思想，就是因为中国哲学继承的是学说、是主义。继承学说和主义，就是要不断地注释它，不断地加注，尤其还要不断地重复，不断地批评，这是一种生产知识的方式。在这种方式下，所谓的思想创造性就要差一些。

而另外一种继承，就是由一个问题过渡到另外一个问题，这时我们就能观察到所谓哲学的推进。在这一点上，欧洲的哲学传统是做得比较好的。我们之所以会觉得两千多年来，欧洲哲学好像推进很大、很多，其实就是因为欧洲哲学的继承路径是由问题到问题，继承的是问题而不是理论。西方人对思想遗产的理解和我们是不一样的。我们把思想遗产理解为已有的理论，于是我们学习理论，把理论继承下来，然后传给后人，这是一种理解。还有一种理解是，接过前人留下的问题，这些问题都是没有解决的。接过问题，就有可能给出新的解释，而所有新的解释一定包含新的问题。因为，就像我们刚才所说的，既然哲学问题没有答案，那么这条问题链就断不了，所有的解释（解释本身就是问题）就一定会出问题，而且一定会产生更多的疑问。比如说，康德对休谟的继承就不同于儒家对代代相传的那些学说的继承，康德想解决的是休谟提出的怀疑论问题，这个问题使他感到十分不安，如果休谟是对的，那么康德自己的先验哲学就不可能成立，所以他必须回应这个问题。这就是我们所说的对问题的继承、对问题的回应。在很长一段时间里，欧洲哲学家们向前辈致敬的方式是接过前辈的问题，而不是接过前辈的学说。这一点是我们可以也应当学习的，这其实就是思维方式的转换。如果一个人总是轻而易举地相信某一个理论是正确的（其实只不过是因为他比较喜欢某一个理论，所以他就认为它是正确的），那么他所想到的事情就是好好学，把这个理论中的所有东西都学明白。但实际上是学不完的，新的学说、新的解释层出不穷，一个人很有可能学到老的时候还在学。他年轻的时候学的可能是西方两个世纪以前的大师的东西，到 60 岁的时候学的可能是西方 30 多岁的人所推出的理论，这不是很奇怪吗？一个人如果认为老师都是别人，那么就会永远学下去，而等到自己写文章、写书的时候，就会把学到的东西重复一遍，我们称之为介绍。或许有时候他也会进入所谓的争论，比如面对他人的质疑时，他会为他支持的主义辩护，但实际上这些东西的进展并不大，因为他在讨论之前就已经预定了答案：这种意见是对的，那种意见是错的，我为这种意见辩护。总之一句话：我认为你是错的，我是对的。

然而，如果我们追踪问题链，由一个问题走向另一个问题，那么这就是所谓的深入。也就是说，我们不是在一个平面上，而是在一层层地深入。问题链走得越长，问题的意义越大，问题就越有生长力。当然，问题链是不断会有新问题加入的，虽然有些所谓的新问题其实只不过是原有问题的变种，但有时候一些新问题确实是具有突破性的，这时我们就要注意这些具有突破性的新问题，它们常常是哲学中非常重要的节点。

如果社会生活有重大的变化，那么一般都会出现这种重大的哲学问题的转变。以西方哲学来讲，比如说当年霍布斯对政治的重新理解，就和古希腊以来的解释传统不太一样，这就是一个大的突破。还有休谟，他对怀疑论的理解也是一个很大的突破，以至于从中逼出了康德。还有我们刚才所提到的罗尔斯，尽管他的“无知之幕”作为例子是虚构的，但他的正义理论却相当不简单，而且他的理论中也有一个重大的突破，那就是颠覆了对公正（justice）的传统理解。自古以来，人类对公正的理解都内含一种对称性：“在古代社会，公正指的都是古典公正，它表现为对称性标准：（1）每个人配得什么就应得什么，不配得什么就不该得什么；（2）一个人如何对待别人，别人就可以如何对待他。”[①] 这就是说，种瓜得瓜、种豆得豆，杀人偿命，诸如此类，这是我们古典的理解。这是一种数学上的对称性，是数学中的等号，对称性、等号就是公正。或者说它就相当于逻辑上的“当且仅当”，两边互相蕴含就是公正。如果两边不对等，那就是不公正。长期以来，我们一直以为这是天经地义的。但是罗尔斯告诉我们，这不是，现代社会需要的公正不是对称。他试图把公正还原为一些其他价值，想用其他价值来定义或者解释公正，这个时候只有一种价值当然是不够的，因为其他价值中的每一种价值都比公正小一点，所以他必须发明一种组合，从而正好跟公正这个概念达成一种平衡，这就是他在《正义论》中找到的那两个原则。其中最具突破性的就是，把平等引入公正，使平等成为公正的一个关键性元素。因为平等跟公正其实在古代人那里是很对立的，如果一切都平等了，那还有公正可言吗？所以，罗尔斯把平等引入公正，使之成为公正概念所蕴含的一个必要元素，这实际上是一个很大的突破。而且，罗尔斯对公正的理解也被广泛地运用于现在世界上很多国家的制度里。这种制度曾经是非常受欢迎的，因为它被认为是最好的制度，典型的现实场景就是欧洲的福利制度。什么叫福利制度？其实就是平等观念的贯彻。但是由于难民问题，这种福利制度所隐含的危机如今提前爆发了。当然，这是另外的问题。

我们想说的是，问题在一个特定条件下总会有一些新突破，而新突破的这些问题并没有因此而终结，实际上，这条问题链才刚刚开始，我们始终可以继续往下拓展。所以，开拓一个问题，才是哲学真正的创作，哲学不是要给人一个答案，那是哲学的一个不合时宜的梦想。哲学的最高成就是发现一个问题，而非发现一条真理。比如，笛卡尔所确定的“我思”这个问题。当然，准确地说，第一个说到Cogito（我思）的

---

① 赵汀阳. 坏世界研究. 北京：中国人民大学出版社，2009：112.

哲学家是奥古斯丁，但奥古斯丁没有将其诉诸理论，所以我们就把“我思”这一问题的专利权算作笛卡尔的。再比如，莱布尼茨对“可能世界”的发现，以及黑格尔对辩证法的天才改造和马克思对历史的重新理解。黑格尔的辩证法和古希腊时期的辩证法完全是两回事，虽然黑格尔对辩证法的改造存在很多问题，但它却奇迹般地变成了一个可以到处使用的方法，并兴盛至今。马克思对历史的重新理解也是极大的问题突破，以至于他的历史观成为各种历史观中最有力的一种。还比如，福柯对权力和知识之间关系的发现，以及海德格尔对“存在”的重新发现，这些都是极具突破性的哲学问题。

虽然大多数问题都是老问题，留给现代人的机会不多，但还是有一些很有才华的现代哲学家居然能够发现古代人遗漏的一些问题。比如列维纳斯（Levinas）对“他者”的发现。当然，这一点对中国哲学并不适用，中国哲学自古就是基于“他者”的，“他者”在中国是一个最普通的既定问题。但是对欧洲传统哲学来说，这个问题一直受到忽视，以至于直到列维纳斯这个如此重要的问题才被提出来。尽管列维纳斯的理论本身并没有那么厉害，但是他发现的这个问题却是一流水平的问题。还有就是维特根斯坦。维特根斯坦是一位极为奇特的哲学家，他基本上没看过什么哲学书，但他的成就却是绝顶的、一流的。如果问有哪位现代哲学家能够直面赤裸裸的生活，发现原创性的问题，并达到柏拉图、亚里士多德这样的水平的话，那恐怕就只有维特根斯坦了。维特根斯坦对语言的重新发现是一大突破，虽然语言哲学后来成了一个最正常的问题，但在维特根斯坦之前没有谁会把语言当成一个哲学问题来讨论。还有就是游戏，这是维特根斯坦的另一个更厉害的发现，游戏就是博弈，他对于这个问题的发现早于那些经济学家，而且角度不一样，他发现的这个游戏问题和我们后来称之为博弈论的问题不太一样，但二者是可以相互补充的。我们说这些都属于天才的发现。

1.5 哲学问题的循环与消失

如前所述，所有的哲学问题其实也就是难题，因为生活本身就是混乱的、自相矛盾的，没有哪一种事物能够真的成为可以永远捍卫的。除此之外，我们甚至会发现一个奇怪的现象，那就是哲学问题之间是会循环的。一个问题貌似解决了，但是转了一圈之后它又重新回来，仿佛有一个咒语在讲述这个问题的命运似的。最早发现这一点的应该是柏拉图。“柏拉图建立了一个政治退化的分析模型，其基本理由是：一种政治制度总有其缺点和弊病，除非遇到有如神助的特别幸运，没有一种政治制度能够对付得了它的先天缺陷，那些缺陷总有一天会发展到无法控制的地步而导致政治改变。”① 在柏拉图看来，假定人类有幸，政治从一个最好的政体开始，我们把它叫作贵族政体（实际上就是贤能政治，因为“贵族”这个词在当时指的是出身好、有智慧的人）。贵族政体是贤能政治，它的德性（virtue）是智慧，但即便如此，这个政体或制度也一定挡不住腐败、堕落的命运，再好的东西也会因为它自身不可避免的缺点而堕落。于是，贵族政体堕落为荣誉政体。荣誉政体的德性是荣誉，大家都看重并追求荣誉。不过，荣誉政体也会进一步堕落，于是就变成寡头政体。寡头政体追求的是财富，而且它还会进一步堕落，于是就堕落为民主制。民主制在古希腊时期名声不太好，尤其是在苏格拉底被民主制处死以后，不像今天，民主制好像是一座灯塔。其实，民主制成为灯塔的历史很短，准确地说是在第二次世界大战之后才变成一个完全正面的词汇。在过去的两千多年中，民主通常是个贬义词，意味着平庸和暴民。柏拉图说民主制的德性叫自由，不过古希腊时期的自由与今天的自由不太一样，那时的自由差不多相当于今天的平等。民主制再进一步堕落，就变成了僭主制，也就是暴君制度，即专制。所以，不管怎么说，柏拉图还是认为民主好过专制，专制是最坏的。到了专制的时候，社会就退化到底了，就可能崩溃，陷入彻底的混乱和失序，而在天下大乱的时候，英雄就很可能再次出现，所谓“乱极必治”，于是社会就会回到贤能政治。当然，柏拉图的理由和论证或许并不充分，但这并不是最重要的，“关键是柏拉图关于政治退化的分析包含着某种深刻的道理：当精神性的追求（比如荣誉）减弱了，物质性的追求（财富）就会被加强；而财富的追求往往促进对自由的追求。这似乎已经天才地预告了现代社会的产生逻辑”②。

---

① 赵汀阳. 坏世界研究. 北京：中国人民大学出版社，2009：62.

② 同①.

所以，哲学问题之间会循环。我们不能固执地认为，某一个问题就是永恒的、最好的问题，或者说某一个理论就是最好的理论，因为好的东西是需要条件的，而且是会堕落的。中国古话中也有类似的洞察，比如说“学好三年，学坏三天”，这似乎是一个神秘的人类命运。事实上人类所有值得思考的问题都和这种堕落倾向有关，人类总是忍不住地由一个好的东西向次的东西堕落，等堕落到底的时候再力挽狂澜，然后再堕落，如此往复。

现代哲学在当代的表现其实离柏拉图所说的问题相差不远，尽管并不完全一样。在当代，自由、公正、平等、专制这几样东西，其实也是在循环的。事实上，我们在这个时代有幸见证了这种实际的变化。我们说，现代西方一开始追求的最核心价值是自由，直到 20 世纪后半叶，以美国为首的西方国家所宣传的依旧是自由，这一点通过一些好莱坞电影能够被反映出来。晚近以来，随着世界政治气候的变迁，美国才把自己引以为傲的自由世界改成民主世界。由此可见，这些问题都是在变化的。至于民主和平等，实际上，这二者是非常协调的一对政治哲学范畴。民主的核心观念就是平等，而非自由。第二次世界大战以后，西方世界的主流国家，尤其是欧洲国家，基本上都是走向平等的社会，除了美国以外。这就能够解释，为什么欧洲逐渐衰落而美国依然非常强劲。因为美国没有像欧洲那样施行需要承担巨大财政赤字的福利制度，所以它保持了强劲的生命力，而欧洲却老年化了。在不久前，平等仍然是最光辉的词汇，但是当欧洲的福利制度爆发危机后，人们突然发现，平等并不能解决所有问题，反而会造成更大的问题，因此现在的欧洲对平等乃至民主的质疑开始多起来。总之，我们会发现，这些问题其实是在循环的，不能简单而草率地判定哪样东西是好的、哪样东西是坏的，所有的好和坏都是相对于所要处理的问题和条件的，给定了问题和条件，才可能做出判断乃至解决问题。

针对哲学问题的这种循环性演变，维特根斯坦发现了一个现象：很多问题不是被解决了；一些所谓的解决，不是说找到了问题的答案，而是说问题本身消失了。在维特根斯坦看来，哲学问题实际上是由于语言的误用而造成的误解，哲学推理的目标就是消除这种误解，从而达到“一种完全的清晰性”，而一旦误解得到消除，也就意味着“哲学的问题应当完全地消失”①。也就是说，很多哲学问题最后不是找到了答案，而是问题本身消失了，哲学问题的消失就是对哲学问题的解决。我们虽然不必完全接纳维特根斯坦的看法，但它至少可以说明，有些问题是会消失的，杀死一个问题就是使一个问题消失，而这是需要有大天才的。如果借用刘慈欣小说《三体》中的词汇的话，那么我们可以说，杀死哲学问题的一个主要手法就是对问题进行“降维攻击”。所谓“降维攻击”，就是用低维世界（比如二维世界）生物的生存方式向高维世界（比如三维世界）的生物发起攻击，由于高维世界的生物（比如人）无法在低维世界（比如蚂蚁生活的二维世界）里生存，所以就能够达到打击对方的目的。在商业领域有时就会发生降维攻击。比如在互联网时代，电子商务去掉了传统商业模式的地域维度限制，从而导致大量的传统线下商企消失，这种打击就是降维攻击。那么，在哲学领域，降维攻击的高手是谁？我们说一个高手是尼采，因为尼采说“上帝死了”，从而对中世纪以来的宗教哲学进行了一次非常成功的降维攻击。另外一个能够对哲学问题进行降维攻击的高手是福柯。尼采说“上帝死了”，福柯则证明“人也死了”，也就是“主体死了”。像这些都是非常成功的降维攻击。但还有些时候，某个哲学问题的消失不是因为这个问题被杀死了，而是因为我们不需要这个问题了，这个问题被废弃了。要想废弃一个问题，就需要超越这个问题，此时我们也可以对这个问题进行相反的“升维攻击”。所谓“升维攻击”，就是超越这个问题的循环而进入一个更高的维度，从而将原有问题废弃在低维世界里。这样的机会不多，而且一般也不是人的意志所能够主动去做的。“降维攻击”可以是主动的，像尼采这种天才哲学家是可以做到的。但是要想对哲学问题进行升维攻击，就一定需要世界的帮忙。也就是说，必须等到世界发生巨变，世界本身的存在论条件发生变化时，才有机会和可能进行升维攻击。所谓存在论上的变化，就是我们“存在”条件的变化，也就是“存在”本身的改变。这样的改变绝不是社会学、政治学或伦理学上的变化，这些变化都只能算是移风易俗，虽然移风易俗的变化常常会遭到批判，人们往往会以遗老遗少的心情来反对这些变化，但是人们很快就会习惯于这些变化。所以，移风易俗的变化并不是至关重要的变化。只有存在论上的变

---

① 维特根斯坦．哲学研究．韩林合，译．北京：商务印书馆，2013：94.

化才真正超越了这种移风易俗，超越了革命和变革，也超越了进度。只有世界的存在论条件的改变，才是“三千年未有之大变局”，才是真正的“大问题”。如今的我们正在经历这场变革。我们的历史正发生着巨大的断裂，我们的世界正经受着前所未有的转折和巨变，随着全球化时代的到来和人工智能的急速发展，人类的生存处境和世界的存在论条件都发生了彻底的改变，所有这些都表明人类正在进入一个全新的历史时期。我们说，在人类五千多年的文明中，这样的历史性断裂总共就发生过两次，一次是人类由蒙昧时代进入文明时代，一次是人类从古代走向现代。而今，我们遇到的乃是人类历史上的第三次历史性断裂。这既是我们之幸，也是我们之命。

那么，未来世界的哲学问题或者说我们今天所能想象的真正的哲学前沿问题有哪些？在此，我们不妨进行大胆的预测。我们说，这些问题将可能分属于两个领域。一个领域是政治哲学领域，也就是说，在未来的世界里，人类应如何处理政治的问题。既然随着人类的生存处境和世界的存在论条件的改变，人类将进入一个全新的时代，而且在这样的时代里政治存在的单位由国家变成了世界，那么此时人类的政治应当怎么办，应当如何处理国与国之间的政治问题？与此同时，人类所进入的时代还将是一个智能的时代，在智能的时代里，人类每天所能接触到的很可能只是机器人。人类当然会得到很多非常优质的服务，但同时也会失去很多原本美好的事物，比如爱情、友谊、家庭乃至希望，因为人不再需要与他人交往，机器产品已经满足了人的所有愿望，希望也就成为空无。人类或许真的能够由此进入“共产主义社会”，即便人类会因此而变得绝对孤独。那么，在这样的智能社会里，政治会是什么样的，人类将如何面对政治问题？我们认为，这实际上是一个会包含很多新问题的领域。另一个领域是科技哲学领域，它包含许多科学、技术等方面的问题，比如科技伦理等问题。实际上，随着科技的发展，人类现在已经在面对这些问题了，比如“克隆人”问题。当然，说未来世界的哲学问题将可能分属于这两个领域，并不等于说其他领域的问题不重要，而是说其他领域的问题很可能成为这两个领域的分支，比如说伦理学，伦理学的焦点将会随着政治哲学问题、科技哲学问题的发展而转变。因为只有时代和科技会提出真正的挑战，而其他挑战，比如同性恋等，实际上并不构成真正的挑战。因此，与未来兼容的前沿哲学问题也许会主要集中在这两个领域。

通过以上考察，我们大体可以进行如下总结：哲学问题不同于一般问题的关键之处在于，哲学问题往往与人类的生存处境相关，是由“生”而生出来的问题，或者更准确地说，是难题。“生”的主体当然是人，但当主体被遮蔽或被消解之后，哲学便需要对主体加以营救，“生”的主体便不再单纯地指人，而是指“生生不息”之人，即海德格尔意义上的“在”。《周易》之所以成为中国哲学中的“群经之首”，就是因为它是对“此在”之“在”的总体性关照，所谓“生生之谓易”即是。哲学问题既然是与人的生存相关的难题，那么就必然隐藏在生活中，是人在生活中遇到的难题。我们如果放宽视野，在人类的总体性历史中考察这些哲学问题，那么就会发现，真正重要的哲学问题只有两种，或者说两大类：一种是那些永远在场的问题，即与人类的生存始终同在的问题；另一种是那些会在人类未来的生存中产生或出现的问题。只有这两种问题才真正关系到人类生存的命运。哲学问题既然是与人的生存相关的难题，那么首先就需要每个人独自面对那巨大的存在，因为生存和生活本就是通过一个个独立的个人展开的。人的生存当然是同他人共在的，因而需要和他人一起分享生活，但终究没有人能代替他人去生活。生活最终需要人们自己完成，哲学问题最终也由人们自己回答。这就决定了，哲学问题常常是没有答案的，或者说，哲学是没有一个普遍正确的答案的。每个人都会面临自己的哲学难题，也要根据自己的生活做出相应的回答。人们可以参照他人的生活，但最终需要由人们自己做出抉择。所以，存在主义才悲壮地指出，人在本质上就是自由的，选择是每个人不可推卸的责任，也是每个人无法逃避的命运。生活仍在继续，问题也仍将被思考。哲学问题的继承方式多种多样，但对人们的生活和哲学思想更有益的，还是继承问题以便继续思考问题，而非继承理论转而皓首穷经。哲学问题既然与人的生存相关，那么便会不断循环和再现，一个问题在这个时代消退了，会在另一个时代卷土重来。或者，卷土重来的与其说是哲学问题，不如说是生存境遇。人们常常感叹，历史总是惊人的相似，故古人云“以史为鉴，可知兴替”，又云“读史使人明智”，但事实上，人类走不出历史，或许也走不出这种循环的命运。哲学问题是循环的，这就意味着真正解决一个哲学问题几乎是不可能的，哲学问题的归宿不是解决而是消失。人类只能在生活和生存中，要么废黜一个哲学问题，要么超越一个哲学问题，除此之外，很难对哲学问题有更多的解决办法。但无论是废黜还是超越，实际上都意味着生存的变革，都意味着把哲学问题留给“过去的时代”，进而把生活推向广阔的未来。

当然，以上对元哲学问题的考察并不意味着元哲学问题的全部，而只是就一些比较重要的且具有内在关联性的元哲学问题做出的一般性考察。这种考察带有一丝方法论的意味，即在进行哲学探索之前，首先要对反思的前提进行批判和审查，这也是康德所谓的“清扫地基”的工作。总之，虽然这里开启的工作仍旧是初步的、试探性的，但无论如何，我们已经有了对哲学问题的基本把握，而接下来的工作才是更具实质性的。

第二章　何谓“中国哲学”

2001年，《中国哲学年鉴2001》刊发了一篇题为《“中国哲学”的“合法性”问题》的文章，一石激起千层浪，再次引发了一系列有关中国哲学之“合法性”的讨论，如什么是“中国哲学”，中国古代是否有“哲学”，是“中国的哲学”还是“哲学在中国”，乃至要不要“重写中国哲学史”，等等。这次讨论虽然最终还是没有达成一致的意见，但中国哲学合法性问题并没有消失。我们说，“中国有无哲学”这一问题实际上在中国哲学学科诞生之前便已产生，百余年后的今天，这一问题不但没有退潮，反而更深切地刺激到中国哲学界那敏感的神经，由此也可以看出该问题关涉之重大。当然，学界之所以对该问题如此敏感，最主要的原因还是，自近代“中国”遭遇“哲学”以来，中国哲学学科虽然勉强以西方学科建制为范式得以建立，但“哲学”始终未能完全用汉语“说话”，中国哲学始终未能走出西学的阴影。正因如此，“合法性问题”才会如此触动中国哲学界之学人，从而引发如此强烈的讨论和反弹。就此而言，要想根本解决问题，最核心的方法还是要让“哲学”学会用汉语“说话”。在中国哲学未能学会“讲自己”和“自己讲”以前，我们相信，这种有关中国哲学合法性问题的讨论绝不会是最后一次出现。

当然，问题远没有表面看起来这么简单。中国有无哲学或者说中国哲学合法性问题实际上内在地包含两个层次的问题：一是“合法”的问题，二是“何法”的问题。对前者而言，它的意思是说，“法”是既定的，中国是否有哲学，中国哲学是不是哲学，关键在于它是否符合这个“法”。对后者而言，它的意思是说，中国是否有哲学，中国哲学是否合法，关键在于弄清楚这个“法”是何种“法”。相比之下，后者更为根本，也更为棘手。两个层次的问题大体可以推导出三个回答：（1）中国没有哲学，因为它不“合法”；（2）中国有哲学，因为它可以“合法”；（3）中国有哲学，但此“法”非彼“法”。前两个回答实际上默认了西方哲学乃是哲学的唯一范式，即默认了西方哲学之“法”，而第三个回答则对此提出了质疑，并要进行转换性创造。当然，这种区分只是逻辑上的，实际上每个回答下面又有不同的观点甚至交锋。

2.1　以西律中：中国哲学是“哲学”吗

“philosophy”诞生于古希腊，是西方文明的重要组成部分，就此而言，所谓的“philosophy”与“中国”在前现代文明史中并不相识。但随着《马可·波罗游记》的出版以及随后世界地理的大发现，中国文明开始进入西方视野，并成为西方学者研究的对象。因此，所谓中国有没有“哲学”的问题实际上是在西方遭遇东方之后由西方学者最先提出的一个话题。“在西方特别是欧洲，‘中国哲学’的合法性始终受到质疑，‘中国哲学’在很大程度上被视为一个来历不明的怪物。”① 早在16世纪，作为当时中西文化交流第一人的耶稣会传教士利玛窦（Matteo Ricci）便已开始用“道德哲学”等字眼来指称中国的一些思想。他说：“中国所熟习的唯一较高深的哲理科学就是道德哲学”，但由于“他们没有逻辑规则的概念，因而处理伦理学的某些教诫时毫不考虑这一课题各个分支相互的内在联系”②。在利玛窦看来，中国所拥有的高深哲理并不是西方意义上的哲学，最多算是作为其分支的道德哲学或者伦理学，而且即便如此，这一学科也由于缺乏逻辑而难成体系，“在他们那里，伦理学这门学科只是他们在理性之光的指引下所达到的一系列混乱的格

---

① 郑家栋．“中国哲学”的“合法性”问题//中国哲学年鉴2001．北京：哲学研究杂志社，2001：1.

② 利玛窦，金尼阁．利玛窦中国札记．何高济，等译．北京：中华书局，1983：31.

言和推论”[①]。因此，在利玛窦眼中，中国的学问算不得真正意义上的哲学。后来，康德虽然把孔子视为“中国的苏格拉底”[②]，但同样没有把孔子视为哲学家。而且，康德的这番评价，也只是在他谈及中国“宗教”的语境下说出的。至于孔子提出的“己所不欲，勿施于人”这条被后世公认的“金律”，康德也只是将其作为一条有待提高到“道德形而上学”的“通俗的道德哲学”箴言。总之，康德似乎并不怎么看得上中国的道德哲学，自然就不会把中国的思想视为哲学。

黑格尔对中国哲学的否定是众所周知的。在黑格尔看来，“思想的自由是哲学和哲学史起始的条件”[③]，只有自由的意识才能产生哲学。因为，哲学是从这里出发的，“绝对已不复是表象，自由思想不仅思维那绝对，而是把握住绝对的理念了”。因此，上帝并不是哲学的对象，但“事物的本质是水，或火，或思想”[④] 却可以是哲学的命题。在实践方面，意识的自由和现实的政治的自由乃是紧密相关的，“现实的政治的自由仅开始于当个人自知其作为一个独立的人”，“或者当主体达到了人格的意识”[⑤] 的时候。也就是说，只有先有政治的自由，才会有思想的自由，有了思想的自由才会有哲学。同时，黑格尔又指出，“在东方只有主人与奴隶的关系”，“意志的有限性是东方人的性格”[⑥]，东方世界还处于专制阶段，东方人意识不到意志的普遍性，从而就既没有政治的自由，也没有思想的自由，更不会有哲学，所以“真正的哲学是自西方开始”[⑦] 的。对黑格尔来说，“孔子只是一个实际的世间智者，在他那里思辨的哲学是一点也没有的——只有一些善良的、老练的、道德的教训，从里面我们不能获得什么特殊的东西”[⑧]。我们说，这当然是黑格尔站在西方哲学的立场对孔子和中国思想的一种肤浅误解，也是中国学者难以忍受的地方之一。但黑格尔毕竟还是敏锐地意识到了东方思想

① 利玛窦，金尼阁．利玛窦中国札记．何高济，等译．北京：中华书局，1983：31.

② 康德．中国//夏瑞春．德国思想家论中国．陈爱政，等译．南京：江苏人民出版社，1995：66.

③ 黑格尔．哲学史讲演录：第 1 卷．贺麟，王太庆，译．北京：商务印书馆，1959：93.

④ 同③.

⑤ 同③94.

⑥ 同③96.

⑦ 同③98.

⑧ 同③119.

中的某些哲学意思，他虽然不认为东方有真正意义上的哲学，但还是用了“东方哲学”这一概念来指称东方的这种思想。黑格尔把东方哲学理解为宗教哲学，因为它不同于西方的宗教。在古希腊、古罗马的宗教以及后来的基督教中，诸神和上帝乃是人格化的，它们与哲学并没有太多相似之处。但在东方的宗教观念中，黑格尔说，我们可以感受到哲学的概念，“那种主观性精神的因素并没有得到充分发挥，宗教的观念并没有个体化，而是具有普遍观念的性格，因而这种普遍的观念，就表现为哲学的观念、哲学的思想”①。也就是说，黑格尔虽然否认中国或东方有哲学，但却明确承认东方的思想在宗教观念的外衣下包裹着一丝哲学的气息。黑格尔关于东方专制主义无法产生哲学的判断多少影响到后来的文德尔班（Windelband），在后者看来，“由于受到东方精神的特殊束缚，其结果自然缺乏个人创造性的活动”②。在所谓中国道德哲学的问题上，文德尔班也明确表示，虽然中国的道德哲学已经超出了道德说教的范围，“但是这些都远离了自成完整体系的欧洲哲学的路线，因而一本教科书无须着手讨论”③。对于文德尔班的这种判断，哲学史家梯利（Thilly）在其哲学史写作中做出了赞同性回应。在《西方哲学史》中，梯利指出，“起初科学、哲学和宗教是一回事：神话是了解世界的原始的尝试”④。梯利虽然认为一部哲学通史应当包括所有民族的哲学，但遗憾的是，并不是所有的民族都能远远超出神话阶段，也不是所有的民族都能产生真正的思想体系，东方人如印度人和中国人的理论，“主要是神话和伦理学说，而不是纯粹的思想体系”⑤。因此，在梯利看来，“除去希腊人以外，或许没有一个古代民族可以说创制了真正的哲学”⑥。就此而言，哲学只能是古希腊以来西方人的思想传统，中国乃至整个东方都是无所谓哲学的。

中国学界对中国哲学是不是“哲学”的争议最早可以上溯到“哲学”一词的翻译和引介上。实际上，早在17世纪20年代，中国便已接

---

① 黑格尔. 哲学史讲演录：第1卷. 贺麟，王太庆，译. 北京：商务印书馆，1959：116.

② 文德尔班. 哲学史教程：上卷. 罗达仁，译. 北京：商务印书馆，1987：38.

③ 同②.

④ 梯利. 西方哲学史：上册. 葛力，译. 北京：商务印书馆，1975：10.

⑤ 同④11.

⑥ 同④16.

触到“philosophy”这一概念，并将其翻译为“斐禄所费亚”“理学”“爱知学”①，等等。但当时的中国尚未遭遇西方的入侵，政治上也没有从“天下”步入“万国”② 的时代，所以这一概念并未在当时的中国引起注意。当“philosophy”再次进入中国时，中国已经被迫纳入近代历史的范畴和进程，并开始向西方学习了。由于当时的日本经过“明治维新”而迅速近代化，所以此时的日本不仅是中国的巨大威胁，同时也是中国向西方学习的重要窗口。众所周知，汉语中的“哲学”一词便是由日本传入的，王国维在《哲学辨惑》一文中指出：“‘哲学’之语实自日本始。日本称自然科学曰‘理学’，故不译‘费禄琐非亚’曰理学，而译曰‘哲学’。”③ “哲学”一词出自日本当然没有疑义，不过当时的实际情况和王国维所说刚好相反，是日本人先接受了译“philosophy”为“哲学”，而后才将“理学”视为自然科学之专称。④ 最早将“philosophy”译为“哲学”的是日本明治初期的启蒙学者西周。西周于 1874 年在《百一新论》中首次将“philosophy”公开翻译为“哲学”，而后井上哲次郎于 19 世纪 80 年代初在编纂日本第一部哲学词典《哲学字汇》时对此种翻译加以确认，遂使“哲学”这一译名在日本得以推广和采纳。但吊诡的是，西周将“philosophy”译为“哲学”并不是为了表明中国的儒学或理学是哲学，而恰恰是“用以区别于‘东洲的儒学’”。他把儒学和哲学进行对比，说“本译中所称哲学，即欧洲儒学也。今译哲学，所以别之于东方儒学也”⑤。也就是说，在西周那里，“哲学”一词在原初意义上指称的乃是源于西方的一种学问，它与源自中国（东洲）的那种叫作“儒学”的学问是不同的，“哲学”是西学，“儒学”是东学。后世所谓的“中国哲学”，如果按照西周的逻辑来考察的话，根本就属于一种不伦不类的语言混用，是“非法”的。

但问题似乎没有这么简单。西周虽然认为“哲学”不同于“儒学”⑥，但他确实又将“哲学”解作“欧洲儒学”，而且还在《开门题》中明确指出，“东土谓之儒，西洲谓之斐卤苏比，皆明天道而立人极，

① 乔清举. 中国哲学研究反思：超越“以西释中”. 中国社会科学，2014 (11)：45.

② 葛兆光. 宅兹中国. 北京：中华书局，2011：2.

③ 王国维. 王国维文集：第 3 卷. 北京：中国文史出版社，1997：3.

④ 陈启伟.“哲学”译名考. 哲学译丛，2001 (3)：67.

⑤ 孙彬. 西周的哲学译词与中国传统哲学范畴. 北京：清华大学出版社，2015：24.

⑥ 同①.

其实一也"①。这里，"斐卤苏比"还没有被译为"哲学"，但"哲学"与"儒学"之间的内在关联已经被凸显出来。也就是说，在西周那里，"哲学"与"儒学"实际上是有相通性的，它们都是"明天道而立人极"，在西则为哲学，在东则为儒学，"其实一也"。这就为后来冯友兰将哲学分为"形式上的系统"和"实质上的系统"，认为中国哲学有"实质上的系统"而无"形式上的系统"，从而用西方的形式来规范中国的思想以开创中国哲学学科奠定了基础与可能。虽然我们认为，"照西周的逻辑和明治时期的社会风潮来看，'中国哲学'的概念是不成立的"，但从另一种意义上说，西周思想中的这种形与质之间的张力也能解释，为何这一时期一方面是"中国哲学"概念不成立，另一方面"又是日本中国哲学概念形成、中国哲学学科奠基的时期"②。

现在一般公认最早将"哲学"一词引入中国的是黄遵宪。黄遵宪在他 1887 年写作的《日本国志》(该书最早刊刻于 1895 年左右)一书中介绍了日本东京大学的学科，其中提到了"哲学"。后来，梁启超对此译名进行了推广，从而使"哲学"一词逐渐为国人所熟知。梁启超在"戊戌变法"失败后流亡日本，创办了《清议报》和《新民丛报》，对西方哲学思想进行了大量的宣传和介绍。其间，"1899 年 1 月 2 日，梁启超于《清议报》第二期开辟'支那哲学'专栏，刊登谭嗣同的《仁学》，此或为'哲学'概念运用于中国材料之始"③。梁启超对于"philosophy"能否适合用在中国学问上其实并非毫无顾虑，他说："直译的 philosophy，其含义实不适于中国。若勉强借用，只能在上头加上个形容词，称为人生哲学。"④ 当然，这一时期的国人对"哲学"的态度并非都是主动接受，如湖广总督张之洞和湖北巡抚端方便反对在学堂里讲哲学，因此，京师大学堂最初没有"哲学"一科。此后，虽经各方努力，"哲学"作为一门学科终于进入中国的大学，但反对"中国哲学"的声音始终未能断绝，比如胡适。我们通常会把胡适和冯友兰视为创立"中国哲学"学科的奠基者，但实际上胡适在"中国哲学"提法的问题上有着前后的转变。

---

① 孙彬. 西周的哲学译词与中国传统哲学范畴. 北京：清华大学出版社，2015：26.

② 乔清举. 中国哲学研究反思：超越"以西释中". 中国社会科学，2014（11）：45.

③ 同②47-48.

④ 梁启超. 儒家哲学. 上海：上海人民出版社，2009：34.

胡适早年留学美国哥伦比亚大学，获哲学博士学位后归国，任教于北京大学哲学门，讲中西哲学史，并有《中国哲学史大纲》（上卷）一书出版，对于“中国哲学”学科的建立有着草创之功。但后来胡适的思想发生了转变，对哲学的态度渐趋否定。“《中国哲学史大纲》只出了上卷，而下卷始终没有下文，就是他后来对哲学的态度发生转变的结果。”① 1929年胡适在日记中写道：“过去的哲学只是幼稚的、错误的，或失败了的科学。”② “过去的哲学学派只可在人类知识史与思想史上占一个位置，如此而已。”③ 在胡适看来，所谓的“哲学”，只不过是幼稚的科学，是知识思想史的一部分。“只有把哲学家归到人类知识思想史上去，方才可以估计他们过去的成绩，方才可以推算他们将来的地位。”④ 也就是说，哲学并没有独立的地位，哲学应当从根本上加以取消。未来的哲学问题，要么因为被科学视为不成问题而遭到抛弃，要么被科学解决，如果科学暂时不能解决，那就成为悬案。“科学不能解决的，哲学也休想解决；即使提出解决，也不过是一个待证的假设，不足以取信现代的人。”⑤ 因此，哲学会自然消灭，成为普通思想史的一部分，未来只有科学而没有哲学，只有思想家而没有哲学家。这就意味着，胡适不仅消解了“中国哲学”的合法性，而且把整个“哲学”的合法性都消解了。此后，胡适渐渐淡出哲学史，转而支持以科学的方法“整理国故”，提倡“国学”。胡适的这种观点显然跟他信奉科学主义、实证主义的思想方法有关，但也与傅斯年对他的影响有关。⑥ 1918年，傅斯年发表文章指出，哲学不应当属于文科，哲学的问题应当通过科学的发展来解决。在欧洲受到实证主义的熏陶后，傅斯年对哲学的看法变得更激进，从而主张取消哲学。他说：“哲学是个大假定”，“哲学与科学用一样的方法”，“中国本没有所谓哲学，多谢上帝给我们民族这么一个健康的习惯”⑦。傅斯年在后来写给胡适的信中也主张中国只有“方

---

① 黄玉顺．追溯哲学的源头活水．四川大学学报（哲学社会科学版），2011（4）：13.

② 胡适日记全编5．合肥：安徽教育出版社，2001：427.

③ 同②428.

④ 同②429.

⑤ 同②429.

⑥ 王汎森．中国近代思想与学术的系谱．石家庄：河北教育出版社，2001：302-306.

⑦ 同⑥303.

术”，没有“哲学”[①]，并且认为这是中国的一种幸运。相比之下，让西方人引以为傲的德国哲学在傅斯年看来“只是些德国语言的恶习惯”，即便对于休谟，他也是“不知所谓”[②]。傅斯年的这些观点在胡适那里产生了共鸣，以至于胡适在回信中竟说自己因“不教西洋哲学，不看西洋哲学书”而感到“痛快”“得意”[③]。后来在 1931 年担任北京大学文学院院长时，胡适竟有取消哲学、在文学院只办历史系的想法，这与傅斯年 1927 年主持中山大学文学院而想“废哲学”的想法何其相似。[④]傅斯年对胡适的影响由此可见一斑。

当然，这一时期，“中国哲学”的创立仍属主流，但傅、胡二人也并非空谷足音，马一浮、欧阳竟无等人也都对将“哲学”用于中国传统思想表示了不满。马一浮在复性书院讲学期间曾说，书院所讲的，“要在原本经术，发明自性本具之义理，与今之治哲学者未可同日而语”。如果非要按照哲学的态度将中国古代的“经术”“义理”视为“过去时代之一种哲学思想而研究之，恐未必有深益”[⑤]。也就是说，哲学与中学不同，不能以哲学的眼光和态度来框定中国传统思想，否则即便再用功，也只是枉费心力。欧阳竟无也认为，“宗教、哲学二字原系西洋名词，译过中国来，勉强比附在佛法上面。但彼二者，意义既各殊，范围又极隘，如何能包含得此最广大的佛法?”因此，“正名定辞”，佛法就是佛法，“宗教、哲学二名都用不着”[⑥]。由此可见，欧阳竟无反对以哲学或宗教这样的西方语汇指称构成中国传统思想之一的佛学，认为佛法的内涵远远超出此二者所能容纳的范围，佛法就是佛法，不是哲学。

以西方哲学范式量裁中国思想从而把中国思想视为一种“非哲学”形态，这虽然一直不是哲学界（尤其是中国哲学界）的主流，但这种观点始终未能退出争论的战场，并且西方几位重要哲学家的加入使这一话题更具争议性。继黑格尔之后，胡塞尔对中国哲学提出了质疑。在胡塞尔看来，“哲学和科学本来应该是揭示普遍的、人‘生而固有的’理性的历史运动”，只有从这一角度理解哲学，才能决定“是否欧洲人真正

① 王汎森．中国近代思想与学术的系谱．石家庄：河北教育出版社，2001：303.
② 同①304.
③ 同①304.
④ 同①305.
⑤ 马一浮．马一浮集：第 1 册．杭州：浙江古籍出版社，浙江教育出版社，1996：527.
⑥ 欧阳竟无．欧阳竟无集．北京：中国社会科学出版社，1995：1.

在自身中承负着绝对理念，是否欧洲文明也不过是像‘中国’或‘印度’一样的经验的人类学的文明类型；以及只有这样才能决定，是否一切其他文明的欧洲化不是一种历史的荒唐胡闹，而具有绝对的世界意义”①。对胡塞尔而言，中国文明同印度文明一样，只是一种“经验的人类学”，所以中国文明的哲学化或欧洲化很难说具有“绝对的世界意义”。相比于胡塞尔把中国文明视为一种经验人类学而言，伽达默尔把中国的哲学思想视为“对奥秘和智慧的谜一般的陈述方式”的“偏见”似乎就显得更令人难以接受。在伽达默尔看来，“哲学思维并不从某个零点开始，而是必须用我们已经拥有的语言来思考和说话”②。因此，要想知道“哲学究为何物”或者如何既能“说明哲学的对象而又不陷入追问我们所用概念的恰当性问题之中”，我们就只能对西方哲学传统进行发问。“唯有西方哲学传统可能包含对这个问题的历史答案。我们也只能对这种传统发问。因为在其他文化中，尤其在辽远的东方文化里发展起来的对奥秘和智慧的谜一般的陈述方式，和西方称作哲学的东西毕竟没有可验证的关系，尤其是我们以其名义发问的科学本身就是一种西方的发现。”③ 无论从哲学的语言来说还是从哲学的传统来说，哲学都是与中国和东方无关的，哲学是一种西方的发现。

同样是对“中国有无哲学”这一问题的否定性回答，海德格尔和德里达的理由则似乎善意得多。众所周知，海德格尔对于东方哲学尤其是老子有关“道”的思想有着令西方人难以理解的痴迷。他在1946年夏天甚至尝试与中国学者萧师毅合作翻译老子的《道德经》，并在此后的三十年里“一再在著作、演讲和私人谈话中极为严肃地讨论老庄之道”，直到晚年，海德格尔仍在强调“东方哲学是西方哲学需要与之对话的另一个有着自身不可代替的价值的思想源头”④。但即便如此，在理解哲学的问题上，海德格尔仍旧把中国思想文明排除在外。在海德格尔看来，如果从源头上倾听而非在“滥用”的意义上使用“哲学”这个词，那么它就是φιλοσοφία（philosophia），即“爱智慧”。哲学说的是

---

① 胡塞尔．欧洲科学危机和超验现象学．张庆熊，译．上海：上海译文出版社，2005：21.

② 伽达默尔．伽达默尔集．邓安庆，等译．上海：上海远东出版社，1997：5.

③ 伽达默尔．诠释学Ⅱ：真理与方法——补充和索引．洪汉鼎，译．北京：商务印书馆，2011：95.

④ 张祥龙．胡塞尔、海德格与东方哲学．中国社会科学，1993（6）：47.

希腊语，“是某种最初决定着希腊人的生存的东西”①，同时它也决定着“西方—欧洲历史的最内在的基本特征。常听到的‘西方—欧洲哲学’的说法事实上是同义反复。为何？因为‘哲学’本质上就是希腊的”②。在海德格尔看来，哲学在源头上是说希腊语的，它在起源上就占用了希腊人而且只有通过希腊人的生活才能将自己展开。“哲学本质上是希腊的，这话无非是说：西方和欧洲，而且只有西方和欧洲，在其最内在的历史过程中原始地是‘哲学的’。”③ 海德格尔说，这一结论可以从科学的兴起和占统治地位中得到证实，因为“诸科学就来自最内在的西方—欧洲的历史过程”，而科学又是由哲学孕育的，如果没有哲学，“那就根本不可能有诸科学”，所以，“诸科学兴起和统治”的过程，实际上就是“西方—欧洲的历史过程”，即“哲学的历史过程”④。就此而言，“哲学”只能生在古希腊，长在欧洲，而与中国无“缘”。当然，海德格尔的这一论断并不是对中国思想的不敬，恰恰相反，他是在为“思”的事情留地盘。在海德格尔看来，哲学就是形而上学，它使人拘泥于“存在者”，只追求“存在者”的真理，而遗忘了“存在”以及关于“存在”的真理，因此，作为形而上学的哲学必然走向完成和终结。“哲学之发展为独立的诸科学——而诸科学之间却又愈来愈显著地相互沟通起来——乃是哲学的合法的完成。哲学在现时代正在走向终结。”⑤ 哲学的终结便意味着对思想的召唤，“召唤思想‘面向事情本身’”⑥，面向“存在”本身。这正是海德格尔欣赏中国老庄思想的原因之所在。因为在海德格尔看来，老子的“道”同古希腊的“逻各斯”以及他后期使用的“Ereignis”（张祥龙将之译为“观看中的自身缘起”）一样，是用以描述“存在”或“在”（Sein）之真义的“主导词”，是“人类思想的一个最伟大的本源”⑦。对海德格尔而言，中国的思想虽然不是哲学，但这并不影响它的伟大，因为“人不是存在者的主人。人是存在的看护

① 海德格尔．海德格尔选集：上．孙周兴，选编．上海：上海三联书店，1996：590.
② 同①590-591.
③ 同①591.
④ 同①591.
⑤ 海德格尔．面向思的事情．陈小文，孙周兴，译．北京：商务印书馆，2011：70.
⑥ 同⑤73.
⑦ 张祥龙．胡塞尔、海德格与东方哲学．中国社会科学，1993（6）：48.

者”①。哲学—形而上学努力想成为前者，却遗忘了后者，而这正是“思”的事情。

在“中国有无哲学”这一问题上，德里达同海德格尔保持了一致。在德里达的著作《书写与差异》（*L'écriture et la différence*）开篇的“访谈代序”中，德里达首先指出，“在哲学与非哲学之间并不存在一种静态的、明晰的界限。从某种角度讲，哲学的性质，哲学自身的运动，就在于征服一切空间，在于不肯接受存在着哲学的某种外部”②。但他依然明确表示赞同海德格尔的观点，认为哲学在“本质上不是一般的思想，哲学与一种有限的历史相联，与一种语言、一种古希腊的发明相联”，“它是一种欧洲形态的东西，在西欧文化之外存在着同样具有尊严的各种思想与知识，但将它们叫作哲学是不合理的”③。因此，德里达得出的结论是，中国的思想、历史、科学等说法都是没有问题的，但如果把这些叫作中国“哲学”，对他而言便是一个问题。原因在于，哲学是欧洲的，当中国的思想“引进了欧洲模式之后，它也就变成了欧洲式的了，至少部分如此”。德里达甚至表示，他对像中国的思想这种“非欧洲的思想绝不缺乏敬意，它们可以是十分强有力的、十分不可少的思想，但我们不能将之称为严格意义上的‘哲学’”④。在德里达的理解中，哲学就是从古希腊产生的、经过拉丁语和德语的翻译而成的一种欧洲文化传统，它与中国没有关系，中国虽然没有哲学，但有自己的思想，而且这种思想的光芒丝毫不比哲学暗淡，并且同样值得尊敬。

这些西方哲学家的观点很明确，无论他们对中国的思想是尊敬还是轻视，他们都是站在哲学的西方出身立场上量裁中国的思想的，从而认为中国没有哲学。对他们而言，哲学并不只是一个名称的问题，而是一种言说方式，这种言说方式背后所牵涉的不单单是几个概念、几种观点，而是一整套的思维习惯和生活方式。从根本上说，哲学是他们存在样态的一部分，他们在哲学中生活，哲学也通过他们的生活展现自身。把哲学同中国联系起来，对哲学和中国都是一种伤害。总之，中国有思想、有宗教，甚至有宗教哲学和道德哲学，但就是没有哲学，没有西方

① 海德格尔．路标．孙周兴，译．北京：商务印书馆，2000：403.

② 德里达．书写与差异．张宁，译．北京：三联书店，2001：9.

③ 同②10.

④ 同②10.

意义上的哲学，也没有真正和原初意义上的哲学。这种意义上的哲学，我们说，实际上就是关于存在之为存在的纯思辨，即西方的形而上学和本体论。

关于“中国有无哲学”这一问题，当代中国学者实际上也存在分歧。虽然更多的人还是认为中国有哲学，但持否定态度的学者也不乏其人，典型如葛兆光和彭富春。葛兆光在《中国思想史》第一卷开篇不久就谈到近代中国的一个思想史事实，即“思想史这一名称似乎没有哲学史这一名称受青睐”①，以“哲学史”命名的著作在整个20世纪远比以“思想史”命名的著作多。在葛兆光看来，这三分之一是由于西洋哲学史的现成范式给中国学术所提供的方便，三分之一是由于“哲学”一词对中国学术的诱惑和挑战，三分之一是由于在大学建立哲学系需要相应的教材。② 在西方哲学的“示范”下，20世纪的哲学史写作积累了相当丰富的经验和教训，但葛兆光对此做法的合法性始终表示怀疑，他说：“很久以来我一直有一个很顽固的观念，我觉得用哲学史（history of philosophy）来描述‘中国历史上［的］各种学问’，如果不对西洋的哲学概念加以修改，严格沿用西洋哲学现成术语的内涵、外延，多少会有些削足适履，如果不对中国的思想与知识进行一些误读和曲解，多少会有些方枘圆凿，所以，中国古代的知识和思想是否能够被‘哲学史’描述，实在很成问题。”③ 对葛兆光而言，中国人没有西方人所谓的哲学并不只是一个名称的问题，不是说加上一个名称就能建立起一套与西方哲学相契合的所谓的中国哲学，中国没有“哲学”这一名称，实际上意味着“中国人也没有恰合哲学这一名称的意义的知识、思想与学术”④。如果按照海德格尔的说法，我们也可以说，中国人很有可能根本就没有恰合“哲学”这一名称的生活方式。因此，葛兆光并没有采用“中国哲学史”这一似是而非的名称，而是采用“中国思想史”这一更具包容性的称呼。葛兆光认为，“相比起来，‘思想史’（history of thought 或 intellectual history）在描述中国历史上的各种学问时更显得

① 葛兆光．中国思想史：第1卷．上海：复旦大学出版社，1998：3.
② 同①.
③ 同①5.
④ 同①6.

从容和适当，因为‘思想’这个词语比‘哲学’富有包孕性质”①。当然，采用思想史的方式表述中国古代的学问和知识并非没有问题，毕竟“思想”是一个太过宽泛以至漫无边际的词汇，很难典型地反映中国的那种哲学性的学问和知识，这就是在“哲学史”被反复书写之时，关于“思想史”的书写却一直门庭冷落的原因之一。当然，这也只是原因之一，毕竟大多数人还是真诚地相信中国是有哲学的。

除了葛兆光之外，彭富春也是一位对“中国哲学”这一提法表示异议的学者。在彭富春看来，虽然每一种文明都有自己的智慧，但“并非所有的智慧都能激起一种智慧之爱，而能成为一种哲学。所谓哲学实际上是希腊人或者欧洲人的事情，因此唯有西方的历史把智慧和哲学的关系显现出来”②。相比之下，中国文明虽然也有自己的智慧，但这种智慧能否被称为哲学，答案是十分不确定的。彭富春指出，“如果说哲学是智慧的科学，并使智慧具有理性和逻辑的形态的话，那么中国从先秦到晚清都没有这样的哲学”③。中国没有哲学乃是一个我们应当接受的历史事实，如果忽视这一点，“那么中国智慧的各种简单的哲学化都是不可通达的”④。也就是说，想要通过哲学的方式通达中国的智慧，其结果如果不是缘木求鱼，至少也会挂一漏万。因此，在彭富春看来，用所谓的本体论、认识论、伦理学、美学等描述中国的思想或智慧，“这有时显得简直是不伦不类。同样，中西哲学的比较也往往穿凿附会地流于各种表象性的分析”⑤。总之，用“中国的智慧”要比用“中国的哲学”更能显现中国思想的独特性。彭富春早年赴德国留学，师从海德格尔的弟子博德尔（Heribert Boeder），专门研究海德格尔。因此，在关于“中国有无哲学”这一问题上与海德格尔有诸多相似之处也是情理之中。

“中国有无哲学”这一问题同样引起了西方一些汉学家的注意，其中也不乏对“中国哲学”这种提法表示怀疑的学者。1991 年，德国汉学家傅敏怡（Michael Friedrich）在《论中国哲学之创构——现代儒学的一项课题》（“De Inventione Sinarum Philosophiae：Ein Thema des

① 葛兆光. 中国思想史：第 1 卷. 上海：复旦大学出版社，1998：6.

② 彭富春. 哲学与美学问题. 武汉：武汉大学出版社，2005：91.

③ 同②93.

④ 同②94.

⑤ 同②94.

Modernen Konfuzianismus”）这篇论文中讨论过这一问题，“所谓的‘中国哲学’并不存在于近代以前的中国传统文化中，而是近代中国学者在接触了西方哲学之后‘创构’出来的，故只是‘哲学在中国’”①。傅敏怡的这篇论文当时并未公开发表，后来还是经过大陆学者还学文在一篇论文中的转述，才使其观点为大家所知道并获得了广泛的关注。中国哲学合法性问题在大陆学界产生之后，也有不少汉学家参与其中进行讨论，如比利时汉学家戴卡琳（Carine Defoort）。2001 年，戴卡琳发表了一篇题为《究竟有无“中国哲学”?》（“Is There Such a Thing as Chinese Philosophy?”）的文章，她在文中指出，“怀疑中国哲学的合法性，并不仅仅是西方沙文主义的结果。‘中国哲学’这一说法确实包含了一种悖论，使得人们对中国哲学的身份也产生怀疑”②。在戴卡琳看来，哲学虽然具有“一种普遍性的内涵”，但无可否认的是，它有其“特殊的西方起源”。“在‘中国哲学’这一称谓中，‘中国’这一形容词和‘哲学’这个名词结合得如此紧密，以至于使得哲学面临着窒息而死的危险。”③ 之所以出现这种状况，其中一个重要原因就在于“哲学”这一术语“是通过追溯的方式被运用到了中国的传统之中”。近代中国学界“在描述自己的思想传统时”，通过日本人的翻译而急迫地接纳了西方哲学的术语和言说方式，因此，“以往用各自的术语来互称对方的文化平衡被消解了”，由此导致的一个严重后果便是，“哲学在中国的引入”实际上“标志着诸子传统的终结”，“当中国哲学通过追溯的方式得以创建或重组之时，其作为活的传统的存在大多已经终止了”。中国“哲学界”似乎对中国传统思想产生了严重的过敏反应，以至于中国人辛辛苦苦建立起来的“‘中国哲学’似乎刚一诞生就已死去”④，从而成了大学课堂里的“文献资料和研究对象”⑤。当戴卡琳说“哲学”一词“是通过追溯的方式被运用到了中国的传统之中”时，她所表达的意思大概与刘笑敢所提出的由“反向格义”造成的中国哲学研究困境有着异曲同工之妙。虽然对中国哲学的类似观察并不罕见，但戴卡琳这里为我

---

① 李明辉．关于“中国哲学之正当性问题”的一个批注// 张西平．国际汉学：第 18 辑．郑州：大象出版社，2009：17．

② 戴卡琳．究竟有无“中国哲学”?．杨民，季薇，译．中国哲学史，2006（2）：6．

③ 同②．

④ 同②．

⑤ 同②7．

们呈现的一个洞见在于，她指出了这种“追溯式运用”或“反向格义”的一个重要弊病，即“以往用各自的术语来互称对方的文化平衡被消解了”。也就是说，中国的思想或“义理之学”在面对“哲学”的“反向格义”时，无法保持一种平等、平衡的姿态。作为一种“弱国”文化，在强势的他者话语面前，中国的“义理之学”根本没有时间和机会理解与消化“哲学”，也更谈不上以平等的姿态与“哲学”对话、互动，以谋求思想的共识。因此，在戴卡琳看来，当以“哲学”来“追溯”中国思想时，中国思想的内在生机便因为对“哲学”的水土不服而趋于窒息。对于戴卡琳有关不宜以“哲学”来关照中国传统思想的结论，我们可以暂且持保留态度，但她所提出的理由却值得我们注意和重视。对此，刘笑敢指出，“传统的格义是以自己熟悉的本土的经典和概念来理解和解释陌生的概念”，而“反向格义”“却是以相对来说自己不够熟悉的西方哲学概念、体系来解释自己更熟悉的中国本土的典籍”，“这样做有利于中国文化与世界文化的对话、交流，又是改造中国传统哲学、促进传统哲学走向现代化、国际化的渠道之一，但是反向格义却很容易导致对中国哲学思想、术语、概念的误解，导致机械地、错误地套用西方哲学概念的可能性”①。在此意义上我们或许可以说，对于中国传统思想的“哲学式追溯”或“反向格义”未必就一定是不可取的，只不过我们一方面要加强对西方哲学的理解，另一方面要对此种方法保持足够的警惕。或者说，证明中国到底有没有“哲学”最多只是个“正名”问题，但如果为了强行为中国哲学“正名”而使中国哲学“一诞生就已死去”，那就确实得不偿失了。

就以上种种论述而言，我们很难说这些哲学家和学者对“中国哲学”这种提法的怀疑只是肤浅的偏见或“西方沙文主义”，毕竟他们大部分都尽量站在一种客观的立场并提出了令人信服的理由，至少他们是这么认为的。更何况西方还有许多哲学家和学者是真诚地认同“中国哲学”这种提法的，这一点我们接下来会谈到。此外，我们也不能简单地认为，是否存在“中国哲学”对中国人而言只是个单靠民族情感和尊严便能回答的问题，毕竟，在质疑“中国哲学”是“哲学”的众多学者中，也不乏中国的著名思想家和学者。但我们能否就此得出结论，认为

① 刘笑敢. “反向格义”与中国哲学研究的困境. 南京大学学报（哲学·人文科学·社会科学），2006（2）：79.

中国思想与“哲学”无缘？或者，哲学只是一种古希腊的发明和创造，从而与中国思想之间只能是方枘圆凿？又或者，当“中国”与“哲学”走到一起时，只能形成对中国思想的种种束缚以至于窒息中国思想的哲学表达？问题恐怕没这么简单，至少在未经深入审视那些赞同“中国哲学”提法的哲学家和思想家的观点之前，我们有理由对此种“以西裁中”的做法保持恰当的怀疑。

2.2 以西释中：中国哲学不是“哲学”吗

“哲学”一词的汉语翻译虽然由西周而始，但真正的确立者则是井上哲次郎。与西周不认同“中国哲学”这一称谓相反，井上哲次郎是“中国哲学”概念的积极提倡者。井上哲次郎说，在西周眼中，“如果把哲学译为性理学，就会被认为是儒教中的一派，所以采用了哲学的译语”①。井上哲次郎起初也认为，哲学的发展历程就是从古希腊发端后经中世纪而到欧洲近代哲学的这样一种历程，凡是不在此历程中的便统统不是哲学。但后来他发现，“这在方法论上是非常错误的。西洋哲学者仅仅把希腊以来的哲学称为哲学是错误的，也必须把印度、中国哲学考虑进内”②。而且他提出理由说，即便是西方哲学家，如叔本华、哈特曼（Hartman），尤其是杜伊森（Deussen）等人，也在致力于研究东洋哲学，以发挥其哲学价值，“可是，作为东洋国家的日本，受了支那、印度哲学那么大的影响，却忽视、无视它们，一知半解地简单地将其作为西方哲学的延长而附属于西洋哲学，作为东洋人，这样的立场公平吗?”③ 答案显然是否定的。除了井上哲次郎外，三宅雄二郎（即三宅雪岭）也是一位主张建立“中国哲学”学科的重要学者。三宅雄二郎在听完美国学者费诺罗萨（Fenollosa）所讲的“西方近代哲学史”课程后发现，“支那也有类似事物，印度也有类似事物，如此说来，则支那哲学、印度哲学也都应该设立为科目”④。如此一来，井上哲次郎从西方

① 乔清举. 中国哲学研究反思：超越“以西释中”. 中国社会科学，2014（11）：45.

② 同①46.

③ 同①46.

④ 同①46.

哲学家的工作中，三宅雄二郎从西方哲学史的内容上，同时发现了在东方文明中建立“哲学”的潜质与可能，从而为他们此后“从中国思想与佛教思想之中找到哲理，在‘东洋哲学’这一整体概念之下树立起了‘支那哲学’‘印度哲学’”①，以对抗“西洋哲学”的工作奠定了基础。虽然日本依然存在着一些争议，但东京大学最终还是于1881年在“和汉学科”中设立了“印度・支那哲学讲座”，由岛田重礼主讲，次年改为“东洋哲学史讲座”，由井上哲次郎主讲。② 1883年，井上哲次郎撰写了《东洋哲学史讲义》，不过只是在东京大学里作为教材使用，并未出版。但自此以后，日本有关中国哲学的研究和哲学史著作逐渐繁盛起来。在此意义上，“印度・支那哲学讲座”的设立便可以说得上是“‘中国哲学’在世界范围内成为近代意义的独立学科的开始”③。

此后关于“哲学”进入中国的故事我们大体上都知道了。黄遵宪在介绍东京大学时将“哲学”带入国人视野，而后经过梁启超、王国维、蔡元培、胡适等人的努力，“中国哲学学科”最终得以在北京大学创建，胡适的《中国哲学史大纲》（上卷）和冯友兰的《中国哲学史》（上下册）为中国哲学史的写作创造了基本范式，“中国哲学”作为一门学科和学术史，最终在中国“成长”起来。其中，如果说梁启超对于中国是否有“哲学”尚存一丝顾虑从而勉强将中国哲学称为“道德哲学”的话，那么王国维对中国哲学所持的态度则无疑是大胆而开放的。王国维在《哲学辨惑》一文中明确指出，“夫哲学者，犹中国所谓理学云尔”④。也就是说，所谓哲学、理学、费禄琐非亚等，不过是翻译名称之间的差异，并无根本的不同。而且，那些认为哲学有害无益从而欲废哲学之人，实在是因为“不知哲学为中国固有之学故”，且不说诸子之学，单就“六经”与宋儒之言，如周敦颐之“太极图说”、张载之“正蒙论”，便“皆深入哲学之问题”⑤。因此，“夫周秦与宋代，中国哲学最盛之时也”⑥。当然，王国维也承认中国哲学之古书“大率散而无纪，

① 高坂史朗. 东洋与西洋的统合：明治哲学家们的追求. 吴光辉，林斌，译. 日本问题研究，2012（3）：3.

② 孙宝山. 中国近代哲学思潮及其思想. 北京：中国财富出版社，2014：7.

③ 乔清举. 中国哲学研究反思：超越“以西释中”. 中国社会科学，2014（11）：46.

④ 王国维. 王国维文集：第3卷. 北京：中国文史出版社，1997：3.

⑤ 同④5.

⑥ 同④.

残缺而不完，虽有真理，不易寻绎”，不像西洋哲学那样“系统灿然，步伐严整”，因此我们才要“通西洋之哲学以治吾中国之哲学”，并且在“专门教育中，哲学一科必与诸学科并立”，从而使“吾国固有之哲学”日后能变得繁荣“昌大”。[①] 王国维之所以在此时（1903 年）写这篇文章，主要是为了在国内（京师大学堂）推行哲学，但遗憾的是，王国维的这一努力在当时并未得到响应，京师大学堂直到更名为北京大学后才创立了“哲学门”（1912 年）。

1914 年，北京大学哲学门开始招生，起初并无教授西洋哲学史的教员，只有陈黻宸讲授中国哲学史。因此，陈黻宸的讲义《中国哲学史》（1914 年，未出版）可以称得上中国第一部哲学史著作。陈黻宸在《中国哲学史》的“总论”中指出，“欧西言哲学者，考其范围，实近吾国所谓道术”[②]，这说明，他实际上已经开始有意识地以西方哲学作为参照物来梳理中国传统文化。不过，这部讲义虽然以“哲学史”命名，但实际上却只从伏羲讲到太公（姜尚），内容甚至不及他的另一部著作《诸子哲学》丰富，因此只算得上中国“上古”思想史。而且，由于时代和思想的局限，“中国哲学史”这门课实际上仍旧被笼罩在浓厚的经学氛围中。不过在中国哲学学科初创阶段，这部讲义确有开风之功。陈黻宸之后、胡适之前，还有一部哲学史著作需要提及，那就是谢无量的《中国哲学史》（1916 年），这是中国第一部正式以“中国哲学史”命名出版的哲学著作。在该书的“绪言”中，谢无量开篇便说：“今世学术之大别，曰哲学、曰科学，哲学之名，旧籍所无，盖西土之成名，东邦之译语，而近日承学之士所沿用者也。虽然，道一而已。”[③] 在谢无量看来，中国所谓之儒学、道学、理学、义学与西方的哲学实际上是一回事，虽然地有中、西，岁有古、今，但“所学之事，所究之难，固无不同者矣”[④]。就此而言，谢无量实际上是将“哲学史”与儒家之“道统”联系起来，认为二者之间只有东西与称谓之别，可以无缝对接。谢无量的这部哲学史著作虽然比陈黻宸的哲学史著作在内容上更丰富，但究其实质，仍不过是给中国的传统学术加上一个“哲学”的名称，甚至都算

① 王国维. 王国维文集：第 3 卷. 北京：中国文史出版社，1997：5.

② 陈黻宸. 陈黻宸集：上册. 北京：中华书局，1995：415.

③ 谢无量. 中国哲学史. 北京：中华书局，1976：1.

④ 同③.

不上“新瓶装旧酒”，而只不过是“旧装新标”，换了个标签而已。所以，这部哲学史著作虽然是中国第一部正式以“中国哲学史”命名出版的哲学史著作，但在现代中国哲学学科的创建上同陈著一样并无太大功绩。

真正算回答了“中国有无哲学”这一问题的第一人应该说是早期的胡适。1917 年胡适回国后任教北京大学，接替陈黻宸讲授“中国哲学史”课程，使当时的学生耳目一新。在胡适看来，哲学并没有一个确定的定义，他给“哲学”所下的暂时的定义是：“凡研究人生切要的问题，从根本上着想，要寻一个根本的解决。这种学问，叫作哲学。”① 由于人生切要的问题不止一个，所以哲学便有许多门类，如宇宙论、知识论、伦理学、教育哲学、政治哲学、宗教哲学，等等。对于一个哲学问题，各人有各人的见解和回答，把此“种种哲学问题的种种研究法和种种解决方法”② 依年代和学派的系统记叙下来，便成了哲学史。就今日而言，我们很难说胡适对哲学所下的这个定义有何重大创见和意义，它甚至很难算得上一个哲学定义。但在当时，此定义的一个最重要特征在于，它在超越中西歧见的基础上给哲学下了一个具有普遍参照性和规范性的定义，在此种意义上，凡是符合这一特征的思想和观点都可以称得上哲学。也就是说，此种意义上的哲学不仅仅是西方意义上的哲学，中国哲学同样可以被纳入这一哲学范畴，从而成为一种独立于西方哲学的对人生切要问题的回答。如此一来，西方哲学便不再是哲学的全部，而是和东方哲学一样，属于哲学的一个特例。因此，胡适才说：“世界上的哲学大概可分为东西两支。东支又分印度、中国两系。西支也分希腊、犹太两系。”③ 当然，中国哲学的建构并没有现成的体系，在这一点上，胡适需要依赖西洋哲学。正如蔡元培在给胡适的《中国哲学史大纲》所写的“序”中所说，“我们要编成系统，古人的著作没有可依傍的，不能不依傍西洋人的哲学史。所以非研究过西洋哲学史的人，不能构成适当的形式”④。在蔡元培评价胡适的《中国哲学史大纲》的几个长处中，其中之一便是“系统的研究”。总之，将中国哲学上升到与西洋哲学同样的地位，使其成为一般哲学的特殊形态，并以西方哲学史之

① 胡适．中国哲学史大纲．上海：上海人民出版社，2014：1.

② 同①.

③ 同①3.

④ 同①序 1.

系统为范本来写作中国哲学史，胡适的《中国哲学史大纲》乃是中国近世之首创。因此之故，胡适的《中国哲学史大纲》不仅成了中国哲学史研究与写作的第一个初步“范式”，而且是国人为证明中国哲学的合法性所做的第一个尝试性努力。

在创建“中国哲学范式”的问题上，胡适的《中国哲学史大纲》虽然迈出了最初的一步，但最重要的一步却是由冯友兰的《中国哲学史》完成的。正如郑家栋所说，“冯友兰《中国哲学史》的成功之处正是在于，他较之胡适更彻底地仿效西方哲学的模式来建立中国哲学的系统。这个模式绝不只是外在的形式，因为它关涉到内容的取舍和诠释的向度”①。冯友兰当然知道哲学是西洋人的发明，但他同早期胡适一样，认为哲学并不是西洋的“特产”，中国同样有哲学。因此，问题的关键便在于从中国的古代典籍中将这些哲学的元素系统地整理出来。他说：“哲学本一西洋名词。今欲讲中国哲学史，其主要工作之一，即就中国历史上各种学问中，将其可以西洋所谓哲学名之者，选出而叙述之。”②但只是选出这些材料还不足，因为哲学不只是材料，还需要系统，没有系统，也难算得上哲学。冯友兰当然知道中国哲学缺乏系统性，因此他才努力地创造出这个系统，其对于“中国哲学范式”的创造性贡献便在这里。他把系统一分为二，他说：“所谓系统有二，即形式上的系统与实质上的系统。”③ 中国哲学缺乏的只是形式上的系统，而非实质上的系统。此间的区别在于，如果缺乏前者，我们便可以按照西方的形式系统建立起中国哲学的形式系统，毕竟早期古希腊哲学也没有这种形式上的系统，由此可见，形式上的系统是可以建构的。“但如谓中国哲学家的哲学无实质上的系统，则即等于谓中国哲学家之哲学不成东西，中国无哲学。”④ 这当然是冯友兰不能承认和接受的，对他而言，中国的魏晋玄学、宋明道学、清人的义理之学，都与西洋所谓的“哲学”“颇可谓约略相当”⑤。因此，虽然冯友兰承认没有实质上的系统便不可谓哲学，但他坚信中国哲学所缺的只是形式上的系统，讲中国哲学史的要义

① 郑家栋.“中国哲学”的“合法性”问题//中国哲学年鉴 2001. 北京：哲学研究杂志社，2001：4.

② 冯友兰. 中国哲学史：上册. 上海：华东师范大学出版社，2010：3.

③ 同②8.

④ 同②8.

⑤ 同②5.

之一，“即是要在形式上无系统之哲学中，找出其实质的系统”①。冯友兰是这么说的，也是这么做的，他把古希腊哲学的三大部，即物理学、伦理学和论理学，转换为哲学中的宇宙论、人生论和知识论，并以此作为“中国哲学”的形式上的系统，从而建立起中国历史上第一个完整的哲学叙述范式。可以说，“中国哲学”这一范畴直到冯友兰《中国哲学史》的出版才算有了真正能与之匹配的存在。

冯友兰之后，张岱年对冯友兰有关中国哲学系统的主张进行了一次实践。张岱年把冯友兰所提出的中国哲学有“实质上的系统”而无“形式上的系统”视为“不刊之至论”②。因此，他按照冯友兰的思路，分别从宇宙论、人生论和致知论（认识论）这三个方面来梳理中国传统哲学。在张岱年看来，哲学并不专指西洋哲学，而是一个类称，西洋哲学只是哲学的一个特例，凡与此特例相似者，皆可谓哲学。在此意义上，“则中国旧日关于宇宙人生的那些思想理论，便非不可名为哲学。中国哲学与西洋哲学在根本态度上未必同；然而在问题及对象上及其在诸学术中的位置上，则与西洋哲学颇为相当”③。比如，“先秦时所谓‘学’，其意义可以说与希腊所谓哲学约略相当”④。当然，张岱年虽然把西洋哲学视为哲学的一个特例，但实际上仍以西洋哲学为标准来区分哲学与非哲学，这种做法对非西洋哲学尤其是中国哲学而言，虽然十分不公，但“在现代知识情形下，这是不得不然的”⑤。张岱年的这种说法现在听来可能确实伤害了许多中国学者的民族感情，以至于“重写中国哲学史”成了现今许多人的学术冲动，但在“中国哲学”创建之初，尤其是西洋哲学占据绝对话语权的时代，这确实是不得不接受的现实。

与冯友兰、张岱年单纯从哲学实质上的系统来挺立中国哲学范式不同，牟宗三试图将哲学置身于文化的场域中加以解读，从而为中国哲学合法性问题的回答提供了新的思路和方向。牟宗三说，就哲学与文化的关联性而言，哲学是文化的“中心领导观念”，“是指导文化发展的一个方向或智慧”⑥。不同的文化有不同的哲学，“了解了文化系统的特殊

① 冯友兰. 中国哲学史：上册. 上海：华东师范大学出版社，2010：8.

② 张岱年. 中国哲学大纲. 北京：商务印书馆，2015：19.

③ 同②23.

④ 同②21.

⑤ 同②.

⑥ 牟宗三. 中西哲学之会通十四讲. 上海：上海古籍出版社，2007：1.

性，就能了解哲学的特殊性”①。那么，中西文化之间为什么会有如此之不同？牟宗三给出的解释是“道术为天下裂”：“道是完整的，它是个全。由于人各得一察焉以自好，于是‘道术将为天下裂’。”② 这就是说，每一种文化和哲学都是对“道”或者“真理”的限制，都是一孔之见，通孔不同，窥道的角度不同，文化和哲学便会不同。牟宗三认为，中国哲学的主要课题是生命，“主要的用心在于如何来调节我们的生命，来运转我们的生命、安顿我们的生命”③，而古希腊的那些自然哲学家的主要课题则是自然，由此而生出西方哲学的宇宙论和本体论。或者说，中国哲学重“主体性”和“内在道德性”④，而西方哲学则重“客体性”，“它大体是以‘知识’为中心而展开的”⑤。因此，无论是中国哲学还是西方哲学，都是“道术为天下裂”的结果。既然中西哲学都是窥道而得的一孔之见，那么哲学便既是普遍的又是特殊的。“哲学虽然是普遍的真理，但有其特殊性，故有中国的哲学也有西方的哲学”⑥，中西哲学因普遍性而可言会通，因特殊性而丰富多彩。对于那种不承认中国有哲学的观点，牟宗三给予了严肃的批评。他曾悲痛地指出，“这个时代本是西方文化当令的时代，人们皆一切以西方为标准”⑦，但比这更糟糕的是，不仅西方人自视如此，连中国知识分子也认为如此，因此才有所谓“全盘西化”之说。他承认中国传统文化中未能开出民主与科学，这是不足，但要说中国没有哲学，“那根本是霸道与无知”⑧。西方人无知还可，中国人也如此无知，便是没出息。他愤怒地说：“什么是哲学？凡是对人性的活动所及，以理智及观念加以反省说明的，便是哲学。中国有数千年的文化史，当然有悠长的人性活动与创造，亦有理智及观念的反省说明，岂可说没有哲学？”⑨ 总之，牟宗三认为，虽然哲学普遍而特殊，故有中西之别，说中国没有西方式哲学则可，但若以

---

① 牟宗三．中国哲学十九讲．上海：上海古籍出版社，2005：2．

② 同①6．

③ 同①12．

④ 牟宗三．中国哲学的特质．上海：上海古籍出版社，1997：4．

⑤ 同④5．

⑥ 牟宗三．中西哲学之会通十四讲．上海：上海古籍出版社，2007：5．

⑦ 同④1．

⑧ 同④2．

⑨ 同④．

西方哲学为哲学之标准而说中国没有哲学，那便是大大的谬论。如果“以西方哲学为标准，来在中国哲学里选择合乎西方哲学的题材与问题，那将是很失望的，亦是莫大的愚蠢与最大的不敬”①。牟宗三到底对冯友兰和张岱年的做法提出了不满与抗议。

牟宗三对冯友兰的批判虽有道理，但需要指明的是，冯友兰并不是一个在哲学上没有“中国自觉”的人。他虽然把胡适所开创的“以西释中”的哲学事业进行了更彻底、更系统的完成，从而建立起第一个以西方哲学为范式的中国哲学体系，但他并没有因此而忽视中国哲学不同于西方哲学的民族特性。这一点从他的“境界说”便可见一斑。冯友兰把人生分为四种境界，即自然境界、功利境界、道德境界和天地境界，“境界说”不仅典型地呈现了中国哲学区别于西方哲学的一个重要理论特质，而且始终构成其“新理学”的中心思想，对此冯友兰本人直到晚年也毫不讳言：“‘境界说’是新理学的中心思想。”② 由此可见，在建构中国哲学体系上，冯友兰虽然采用的是西方哲学范式，但其内心深处还是希望以此来挺立中国思想。而且，他在梳理中国哲学史时所使用的基本哲学概念和范畴，如理、气、道体、大全等，也仍旧是中国话语。于是，在冯友兰的中国哲学体系中，便不免存在“他人酒杯”与“自己胸中块垒”之间的尴尬境遇和思想张力：一方面，要想建立中国哲学，便不得不师法西方哲学范式，给中国哲学穿上西方哲学的外衣；另一方面，中国哲学又必须与西方哲学范式保持一定的张力和距离，“通过凸显自身的独特理论价值，来最终获得作为一种哲学形态而得以成立的‘自性’”③。我们说，这种形与质之间的困境不仅是冯友兰哲学体系的困境，而且是所有建构中国哲学之人都要面临的困境，其实质就是如何从“哲学在中国”创造出“中国的哲学”这种转换性困境。牟宗三之所以如此批判冯友兰，固然是因为冯友兰的努力未能填补其留下的哲学抱负，但也见出这种转换性创造的难度。牟宗三本意填补冯氏的这一缺憾，但结果也只是从一个中心（“西方中心”）转到了另一个中心（“华夏中心”），最后竟下了“华夏优位论”的断语，认为西方以知识为中心的理想主义大传统，“最后的圆熟归宿是向中国的‘生命之学问’走。

① 牟宗三．中国哲学的特质．上海：上海古籍出版社，1997：7．

② 冯友兰．三松堂全集：第14卷．郑州：河南人民出版社，2000：1051．

③ 李翔海．从“哲学在中国”到“中国的哲学”．学术月刊，2007（4）：56．

不管它如何摇摆动荡，最后向这里投注”①。牟宗三本欲凸显中国哲学的独特价值以使中国哲学与西方哲学相对而立，但却太过于注重中国哲学的精神特质和理论优长，以至于不仅不能很好地进行中西会通，反而常常因话语上的独断而难成持平之论。

新中国成立以后，马克思主义哲学一度达到一统天下的局面。马克思主义哲学虽然没有直接论述中国哲学合法性问题，但实际上是以承认的方式变相回答了这一问题。不过，马克思主义哲学抛弃了原来以西方哲学范式来诠释中国哲学的“以西释中”模式，而是改为以马克思主义哲学的唯物论与唯心论之争的模式来批判中西哲学。在此意义上，虽然中国哲学的合法性得到了承认，但中国哲学却和西方哲学一样，从属于马克思主义哲学的研究范围。由于马克思主义哲学并非中国本土哲学，所以“以马释中”实际上就是另一种意义上的“以西释中”。当然，“以马释中”模式并非新中国成立后才开始的，早在新中国成立前便已经有相当一部分马克思主义研究者开始从唯物论、辩证法等角度审视中国哲学，比如20世纪三四十年代的李石岑和范寿康。李石岑在《中国哲学十讲》中选择了辩证法、唯物论、辩证法的唯物论这三个方面来对中国哲学和西方哲学进行实质观察，其结论是：在辩证法方面，“中国的思想家大部分是知道运用辩证法的，可是并非明显地或意识地把辩证法当作一种方法论，当然更谈不上运用到认识论及认识的历史”②；在唯物论方面，“从先秦到清末，我们只能找到几个唯物论的倾向，不能找到真正唯物论的思想”③；在辩证法的唯物论方面，“有没有辩证法的唯物论的思想呢？那只有一个‘否定’的答复”④。也就是说，从马克思主义哲学的视角看，中国哲学有辩证法，也有唯物论，但无辩证唯物主义，而后者正是“古来各派哲学的大集成，也是古来各派哲学的总清算”⑤。同李石岑相似，范寿康在《中国哲学史通论》一书中率先表明了自己的历史唯物主义立场，他说：“在历史的解释上是有种种不同的观点的。大体上讲，最大的派别有二：一派把历史看作是出于人类自由

---

① 牟宗三．中国哲学的特质．上海：上海古籍出版社，1997：8.

② 李石岑．中国哲学十讲．天津：天津人民出版社，2011：18.

③ 同②19.

④ 同②21.

⑤ 同②22.

意志的创造，因此在历史的进展上，我们并无原则可以探求；另一派却把历史不看作出于人类自由意志的创造，以为历史的进展，和自然界的演进相仿佛，是必然的，所以其中也不无原则可寻。”① 他自己是明确站在第二派来解释历史的。在社会存在和社会意识何者在先的问题上，他坚持唯物论立场，主张意识是存在的反映：“唯心论者认为意识可以支配存在，而唯物论者却以为存在对于意识是独立的。”② 在此基础上，他把中国历史分为五个阶段，认为中国哲学作为一种社会意识形态，是随着这五个历史时期经济基础的变动而变动的。此外，同李石岑一样，范寿康站在马克思主义立场高扬辩证唯物主义的思维方式，并将之视为自己书写哲学史的一大特色。正如他对该书所做的评价那样，“查本书内容平平，但观点却与当时各家不同，主以唯物辩证法阐述我国历代各家之思想”③。

到了 20 世纪五六十年代，一方面中国哲学研究日益成为马克思主义哲学研究的一部分，甚至成为马克思主义哲学批判的对象；另一方面，由于受苏联马克思主义影响，唯物主义和唯心主义的斗争成为贯穿中国哲学史研究的主线。比如，侯外庐在其主编的《中国思想通史》第一卷的“序”中便指出：“这部中国思想通史是综合了哲学思想、逻辑思想和社会思想在一起编著的，所涉及的范围比较广泛”，“这部著作的编写，一方面在很大的范围内是属于开荒的工作，特别是对唯物主义的优良传统应给以足够的注意，另一方面在不少的论题必须对过去唯心主义的研究给以批判”④。任继愈在《中国哲学史论》中指出，“哲学发展的基本规律是唯物主义与唯心主义的斗争。没有唯物主义与唯心主义的斗争就没有哲学”⑤。又说：“中国哲学史的任务在于揭露唯物主义世界观与唯心主义世界观的矛盾，揭露辩证法与形而上学的矛盾。”⑥ 针对那种认为中国哲学只讲人生修养、道德实践，很少讲自然观、认识论，从而与西洋哲学完全不同的观点，任继愈提出了反驳。他说，这种观点看似主张中国哲学有特定的范围，实际上是说中国哲学有特定的对象，

---

① 范寿康. 中国哲学史通论. 武汉：武汉大学出版社，2008：3.
② 同①12.
③ 同①1.
④ 侯外庐，等. 中国思想通史：第 1 卷. 北京：人民出版社，2011：1.
⑤ 任继愈. 中国哲学史论. 上海：上海人民出版社，1981：23.
⑥ 同⑤21.

“结果，这就会引导到怀疑马克思主义所指出的哲学的对象的问题”。“如果认为中国哲学所研究的是另外的一套，唯心与唯物、形而上学与辩证法的斗争在中国不存在，这样就会由于强调了中国哲学史的特殊性，以致脱离了哲学的轨道，走入歧途。”① 这就是主张，哲学实际上是无所谓中西范式的，哲学就是唯物与唯心、辩证与形上之间的斗争，哲学的范式只有一种，那就是马克思主义范式。如此一来，不仅解决了中国哲学合法性问题，而且把所有的哲学都纳入了马克思主义的研究范畴。

1979年，中国哲学史学会成立。在成立大会上，学界对把哲学视为唯物主义与唯心主义的斗争的界定方式进行了批判和反思，但此后又根据列宁在《哲学笔记》中所说的话，即“**哲学的历史**”，“简单地说，就是整个认识的历史”②，把中国哲学史视为人类认识发展史的一部分。在此方面，任继愈主编的《中国哲学发展史》和萧萐父、李锦全主编的《中国哲学史》是其中的代表。在《中国哲学发展史》的“导言”中，任继愈指出，哲学“是一门世界观的学问，所涉及的领域是人类对自然、社会和思维的一般规律的认识”，“哲学史的研究对象就是整个人类认识的历史”③，而“中国哲学史是中华民族的认识史”④。同样，在《中国哲学史》的“导言”中，萧萐父和李锦全指出，“哲学史研究的特定对象，简括地说，就是哲学认识的矛盾发展史。所谓哲学认识……是人们的理性思维形式表达的关于自然、社会和思维运动的一般规律的认识，也可说是对于客观世界的本质和人对客观世界能否认识和改造，怎样认识和改造的总括性认识”⑤。由于这种哲学认识常常和非哲学认识混杂在一起，所以就需要“通过哲学的概括、总结和反思，抽象出‘构成认识论和辩证法’等属于哲学的‘一般认识’”⑥。这实际上就是萧萐父和李锦全后来所说的“明确以‘哲学认识的矛盾发展史’作为研究对象”，把政治、伦理、法学、宗教、教育等思想史、文化史的内容剔除出中国哲学史的范畴，从而“进一步精炼、净化了中

① 任继愈．中国哲学史论．上海：上海人民出版社，1981：59.
② 列宁全集：第55卷．北京：人民出版社，1990：302.
③ 任继愈．中国哲学发展史：先秦卷．北京：人民出版社，1983：10.
④ 同③5.
⑤ 萧萐父，李锦全．中国哲学史．北京：人民出版社，1982：4.
⑥ 同⑤.

国哲学史的研究内容”①。

总之，无论是唯物主义与唯心主义的斗争史还是认识的矛盾发展史，马克思主义哲学研究者们始终把中国哲学史和西方哲学史放在同等的从属地位，作为马克思主义哲学的批判和研究对象，以及马克思主义有关哲学一般理论的具体历史呈现。在这样的背景下，由于哲学范式及参照标准的转移，“中国有无哲学”这一问题实际上一直未能得到认真对待和处理，或者说，在马克思主义哲学的视域下，中国哲学合法性问题根本就不成其为问题，原因正如任继愈所说，对中国哲学的怀疑会导向对马克思主义有关哲学对象的怀疑，强调中国哲学的特殊性便是脱离哲学的轨道，结果只能是自入歧途。②

当然，对“中国哲学”的承认并非只是中国学界的自说自话，西方哲学家中也不乏承认“中国哲学”的学人。比如早在17、18世纪，耶稣会传教士卫方济（François Noël）便使用了“中国哲学”这一概念，而且著有拉丁语本的《中国哲学》，“是为中国诸著名哲学家学说选录”③。此外，他还翻译了一些中国的经典著作，向西方人介绍中国传统思想，最著名的便是《中国六经》。与此同时，曼肯尼（Johann Burcharci Menckenii）所写的拉丁语本的《中国哲学史》于1727年在欧洲出版。莱布尼茨对中国文化的喜爱是众所周知的，而且他对那种认为中国没有哲学的观点进行了极力批判。在莱布尼茨看来，中国无论在版图上、人口上还是在国家治理上都不比欧洲差，他说：“在中国，在某种意义上，有一个极其令人赞佩的道德，再加上有一个哲学学说，或者有一个自然神论，因其古老而受到尊敬。这种哲学学说或自然神论是自从约三千年以来建立的，并且极富权威，远在希腊人的哲学很久很久以前。”④ 因此，他批评那种认为中国没有哲学的观点，认为这些文明的后来者，“刚刚脱离野蛮状态就想谴责一种古老的学说，理由只是因为这种学说似乎首先和我们普通的经验哲学概念不相符合，这真是狂妄至极！”⑤

---

① 萧萐父，李锦全．中国哲学史纲要．北京：外文出版社，2000：2．

② 任继愈．中国哲学史论．上海：上海人民出版社，1981：59．

③ 费赖之．在华耶稣会士列传及书目：上册．冯承钧，译．北京：中华书局，1995：421．

④ 莱布尼茨．致德雷蒙先生的信：论中国哲学．庞景仁，译．中国哲学史研究，1981(3)：401．

⑤ 同④402．

莱布尼茨对中国和中国哲学的认知当然存在着一定的偏差与误解，甚至不乏过誉之嫌，但难能可贵的是，他能够跳出欧洲中心论的窠臼，站在一种更宽容、更平等的立场审视中国文化，并承认中国哲学独立而悠久的历史传统，这对于中国文化在欧洲的传播起了十分积极的作用。莱布尼茨对中国哲学的引介成功地引起了他的弟子沃尔夫（Christian Wolff）的浓厚兴趣，沃尔夫甚至因为在一场名为“中国的实践哲学”的演讲中极力赞扬儒教、认为儒教能弥补基督教的不足，而遭到教会的反对和德国政府的驱逐。当然，沃尔夫对中国哲学的了解远没有他的老师那么深入，但这并不妨碍“沃尔夫把中国哲学看成世界上最古老的哲学，他驳斥了那些低估中国哲学并且认为欧洲哲学包含了同样思想的科学家”。而且他认为，“在欧洲哲学中绝没有可以同中国的道德和政治学说相比的东西”。沃尔夫对孔子的评价极高，认为应当将孔子的学说全部介绍给欧洲，他“极为称赞孔子关于道德和国家的学说，他认为这些学说不可比拟地比希腊哲学家的学说含有更深刻和更丰富的思想”①。

18 世纪“百科全书派”思想家狄德罗对中国哲学和文化同样赞誉有加。在他看来，“举世公认，中国人历史悠久，智力发达，艺术上卓有成就，而且讲道理，善政治，酷爱哲学”②。在为《百科全书》撰写的“中国哲学”词条中，狄德罗把中国哲学从古至今分为三个时代的哲学，分别是古代哲学、中古哲学和现代哲学。古代哲学，“直到老子以前，哲学都是道德性的；到了老子这里，哲学成了玄学的东西”③。中古哲学以周敦颐和二程为起点，“探究宇宙的本原，并将科学分为‘先因科学’和‘后因科学’，前者研究最高原理，后者研究具体应用”④。现代哲学则是西方传教士把西方文明带入中国后所出现的哲学，按照狄德罗的说法就是，“我们把我们的知识带到他们那里。这样一来，便出现了中国人的现代哲学时代”⑤。除此之外，狄德罗还以孔子为例介绍了中国的“实用哲学”，并认为“孔夫子的道德观比他的超验哲学和经

① A. 茨木普耐尔. 中国哲学和沃尔夫. 蔺月峰，译. 哲学译丛，1962（5-6）：63.

② 狄德罗. 中国人的哲学//中国哲学：第 13 辑. 王光，译. 北京：人民出版社，1985：378-379.

③ 同②383.

④ 洪汉鼎. 狄德罗论中国哲学//中国哲学：第 13 辑. 北京：人民出版社，1985：378.

⑤ 同②394.

验哲学都高明得多”①。与莱布尼茨和沃尔夫相比，狄德罗对待中国哲学的态度不仅更客观，而且更具批判精神，比如他认为中国人最懂美德却最少付诸实践②，虽然比法国人更孝敬父母，但做给人看的成分大于真实情感③，等等。当然，无论是赞誉还是批评，狄德罗对中国哲学的认识的深刻程度都是有限的，因此，其对中国哲学的评述不可避免地带有“以西释中”的味道和色彩。但不管怎样，他还是明确承认中国哲学的存在。而且，作为一位富有创见性的哲学史家，狄德罗对中国哲学的介绍也是当时人们所能见到的最系统的介绍，这对于中国哲学的海外传播有着重要的价值和意义。

相比之下，德国古典哲学家谢林对于“中国有无哲学”这一问题持有一种更谨慎的态度。他先说中国有三种居支配地位的宗教，即儒教、道教和佛教，但又指出，“把孔夫子看作为一种哲学或一种宗教的创始者，恐怕是一种误解”④。在谢林看来，孔子的学说“既不是佛教的宇宙进化论，也不是老子意义上的形而上学，而只是关于生活和国家的实践智慧”⑤。相比之下，谢林对老子的态度要好得多，他说，对于老子的学说应当从另一个角度考察，“与孔夫子的政治道德完全不同，老子的学说是真正思辨的”⑥，“在无条件地、普遍地探索存在的最深层”⑦。谢林还认为，“不是所有人都可以理解《道德经》的，只有探知了哲学底蕴的人才可能理解”⑧。当然，谢林并不认为道家学说有任何西方哲学的痕迹，“道”不是理性，而是关于“无”的学说，他虽然没有对道家学说展开论述，但确实把道家学说视为“纯哲学现象”⑨。因此，我们有理由认为，谢林并没有明确否定中国有哲学，至少在他看来道家学说就是一种哲学现象。

---

① 狄德罗．中国人的哲学//中国哲学：第 13 辑．王光，译．北京：人民出版社，1985：398.

② 许明龙．欧洲 18 世纪“中国热”．太原：山西教育出版社，1999：251.

③ 同②247.

④ 谢林．中国——神话哲学//夏瑞春．德国思想家论中国．陈爱政，等译．南京：江苏人民出版社，1995：166-167.

⑤ 同④167.

⑥ 同④168.

⑦ 同④168-169.

⑧ 同④169.

⑨ 同④170.

20世纪以后，随着中西文化交流的深入，西方哲学家和思想家的中国哲学视野变得愈发开阔。比如德国现代宗教思想家马丁·布伯（Martin Buber）在谈到庄子时便以充满赞美之情的口吻指出，“庄子是个诗人，他没有‘深化’由老子的言语中我们已知的那个道教，不过他将它发展成了诗，并发展成了哲学，因为他像柏拉图那样是个理念诗人”。布伯甚至认为，“庄子还同古希腊哲学家有些相近之处”，“赫拉克利特的那些言论其实比任何学说都更接近于道教”，“或许庄子还可以同古希腊哲学的总体相比较”①，等等。这些都表明中国哲学在西方世界的被接受程度正在逐步提升。另一位德国哲学家史怀哲（Schweitzer，又译施韦策）则站在更为宽阔的思想视野，提出了“世界哲学”的想象。他说，西方思想只有在走出自我从而具有一种普遍性世界观时才是完全觉醒的，“我们过久地从事于我们自己的哲学体系的发展，而没有注意到这样一个事实，即存在着一种世界哲学，我们西方的哲学只不过是它的一部分”②。当然，在史怀哲的行文中，他所使用的概念往往是“中国思想”而非“中国哲学”，但这并不意味着他认为中国没有哲学，相反，他在自己的一些私人信件中常常提到“中国哲学”“东方哲学”等概念③，因此，我们有理由认为，他是在一种更宽泛的意义上使用这两个概念的，说“中国思想”实际上便已经包含了“中国哲学”。他曾指出，中国思想“实质上是一种生命哲学的奋斗，至于它所采取的形式，那是次要的”④。他还说西方哲学“要比我们自己所承认的幼稚得多。我们没有感觉到这一点，那仅仅是因为我们已经掌握了学究式地表述简单事物的技巧”⑤。从以上论述中我们可以看出，史怀哲的哲学视野是具有世界性的，他把西方哲学视为世界哲学中的一种，实际上就承认了中国哲学与印度哲学在西方哲学面前的平等地位，这不能不说是一种哲学性的远见。当然，史怀哲毕竟是西方哲学家，虽然他说哲学形式是次要的，但这仍旧委婉地承认了西方哲学才是哲学的“合法”或标准

---

① 布伯．道教//夏瑞春．德国思想家论中国．陈爱政，等译．南京：江苏人民出版社，1995：214.

② 施韦策．中国思想与西方思想//何兆武，柳卸林．中国印象：上册．桂林：广西师范大学出版社，2001：253.

③ 阿尔伯特·史怀哲．中国思想史．常暄，译．北京：社会科学文献出版社，2009：2.

④ 同②.

⑤ 同②.

形式，因此就未能真正达到他所提倡的世界哲学高度。

与史怀哲相比，他的同时代人雅斯贝尔斯更像是一位具有世界哲学胸怀的哲学家。雅斯贝尔斯曾在《历史的起源与目标》（*Vom Ursprung und Ziel der Geschichte*）一书中提出“轴心时代”这一著名说法。他说，公元前800年至前200年的这一历史时期是人类的“轴心时代”，在这一时期，中国出现了老子、孔子等大思想家以及包括诸子百家在内的所有哲学流派，印度出现了《奥义书》和佛陀，并探讨了怀疑主义、唯物主义、诡辩派和虚无主义等哲学可能性，伊朗出现了琐罗亚斯德（Zarathustra，又译查拉图斯特拉），巴勒斯坦的先知们纷纷涌现，希腊在这一时期也是贤哲如云。[①] 在“轴心时代”，“哲学家首次出现了。人敢于依靠个人自身。中国的隐士和云游哲人，印度的苦行者，希腊的哲学家和以色列的先知，尽管其信仰、思想内容和内在气质迥然不同，但都统统属于哲学家之列”[②]。如果说史怀哲对“中国有无哲学”这一问题的回答还有些委婉，那么雅斯贝尔斯对这一问题的回答则是明确且毫无保留地肯定的。在雅斯贝尔斯的另一部著作《大哲学家》（*Die Grossen Philosophen*）的“目录”中，他更是把孔子与苏格拉底、佛陀、耶稣一道视为“思想范式的创造者”，而把老子与阿那克西曼德、赫拉克利特、巴门尼德、柏罗丁、安瑟尔谟、斯宾诺莎、龙树一道视为“原创性形而上学家”[③]。在《大哲学家》一书中，雅斯贝尔斯认为孔子“通过将流传下来的文献转变成有意识的根本思想，实际上是产生了一种与古老的融而为一的新哲学”[④]，而老子的哲学则将“按照西方的分类方法而得出的”那些“形而上学、宇宙起源说、伦理学以及政治学”等统统都“包容在‘一’之中，这是老子敏锐深刻的基本思想”[⑤]。总之，在雅斯贝尔斯那里，中国哲学同印度哲学、希腊哲学一样，是人类“轴心时代”独立产生的哲学范式，老子和孔子是中国哲学的两位代表人物，“虽然老子和孔子是对立的两极，但是相辅相成的两极”[⑥]，“两者

---

① 卡尔·雅斯贝斯．历史的起源与目标．魏楚雄，俞新天，译．北京：华夏出版社，1989：7－8.

② 同①10.

③ 卡尔·雅斯贝尔斯．大哲学家．李雪涛，主译．北京：社会科学文献出版社，2005.

④ 同③116.

⑤ 同③816.

⑥ 同③148.

的差异在于，老子直接通向道，而孔子则是间接地通过建立人间秩序来实现的”①。无法否认，雅斯贝尔斯有关中国哲学和印度哲学的肯定与判断确已窥探到了两种哲学中的一些文化特色，并且提出了诸多有趣而不失启发性的见解，从而达到了世界哲学的高度和视角，这对中国哲学合法性的确立而言着实有着莫大的理论贡献。但正如吴根友所说，雅氏的这番比较仍未摆脱“判教”的痕迹，原因在于“他没有对自己的比较研究基础进行一种理论的清理，而是在一种自我设定的思想范式下进行不同的理论之间的比较研究，对于自己文化传统的思想给予了更多的肯定，而缺乏从他者的角度对自己的文化进行有力的批评”②。也就是说，雅氏虽然肯定了中国哲学，但他的比较基础仍是西方哲学的，他所谓的世界哲学仍旧是以西方哲学为基础而对中国哲学和印度哲学的容纳，这一点单从“大哲学家”在西、中、印三地的数量分布就可以看出。因此，从某种意义上说，雅斯贝尔斯所谓的“世界哲学”更像是“世界上的哲学”，而非“世界性的哲学”。

至此我们可以发现，“中国有无哲学”这一问题之所以经久不衰，原因就在于这是一个极具开放性的问题。其一，什么是哲学？哲学到底是普遍的还是特殊的？如果哲学只是古希腊人的发明，那么它如何能够保证自己的思想遗传是纯古希腊式的？如果哲学的思想遗传并非纯古希腊式的，那么如何看待古希腊哲学在传递过程中所受到的东方（尤其是中东）文明的诠释和影响？西方哲学又在何种意义上只是“西方的”而非“东方的”？其二，中国哲学与西方哲学之间的鸿沟是不是无法跨越的？中西哲学之间是不是毫无共性、无法对话？“轴心时代”的中西先哲们面对的是不是完全不同的世界，以至于他们思考的问题如此不同，从而西哲是哲学而中哲则与哲学毫无关联？对此，我们的回答基本上是否定性的。我们相信，“philosophy”一词虽然由古希腊人最先使用，但它的“所指”应当是具有普遍性的（这一论断并不否认哲学的特殊性）。哲学是对生活世界的探索和对人类智慧的渴求，在对智慧之爱面前，一切固定的形态都是不重要的，或者说，对哲学而言，重要的不是智慧的历史形态，不是哲学家说了什么，甚至不是哲学家在如何思考，而是“思”本身。哲学在意的应当是“思”的可能性，因为有“可能”

① 卡尔·雅斯贝尔斯. 大哲学家. 李雪涛，主译. 北京：社会科学文献出版社，2005：149.

② 吴根友. 判教与比较. 哲学动态，2011（5）：6.

才有生命。因此，无论是中国哲学还是西方哲学，实际上都是哲学，因为它们都是真正面向“思”的事情。不同哲学家面对的生活世界不同，“思”的对象不同、方式不同、内容不同，但这些都不影响“思”之为“思”、中国哲学之为哲学。只不过，这里的哲学不再是以西方哲学为“判教”的狭隘哲学，而是面向可能生活世界的“思”的事情。

2.3　中西会通：中国哲学是何种“哲学”

如前所述，有关中国哲学是不是哲学的“合法性之问”曾在世界范围内引发了广泛争议。如果以西方哲学为标准来为哲学“立法”，将西方哲学的思想体系和理论形态视为哲学的唯一合法范式，并且以这样的体系和形态“例律”中国哲学，那么我们就很难说中国哲学是哲学，尤其是令西方哲学引以为傲的本体论、形而上学和认识论，在中国哲学中实际上都不成气候。因此，如果采用“以西律中”的视角审视中国哲学，那么“中国哲学”事实上便是一个“伪概念”。但并不是所有人都满意这样的回答，在不满意这样回答的人看来，我们如果像冯友兰那样，抛开西方哲学所谓的“形式上的系统”而专注于“实质上的系统”，那么就会发现，“向来认为是东方哲学的东西在西方哲学史里也有，向来认为是西方哲学的东西在东方哲学史里也有。……人类有相同的本性，也有相同的人生问题”①。东学、西学，其实通也。因此，如果按照西方哲学的概念、范畴、体系“反向格义”中国的传统思想，那么通过“以西释中”，便能建立起与西方哲学相仿的中国哲学体系。这种观点显然占了上风，冯友兰也正是依照此法建成了中国哲学学科体系。但问题是，以这种方法建成的现代中国哲学既不能化解本土哲学与外来哲学之间的序次张力，又不能化解传统与现代之间的承续张力，更不能解决中国哲学的思想内容与话语表达之间的叙述张力，从而使现代中国哲学步入一种一经产生便不再发展的尴尬境地。因此，现代中国哲学究竟是不是哲学的“合法性之问”便犹如一个幽灵，不定期地回到中国哲学的视野中，成为始终悬置在中国哲学头上的一柄“达摩克利斯之剑”。

---

①　冯友兰．三松堂全集：第1卷．郑州：河南人民出版社，2000：307.

回到问题本身，那么，我们究竟应当如何回答“中国哲学是不是哲学”这个问题？从某种角度说，这个问题的答案应当是不言而喻的，因为“反向格义”的历史实践已经表明，我们确实能够根据西方哲学范式建成中国哲学，即便这种中国哲学是通过溯源的方式建成的。它虽然存在很多问题，也面临诸多困境，但依旧可以说得上是哲学，只不过这种没有生长力的中国哲学并不是我们想要的哲学。因此，我们如果能转换视角或思维方式，那么就会发现，“中国哲学是不是哲学”这一问题的实质乃是：“中国哲学是何种哲学”，或者说“中国哲学怎样才能成为一种有生长力的哲学”。也就是说，我们相信至少并不否认“中国哲学”可以具有“哲学”的身份或品格，只不过这种哲学不同于以西方哲学为立法标准的哲学。中国哲学既应当是中国的，同时又应当是哲学的。这样的中国哲学究竟是何种哲学？在回答这个问题之前，首先要回答以下两个问题：（1）什么是哲学？（2）未来的哲学是何种哲学？如果说对前者的回答会直接关涉到中国哲学能否获得一种哲学身份，那么对后者的回答则会引发我们思考如何才能让中国哲学获得一种具有生长力的思想形态。

关于什么是哲学，我们耳熟能详的回答就是“爱智之学”，除此之外，我们或许很难再对这个概念说出更多的新意。对智慧的热爱与追求当然是哲学的核心特征，但这到底是一种什么样的智慧？在哲学的故乡古希腊，那批最初的哲学家通常被称作自然哲学家，他们追问世界的本原，探寻变动世界背后的不变者，希望能对宇宙变化的规律有超出神话思维的理性认识，这在先民眼中就是最大的智慧。哲学到苏格拉底出现了第一次变革。苏格拉底把智慧的关注对象由天上拉回人间，追问有关德性的知识，以便能够审慎地生活，从而开启了后世道德哲学的传统。以哲学的方式指导人生，这也是智慧。柏拉图创造性地在现象世界之上建构了一个完美的理念世界，并把从苏格拉底那里继承来的“善”作为最高理念，从而巧妙地化解了苏格拉底和自然哲学家之间的思想张力。亚里士多德则干脆把这个理念世界搬回现象世界，并成功地将形式逻辑和哲学史加以结合，把“是者”作为最高研究范畴，从而开启了形而上学时代。西方哲学两千多年的柏拉图传统和亚里士多德传统就此全部诞生，后世无论是基督教哲学、认识论、语言哲学还是现象学，都与此有着莫大的关联。但无论是关于宇宙本原的探求、关于道德的慎思、关于理念的创建还是关于“是者”的统筹，乃至后世哲学的诸种形态，实际上都是智慧的成果，都是哲学“爱智”的表现。那么，什么是智慧？哲学又是如何“爱智”的？这里我们或许首先要涉及知识和智慧的区分。海德格尔曾说：“学术之知（scholastic learning）在某种程度上与哲学无法分离，但它从不构成哲学的本质。”① 也就是说，哲学虽然离不开知识，但哲学的本质不在知而在思，哲学是思想的事业，是对智慧的探寻。对智慧的把握虽然常常以知识的形态（哲学著作、哲学史等）得以保留，但这并不是哲学之为哲学的关键，也不是哲学的本质，正如钟表上的时间只是对“时间之流”的一种切割和固定，但并不构成时间的本质一样。杨国荣也认为，“就其本来形态而言，哲学作为智慧之思，不同于经验领域的知识。知识主要以分门别类的方式把握对象，其中蕴含着对存在的某种分离，哲学则要求超越‘分’或‘别’而求其‘通’。从哲学的层面看，所谓‘通’，并不仅仅在于哲学的体系或学说本身在逻辑上的融贯性或无矛盾性，它的更深刻的意义体现在对存在的统一性、具体性的敞开和澄明”②。也就是说，哲学追求的智慧不是通过对存在加以“分别”而得到的知识，而是对存在的内涵和意义的敞开与澄明，是让存在如其所是地呈现在人们面前的智慧。因此，无论是对宇宙本原的追问还是对道德人生的慎思，都是对存在（宇宙、德性等）意义的开显，都是为了让人们更好地理解和认识存在、更好地生活。

但不可否认的是，哲学智慧离不开知识。知识（思辨之知和实践之知）构成了智慧得以产生的必要前提，没有知识，智慧便丧失了发生的土壤；知识之所以成为知识，实际上都是智慧定型化的结果。也就是说，一方面，知识促进了智慧的产生（“转识成智”）；另一方面，智慧的实现不断增加着知识的数量（“哲学”变成“哲学史”）。关于知识和智慧之间的这种辩证关系，我们可以借用吴根友提出的“知识视野”和“思想视野”这对范畴来进一步阐明。吴根友指出，“除了一般的老生常谈之外，如哲学创造离不开具体生活、时代条件等，哲学创作主体在知识与思想两个视野的拓展与交融，是当代中国哲学创造的两

① M. HEIDEGGER. What is a Thing?. Translated by W. B. Barton, Jr. and Vera Deutsch. Indiana: Gateway Edition, 1967: 3.

② 杨国荣. 何为中国哲学. 文史哲, 2009 (1): 38.

个必要条件”[①]。这里的“视野”一方面是指哲学家的视野，另一方面也可以被看作由哲学家创造的哲学体系的“视野”。在吴根友看来，儒学发展的历史就是儒学在“知识视野与思想视野下不断扩展的历史”[②]。他说，在原始儒学时期（即儒学发展的第一个时期），孔子、孟子、荀子等儒家虽然吸收了墨家、道家、阴阳家等诸子百家的思想，但整体而言，这一时期的儒家思想还相对单纯。到了汉儒时期，以董仲舒为代表的儒家则以儒家思想为根底，兼取百家，从而开创了儒学发展的第二个时期。到了魏晋南北朝隋唐时期，儒家吸收了来自佛、道两家的知识和思想，从而为宋明心性儒学的出现奠定了广泛的知识和思想基础，而佛、道两家中的禁欲思想也逐渐异化为宋明理学中“以理杀人”的现象。清代前期，由于康、雍、乾三朝的铁腕政治，注经、解经、研史的考据学术之风盛行，从而形成了乾嘉时代特有的知识型的清代儒学。到了近代，随着西方知识的传入，儒学开始了对西方科学知识和哲学思想的融会、吸收，从而建立起以儒学为基本价值根基的现代新儒学形态。[③]“知识视野”和“思想视野”这对范畴同样适用于西方哲学。自然哲学家以及苏格拉底、柏拉图、亚里士多德等自不必多言，他们的哲学体系中无不包含着对宇宙、自然、人事的经验知识性考察和哲学反思，亚里士多德更是西方诸多学科的鼻祖。单就后世哲学的几大转向而言，我们就可以看出“知识视野”和“思想视野”在哲学史中的分布。如，基督教的诞生使古希腊罗马哲学走向了基督教哲学，近代科学知识的兴起催生了近代认识论哲学，现代数理逻辑的发展则使语言哲学占据了哲学的半壁江山，而两次世界大战对人类生存所造成的破坏又使哲学关注的重心重新回到人，从而产生了现象学、存在主义哲学以及政治哲学与美德伦理学的复兴，等等。因此，可以说，知识和思想是哲学必不可少的理论内涵，而“知识视野”和“思想视野”也是哲学家不可或缺的创作要素。

既然中西哲学都是在“知识视野”和“思想视野”的不断扩展与交融中发生、发展，那么，随着全球化的推进、现代科技的迅猛发展以及

---

① 吴根友. 对当代中国哲学创新的思考. 华中师范大学学报（人文社会科学版），2015（5）：55.

② 同①.

③ 同①55-56.

信息大数据的诞生，中西哲学就必然会在两种视野的扩展与融合中不断生长，从而最终走向“世界哲学”。“世界哲学”的现实前提是“世界历史”。15—17世纪以来，随着世界地理的大发现和资本主义市场的形成，由经济全球化所催生的信息全球化、政治全球化等全球化运动迅速走遍世界的每一个角落，使整个人类社会愈发连为一体、呼吸与共。但随之而来的政治、经济、军事、文化等冲突也使人类社会的关系变得愈发紧张。在世界范围内，人与人之间的距离从未如此之近，也从未如此之远。总之，人类已经不可避免地进入了“世界历史”时代。就哲学而言，随着信息技术的不断发展和不同文明之间交流的不断深化，“知识视野”和“思想视野”在不断地扩大与融合，当知识和思想的视野都放眼至世界范围时，哲学就不可避免地要步入“世界哲学”。所谓“世界哲学”，按照吴根友的说法，它并“不是一种形而上学的预设，即设想有一种现成的‘世界哲学’形态存在于某个地方，然后由少数思想的开矿者将它从某个神秘的地方开采出来。毋宁说，我们如何根据新的‘世界历史’的要求，去努力通达一种新的哲学形态，即一种能为‘世界历史’之中的人们相互交往、相互接受，同时又保持各民族独特性的生存方式提供一套新的哲学观念”①。“世界哲学”是一种全新的哲学观念，它与传统的哲学有着很大的不同。我们说，传统的哲学，无论是中国哲学还是西方哲学，都是基于地方性知识和族群生存境况而产生的生活智慧；但随着“世界”的发现，人类的生存境遇愈发连为一体，地方性问题与全球性问题息息相关，整个人类社会结成同生共死的命运共同体。在此基础上，哲学的“知识视野”和“思想视野”便不得不向整个人类社会开放，对一种生活方式的思考实际上就意味着一种世界性的思考，对一种生活问题的回答实际上就是一种世界性的回答，哲学就愈发成为“世界哲学”、“求通”哲学。哲学步入世界哲学时代并不简单地意味着民族哲学的消亡或被取代，相反，世界哲学乃是民族哲学在现时代的更高层发展和创造性推进。一方面，随着全球化时代的到来，地方性与全球性之间的界限变得愈发模糊，因此，民族哲学只有上升到世界哲学的高度，为世界哲学贡献新的智慧和力量，才能在全球化时代迎来新的发展机遇。另一方面，世界哲学并不是单一性哲学，也不是在消灭民族哲

① 吴根友．对当代中国哲学创新的思考．华中师范大学学报（人文社会科学版），2015（5）：61.

学后重新创造一种哲学，而是一种新的哲学观念或哲学运动，这种观念或运动能够让不同地区的民族哲学更好地相互理解、沟通、对话、融合，从而为全球化时代人类社会的更好发展贡献新的哲学智慧。就此而言，我们与其把世界哲学视为一种具体的哲学体系，不如将其理解为一种开放的哲学理念。在这样一种理念下，可以有多种哲学体系，中国哲学、西方哲学、日本哲学、印度哲学等，都可以是世界哲学的一部分。在这样一个哲学谱系中，每一种哲学都既保持着自身的民族性、地域性，同时又具有开放的视野和胸怀，能够与其他哲学对话交流、会通共生。

既然哲学是由知识和思想共同构成的一种生活智慧，而未来的哲学又是由"知识视野"和"思想视野"不断交融、开拓而来的"世界哲学"，那么，在这种意义上，我们该如何理解所谓的"中国哲学"？这一问题实际上内在地包含三个问题：一是中国传统哲学是不是哲学，二是中国哲学学科建成以后为何始终未能产生新的哲学思想，三是中国未来哲学将去向何方。就第一个问题而言，我们可以说，中国传统哲学当然是哲学。即便如冯友兰采用"以西释中"的方式，我们尚且能够建成中国哲学学科（虽然这种"哲学"与"中国"之间确有方枘圆凿之弊），更何况哲学本身并无所谓的"一定之法"。正如杨国荣所说，"'法'是与特定的学科、知识形态联系在一起的，对于不同于具体知识的智慧形态，我们很难对它颁布'一定之法'。中西方哲学在其历史演化中，都曾出现了不同的形态。以西方哲学而言，不仅不同时期（如古希腊、中世纪、近代等）的哲学往往形态各异，而且同一时期的哲学系统（如海德格尔的哲学与维特根斯坦的哲学）在关注的问题、言说的方式等方面也常常互不相同，然而，这种形态的差异并不影响它们同为哲学"①。就此而言，中国传统哲学是不是哲学的问题实际上是"伪问题"，是在预先设定西方哲学为哲学"合法"范式的前提下对中国哲学和智慧的贬低。"哲学"之名虽然起于古希腊，但在数千年的发展过程中，它早已超出了古希腊的范畴，甚至超出了西方的范畴，而成了一种世界性的概念和话语。哲学作为一种生活智慧、一种使存在得以澄明的智慧，是与人类的生存密切相关的，甚至可以说，哲学乃是人类文明的一种生存方

① 杨国荣. 何为中国哲学. 文史哲，2009 (1)：38.

式，只要有人类文明的地方，就会有哲学。先秦儒家对仁、义、礼、智的慎思，老庄道家对宇宙自然的追问，法家对礼法社会的思考，宋明儒学对心性本体的阐发，无不涉及生活的智慧、存在的澄明、“知识视野”和“思想视野”的交融与开拓，就此而言，我们如何能说中国传统哲学不是哲学？

当然我们还需要明白的是，近年来有关中国哲学合法性问题的争论，实际上还涉及中国哲学的另一个问题，那就是：中国哲学学科建成以后为何始终未能产生新的哲学思想？这是上文所讲的第二个问题。在许多人眼中，“中国哲学”实际上只是“哲学在中国”的一种委婉表达。正如在21世纪初引发中国哲学合法性问题争论的郑家栋所说，他之所以重提中国哲学合法性问题，其用意并不是“追问或论证‘中国哲学之有无’的问题，更不是（绝对不是）要追问或质疑‘中国哲学’（或‘中国哲学史’）学科‘是否合法’的问题”，而是着意于“‘中国哲学’的现代形态和表述方式，也就是说，我们究竟采取怎样的诠释方法和表述方式才能够真正成就这样一种学问：它既是‘中国的’，也是‘哲学的’。问题的关键在于如何维系（或曰建立）现代语境中的‘中国哲学’与本土历史传统之间的内在相关性，从而使‘中国’与‘哲学’之间在文化和思想内涵的层面（而非地理、政治或人类学的层面）建立起某种所属格的关系，使‘中国哲学’真正成为‘中国的哲学’，而不只是‘哲学在中国’，不只是‘哲学’（西方哲学）的一个例证”①。这里正如郑家栋所言，他之所以重提中国哲学合法性问题，针对的并不是中国传统哲学，而是中国哲学的“现代形态和表述方式”。也就是说，中国哲学的现代形态既没有完成“中国”的哲学使命（未能承续中国哲学的“本土历史传统”），又没有完成“哲学”的中国使命（没有让“哲学”学会用汉语表达），因此与其说它是“中国的哲学”，不如说它是“哲学在中国”。在这种意义上，中国哲学的合法性确实堪忧。当然，造成这一问题的原因是多方面的，除了后文将会谈及的中国哲学的学科历程及学科建制所造成的多重困境以外，中国哲学的话语权也是重要原因之一。我们说，中国哲学自通过“反向格义”建成体系和学科以来，中国哲学界所使用的哲学概念、言说方式基本上都是西方哲学式的，即便有

---

① 郑家栋．“合法性”概念及其他．哲学动态，2004（6）：4.

中国哲学式的表达，也常常因为无法走进西方哲学界而不被承认。正是由于中国哲学界始终没有创造出既适合中国哲学的表达又能为西方学界所理解与接受的哲学术语和概念，所以中国哲学思想才常常发声不得、发声不力，从而面临对“合法性”的质疑和挑战。总之，中国哲学“现代形态和表述方式”的“合法性危机”已经成为一种既定事实，我们要做的并不是努力粉饰这段不太成气候的哲学岁月，而是想办法克服危机，从而使中国哲学重新回到世界哲学的舞台。这就指向了第三个问题：中国未来哲学将去向何方？

如前文所述，哲学的未来是世界哲学，因此，中国哲学的未来应当成为世界哲学的一部分。关于世界哲学的构想，雅斯贝尔斯已经为我们提供了一个值得借鉴的范本，尤其是《大哲学家》一书中对世界哲学家的分类，实际上已经在努力突破西方中心主义的窠臼。只不过由于雅斯贝尔斯是西方哲学家，所以他在从事世界哲学的工作时仍不免以西方哲学为基础来关照其他文化中的哲学，这对我们的哲学而言仍有些不公。当然，不可否认的是，任何哲学关照都难免有“偏见”，人们既无法摆脱由自己的文化和个人经历为自己设定的“洞穴假象”（培根语），也无法摆脱自身的“偏见”或“前理解”（伽达默尔语），因此，雅斯贝尔斯不得不以西方哲学为基础来关照世界哲学，中国哲学也只能从自身的文化背景出发走向世界哲学。但这并不是说中国哲学必然是一种偏见哲学，而是恰恰证明了世界哲学在世界性和地方性之间的融通。中国未来哲学一方面必须是中国的，另一方面又必须是哲学的。前者是说中国哲学必须要从“中国”出发，承续“中国”传统，具有“中国”气象；后者是说中国哲学要有世界“哲学”的眼光和视野，要能够为世界“哲学”提供新的思想和可能。这也就是李泽厚所说的“人类视角，中国眼光”①。具体来说，中国未来哲学就是融中国传统哲学、西方哲学和马克思主义哲学这三个哲学文化传统于一体的“大哲学”。

中国传统哲学思想是中国未来哲学的根本底色。由于中国哲学的现代形态始终未能“合法地”（哲学地）建立起来，所以，一提及“中国哲学”，人们的第一反应通常是“中国传统哲学”。中国传统哲学是中华文化的精髓，是中华民族的精神底蕴，也是“中国”之为“中国”的思

① 李泽厚. 中国哲学登场. 北京：中华书局，2014：167.

想支撑，因此，它必须成为中国未来哲学的根本底色。而且，中国传统哲学经历过一个“三教融合”的过程，儒、释、道三家在漫长的哲学发展过程中相互学习、会通、融合，从而最终构筑起“儒为表、佛为心、道为骨”的中华文化大传统，成为千百年来中华文明的核心精神。中国传统哲学的“三教融合”过程或许能够为中国未来哲学的“三统融合”提供有益的方法论启示。当然，这里涉及的最主要的问题是传统哲学的现代转化问题。传统哲学并不是博物馆里的陈列品，而应当是生动的智慧。如何让这些智慧在现时代“活化”，成为我们在新的历史时期扬帆远航的思想港湾，是当代每一位有志于中国哲学创新的哲学工作者必须深刻思考的问题。

西方哲学是中国未来哲学的重要补充。自西学东渐以来，西方哲学便开始源源不断地进入中国，并深刻地影响了众多学者。近世以来，几乎没有哪一位中国哲学家不曾受西方哲学的影响，也没有哪一种哲学体系的建构能够完全脱离西方哲学体系和范式的影响。因此，中国现代哲学实际上已经在西方哲学的笼罩下默默耕耘了百余年。中国现代哲学的一些基本术语、概念、方法、体系实际上都是西方哲学的中国产物。对此，我们必须清醒地认识到西方哲学与中国哲学之间的这种复杂纠葛。“全盘西化”固然是不可能的，但“全盘否定”同样是要不得的（实际上也做不到）。我们只有以理性的态度和合理的方式恰当处理中西哲学之间的这种思想“序列”，把西方哲学视为中国哲学的重要补充乃至新的思想源头，使中西哲学思想能够在中国文化语境下相互学习、彼此关照、批判融合、会通共生，才有可能使中国哲学的发展朝着正确的方向前进。这也正是中西比较哲学的重要价值和意义之所在。正如郝大维和安乐哲所说，“在比较哲学中，异比同更有意义”，“正是这种十分重要的差别才使人认识到，对某一种文化中的问题和困难，还存在着可供选择的其他回答，才能够为中西两种文化提供相互补充的机会”①。因此，说西方哲学是中国未来哲学的重要补充，并不意味着西方哲学不重要，而是说，中国未来哲学首先要是中国的，它必须基于中国的文化语境以及中国人的现实生活、心理结构和问题意识，才能为世界哲学提供新的概念、视角和方法。这并非贬低西方哲学，恰恰相反，如果没有西方哲

① 郝大维，安乐哲. 孔子哲学思微. 蒋弋为，李志林，译. 南京：江苏人民出版社，2012：2-3.

学提供的差异性立场和思维方式，中国哲学是不可能走向世界的，更不可能屹立于世界哲学之林。只有民族的，才是世界的；只有开放的，才能更好地成为世界的。

马克思主义哲学是中国未来哲学的思想指针。马克思主义哲学进入中国的时间较西方哲学略晚（但仍属于同一个时代），但随着俄国革命和中国革命的胜利，马克思主义哲学成为中国进行社会主义现代化建设的指导思想。不可否认，中国在马克思主义研究方面曾出现了一些偏差和误解，但这并不能掩盖马克思主义哲学自身的伟大。马克思主义哲学颠覆了许多人对哲学的看法和认识，使哲学走出宗教、谎言、无用的思辨和形而上的高位，走向生活、实践、残酷的现实和血淋淋的革命。马克思批评“旧唯物主义的立脚点是‘**市民**’社会；新唯物主义的立脚点则是**人类**社会或社会化的人类”；批评“哲学家们只是用不同的方式**解释**世界，而问题在于**改变**世界”①。从某种意义上说，马克思的哲学更像“世界哲学”，因为他是在为全人类的解放而思考和工作，他的哲学视野和立场要比他之前乃至迄今为止的所有哲学家都更开阔、更成功。正如马克思早年所期盼的那样，“任何真正的哲学都是自己时代的精神上的精华，因此，必然会出现这样的时代：那时哲学不仅在内部通过自己的内容，而且在外部通过自己的表现，同自己时代的现实世界接触并相互作用。那时，哲学不再是同其他各特定体系相对的特定体系，而变成面对世界的一般哲学，变成当代世界的哲学……哲学正变成文化的活的灵魂，哲学正在世界化，而世界正在哲学化”②。现在正是这样一个“世界历史”时代，哲学也正在走向世界，与它的时代接触并相互作用。世界哲学将是哲学和人类的时代命运。就此而言，中国未来哲学的发展不仅符合世界哲学的时代潮流，而且符合马克思对人类哲学的未来预判。因此，我们有理由在马克思主义哲学所构想的世界哲学图景的指引下，以中国传统哲学的时代“活化”为思想底色，以与西方哲学的文化“互镜”为哲学补充，将中国未来哲学推向更高层次的世界哲学。

---

① 马克思恩格斯选集：第1卷. 北京：人民出版社，2012：140.

② 马克思恩格斯全集：第1卷. 北京：人民出版社，1995：220.

第三章　中国哲学的学科历程及其结构困境

从某种意义上说，自“哲学”遭遇“中国”、中国哲学学科按照西方哲学范式建成以来，中国哲学便已埋下了“合法性危机”的种子。而且，正如我们在前文所指出的那样，这种“合法性危机”随着中国哲学学科百余年的发展历程又出现了双重对象。如果说20世纪初期之前的“合法性危机”针对的主要是“传统中国有无哲学”的问题的话，那么21世纪初期的“合法性危机”更多的则指向“现代中国有无哲学”的问题，即到底是“哲学在中国”还是“中国的哲学”的问题。如果第一场“合法性危机”我们能够通过对“哲学”内涵的开放性再诠释来加以化解的话，那么后一场危机则是更真实也更难以化解的难题。毕竟，现代中国哲学在百余年的发展历程中几乎没有产生什么能为世人所称道的哲学作品或体系，这乃是一个不可否认的基本事实。相比于20世纪西方哲学大发展、大繁荣的景观，现存的大部分中国哲学著作要么不够“哲学”，要么不够“中国”，更难说有能与现代西方哲学家平分秋色的哲学人物。因此，对世界而言，现代中国哲学完全是一个陌生的词汇，它更像一个没有“所指”的“能指”符号，与其将它称作“中国的哲学”，不如说它是“哲学在中国”。正是这种贫乏的思想状况，最终引发了21世纪的这场中国哲学“合法性之论”。

然而，现代中国哲学何以至此？现代中国哲学的百余年到底发生了什么样的历史纠葛，以至于产生了如此长久的思想留白？中国哲学学科建成以后是怎样开展工作，又是如何留下了如此之多的发展困难？这些就是我们在本章要追踪的问题。

3.1 中国哲学的学科历程

现代中国哲学的学科建制始于1912年的北京大学“哲学门”。北京大学是中国近代历史上的第一所国立综合性大学，其成立标志着中国近代高等教育的开端，其前身是成立于1898年的京师大学堂。京师大学堂可谓维新变法运动的“遗腹子”。1898年9月，戊戌变法失败后，戊戌派的“新政”措施几乎全部被废，只有京师大学堂因为萌芽略早①而得以保留。京师大学堂在当时既是国家的最高学府，同时也是国家最高的教育行政机关，职能相当于后来的教育部，统管当时全国的教育工作。1911年辛亥革命的成功给了风雨飘摇中的清朝致命一击，1912年2月12日清朝末帝溥仪逊位，当月袁世凯任命严复为京师大学堂总监督，接管大学堂事务。5月初，民国政府教育部颁令京师大学堂改名北京大学校，后又加上“国立”二字，北京大学遂成为中国近代历史上第一所以“国立”命名的大学。严复为北京大学第一任校长兼文科学长。

北京大学哲学系始建于1912年，初名“哲学门”。哲学门的前身可以追溯至京师大学堂时期的理学门，当时的理学门下便已开设“理学研究法、程朱学派、陆王学派、周秦诸子学派等”② 哲学性质的课程。1914年，时任北京大学校长的胡仁源对北京大学的预科和本科进行了调整与充实，在文科方面，除了原有的中国文学以外，增设了中国哲学和英国文学两门学科。是年秋，北京大学哲学门正式招生。哲学门分为中国哲学和西洋哲学两类，但起初由于没有讲授西洋哲学的教授，所以在1914年招生时有“中国哲学门”之称。③ 中国哲学门起初设学长一人，负责哲学门的各项工作，再聘请一些教授为学生讲课。由于没有讲授西洋哲学的教授，所以中国哲学门的课程起初只限于中国哲学史方

① 1896年6月，刑部左侍郎李端棻（1833—1907）第一次向清廷提议设立京师大学堂，但当时的顽固派却以经费困难等为由，主张缓办，于是建立京师大学堂之事就被搁置下来。[萧超然，等. 北京大学校史（1898—1949）. 上海：上海教育出版社，1981：5-6]

② 北京大学哲学系史稿（内部资料）. 2004：3.

③ 同②.

面，“而讲课又仿效朱熹讲解理学的方式”，直到后来那些被派往欧美和日本的学生陆续回国，把新的思想和哲学观念带回国内，那种“寻章摘句”式的研究和授课方式才有所改观，“此后，以西方理论和学术范式理解中国传统的风气渐成主流”①。

具体来说，这种转变主要发生在 1917 年前后。1916 年 12 月，曾任中华民国南京临时政府首任教育总长的蔡元培就任北京大学校长，并以“循‘思想自由’原则，取兼容并包主义”② 为办学方针，开启了对北京大学的一系列卓有成效的民主改革。蔡元培对北京大学的整顿和改革是从延聘教员开始的，而延聘教员的具体工作又是从文科入手的。1916 年 12 月 26 日，在被时任中华民国总统的黎元洪签署任命为北京大学校长的当天，蔡元培便拜访了来北京为《新青年》募款的陈独秀，并邀请陈独秀前往北京大学担任文科学长。1917 年 1 月 4 日，蔡元培正式就任北京大学校长；11 日，蔡元培致函教育部，要求教育部批准陈独秀担任北京大学文科学长一职；13 日，教育部复函批准；15 日，陈独秀到任。③ 此后，以《新青年》为阵营的一大批新文化运动的闯将，如周作人、胡适、刘半农、李大钊、鲁迅等，陆续来到北京大学，使北京大学的文科教员焕然一新，从而既活跃了北京大学的思想氛围，同时也为新文化运动的开展以及后来的五四运动提供了人员和思想准备。与此同时，蔡元培和陈独秀的到来也使中国哲学门在教员上获得了新鲜血液，在课程设置上有了极大改观。

1917 年前后，北京大学哲学门在课程的授课方法和内容设置上都出现了变化。比如，在哲学门成立之初，“中国哲学史”课程只有陈黻宸一人讲授，1917 年陈黻宸病逝以后，改为马叙伦、陈汉章、胡适三人讲授。其中，陈汉章讲中国哲学史是从伏羲讲起，讲了一年，也只讲到商朝的《洪范》。而到了胡适，他一改以往讲中国哲学史从上古三代讲起的做法，径直从老子和孔子讲起。胡适“以可考的史料为依据，用西方哲学史的方法解释中国哲学”④ 的做法使当时听课的学生极为惊

① 北京大学哲学系史稿（内部资料）．2004：4.

② 蔡元培．致《公言报》函并答林琴南君函//蔡元培．蔡元培教育论集．长沙：湖南教育出版社，1987：231.

③ 汪成法．中国现代大学与新文学传统．南京：南京大学出版社，2016：25.

④ 李四龙．有哲学门以来．北京：三联书店，2012：9.

骇，一个个听得目瞪口呆，以至于当时还是学生的顾颉刚后来回忆道："这一改把我们一班人充满着三皇五帝的脑筋骤然作一个重大的打击，骇得一堂中舌挢而不能下。"① 在胡适看来，哲学乃是对于"人生切要的问题""寻一个根本的解决"②，按此标准，"中国哲学到了老子、孔子的时候，才可当得'哲学'两个字"③。到了第二年，胡适将他的哲学讲义加以整理，请蔡元培作序，并于 1919 年 2 月由上海商务印书馆出版，这就是名噪一时的《中国哲学史大纲》。"因为这部书在内容、形式上，都使人耳目一新，所以这部书一出来就风行一时，在学术界和社会上引起［了］轰动。"④ 此外，哲学门于 1917 年前后在课程的内容设置上也有了显著变化。由于哲学门在成立之初没有人讲授西洋哲学，所以 1917 年 9 月，胡适从哥伦比亚大学学成归来后，便在北京大学同时开设"中国哲学史"和"西洋哲学史"两门课程。在伦理学方面，虽然北京大学哲学门自 1917 年起便在本科课程中设置了"伦理学"，讲课教授为康心孚，但康心孚"主要是从中国哲学传统中重视人的品德修养入手来介绍有关的观点"，因而"对西洋伦理学的新成果反映与吸收不够"⑤。对此，蔡元培于 1918 年聘请了当时在湖南教书的杨昌济为哲学门教授，专门讲授"伦理学"课程。杨昌济虽然熟稔西洋伦理，但在授课时并不局限于西洋伦理，而是"中西对照""汇通中西"，同时他还能做到"将伦理学与哲学基本原理有机地结合"⑥，从而极大地影响了当时的一批进步青年。与此同时，哲学门的课程设置开始溢出哲学思想，而扩展至其他自然科学和社会科学领域。1915 年，哲学门在课表上增加了"生物学""教育学""社会学"。1916 年，增设了"人类学""人种学""美学""言语学""印度哲学"等课程。到了 1918 年，哲学门不仅举办了"最近欧美哲学"（胡适）和"近世心理学史"（陈大齐）的演讲，而且开展了有关"儿童心理学"的研究，与此同时，还把外语列为哲学系学生的必修课。到了 1919 年，则开设了西洋近代哲学和西洋现

① 顾颉刚．古史辨：第 1 册．上海：上海古籍出版社，1982：36.

② 胡适．中国哲学史大纲．上海：上海人民出版社，2014：1.

③ 同②21.

④ 冯友兰．中国现代哲学史．南京：江苏文艺出版社，2013：76．引文方括号中的内容为引者所加，余同。

⑤ 北京大学哲学系史稿（内部资料）．2004：6.

⑥ 同⑤.

代哲学的有关课程，从而大大拓展了哲学系学生的学术视野。①

1917 年 6 月，哲学门第一届学生毕业；12 月，哲学门研究所成立；1918 年 2 月，哲学门依据北京大学校方颁布的《学科教授会组织法》②成立哲学门教授会，并推选陶履恭为哲学门第一任主任，任期两年。1919 年，五四运动爆发；是年夏，北京大学在校长蔡元培的主持下改“门”为“系”，并对北京大学的课程制度进行了改革，“哲学门”遂改称“哲学系”，中国哲学学科发展开始进入一个新的历史阶段。

20 世纪 20 年代的前半程，中国哲学的学科发展虽然仍以北京大学哲学系为核心，但此时北京大学哲学系一枝独秀的局面开始被打破。1919 年春，几经周折之后，著名的私立教会学校燕京大学合并成立，“哲学系为第一批 24 个学科之一”，“最初，与心理系联合办公”，“至 1921 年分立门户”③，1952 年并入北京大学哲学系。成立于 1919 年的南开大学自建校之日起“便设有哲学学门”，分属哲学及社会科学组，1923 年改称哲学系，但“当时之学系，非行政实体，常视教授延聘情况而定，故变动较大”④。1920 年，中法大学西山学院成立，中法大学哲学系“属社会科学院下属的二系之一，1937 年停办”⑤。1920 年，国立中央大学哲学系创立，此即南京大学哲学系前身。就在同一年，南京高等师范学校开设文、理科，其中文科便包括哲学系⑥，此为东南大学哲学系前身。1922 年 9 月，成立于 1913 年的国立武昌高等师范学校将原来的四个部改为八个系，其中之一便是教育哲学系。1926 年，教育哲学系改名哲学系，此即武汉大学哲学系前身。成立于 1924 年的中山大学哲学系为中山大学创建之初最早培植的学系之一。著名学者冯友兰、李达、吴康、朱谦之、周辅成、罗克汀、马采等都曾为其成长浇灌了血汗⑦，故此闻名岭南。1926 年 4 月 15 日，清华大学教职员大会通过了《清华学校组织大纲》，《大纲》规定“本校学程以学系为单位”；

---

① 北京大学哲学系史稿（内部资料）. 2004：7.

② 同①5.

③ 张玮瑛，等. 燕京大学史稿. 北京：人民中国出版社，2000：170.

④ 南开大学哲学院・历史概况. http://phil.nankai.edu.cn.

⑤ 何醒. 北京大学哲学系 1952 年. 北京：商务印书馆，2012：3.

⑥ 东南大学人文学院・历史沿革. http://rwxy.seu.edu.cn.

⑦ 中山大学哲学系概况. http://philosophy.sysu.edu.cn.

26 日，学校第一次评议会决定设立 17 个学系，哲学系便是其中之一。[①] 清华大学哲学系虽然正式建系是在 1926 年 4 月，而且直到是年 9 月“金岳霖被聘为清华大学部哲学教授，负责创办清华学校大学部哲学系，至此哲学系正式登上历史的舞台”[②]，但实际上“哲学课程从清华成立之始便已开设”[③]，故而其哲学传统甚为悠久。1928 年，辅仁大学建立哲学系，该系“设置在文学院之中，是大学本科四系之一”[④]，1952 年并入北京大学哲学系。从 1919 年至 1928 年，在不到 10 年的时间里，中国的哲学系便由原来的一枝独秀发展到多点开花，可谓现代中国哲学学科史上的一个“哲学之春”。而且，现在中国高等学府的一些主要哲学院系此时也都基本完成初建，从而为后续中国哲学学科的更深入发展奠定了良好的基础。

但这种容得下“一张安静的书桌”（蒋南翔语）的时间并不长。奉系军阀张作霖占据北京后，于 1927 年 8 月取消北京大学，并将其与北京其他八所国立大学合并为京师大学校，其中，“原国立九校除北大分为两个科外，其余各校均为大学校的一个科”，“原北京大学的文学院、理学院改为京师大学校的文、理两科”[⑤]。国民大革命以后，1928 年 6 月，蒋介石的南京政府将京师大学校更名为中华大学，后又于是年 8 月将中华大学更名为北平大学，隶属北平大学区。南京政府的这一做法激起了北京大学广大师生的强烈不满和游行抗议，经过前后大约一年的斗争，“一九二九年六月十七日，国民党政府被迫决定大学区制停止实施，但北京大学校名仍迟迟不予恢复”[⑥]。8 月 22 日，北京大学学生召开全校代表会议，自行宣布恢复北京大学校名，并通电全国。“八月六日，国民党政府不得不决定将北大学院改为国立北京大学。”[⑦] 自此，北京大学正式恢复独立。恢复独立后的北京大学哲学系迎来了新的系主任张颐，这在中国哲学学科史上也算得上一个重要事件。1913 年，张颐考取了四川省公费出洋留学，1919 年在美国拿到哲学博士学位，随后进

① 清华大学校史研究室．清华大学九十年．北京：清华大学出版社，2001：36.

② 万俊人．清华大学文史哲谱系．北京：清华大学出版社，2012：295.

③ 同②293.

④ 何醒．北京大学哲学系 1952 年．北京：商务印书馆，2012：3.

⑤ 萧超然，等．北京大学校史（1898—1949）．上海：上海教育出版社，1981：157.

⑥ 同⑤167.

⑦ 同⑤168.

入英国牛津大学学习，并于1923年在牛津大学再次拿到哲学博士学位，从而成为第一位取得牛津大学博士学位的中国人。张颐于1924年回国，执教北京大学哲学系，先后开设了“西洋哲学史”“德国哲学”“康德哲学”“黑格尔哲学”四门课程①，从而极大地推进了当时中国的西方哲学研究。1926年，迫于时局等原因，张颐离开北京大学前往厦门大学任教，1929年重回北京大学任教并担任哲学系系主任。在张颐任系主任之前，北京大学虽有哲学系，但“文史哲实际上仍然处于浑然不分的状态，哲学系开的课也与其他系开的课重叠”②。张颐“担任北京大学哲学系系主任之后，依照现代意义上的英美哲学系的建系标准进行学科和课程体系的规划与建设，终使北京大学哲学系建设成为中国第一个现代意义上的哲学系，中国才有了真正意义上的‘哲学’学科”③。也就是说，哲学作为一个学科至此方才与文学和历史等学科区别开。以至于贺麟后来回忆说，直到“张颐先生归国主持北京大学哲学系，讲授康德和黑格尔的哲学时，我们中国才开始有够得上近代大学标准的哲学系”④。就此而言，张颐执掌北京大学哲学系对哲学学科的独立具有重大意义。

总体而言，从1919年五四运动到1937年“七七事变”，全国政局虽然动荡不安，且北京等地的高校颇受影响，但整体来看，哲学学科还是处于发展和上升阶段。这一时期，尤其以北京大学和清华大学的哲学系为代表，不仅在学科建设和课程安排上不断丰富完善，而且大师云集，成果丰富。在学科建设和课程安排上，不仅诞生了真正意义上的“哲学”学科和“够得上近代大学标准的哲学系”，而且，无论是北京大学还是清华大学，都建成了比较完善的哲学课程体系，其中既有中哲、西哲、伦理学、美学、逻辑学等一般哲学课程，又有具体的专题研究和人物研究等课程，已经与现代大学哲学系课程相差无几。与此同时，这一时期哲学系的教授们也步入了一个哲学创作的高峰期，他们不仅纷纷出版了自己的代表性著作，有些哲学家甚至开始尝试建立自己的哲学体系，如梁漱溟、熊十力、张东荪、金岳霖等，从而奠定了他们在现代中

---

① 北京大学哲学系史稿（内部资料）. 2004：13.

② 同①.

③ 韩水法. 北京大学哲学学科史. 北京：商务印书馆，2014：119.

④ 贺麟. 五十年来的中国哲学. 北京：商务印书馆，2002：25.

国哲学史上的学术地位。当然，更为重要的是，学科体制的完善和学术思想的创新为中国哲学事业的发展培养了大批优秀人才，使思想的薪火在动荡的岁月里继续延传。

1937 年“七七事变”的爆发直接催生了中国历史上最为特殊而又极为显赫的一所大学——国立西南联合大学，简称西南联大。“七七事变”后，日军迅速占领了平津地区，北平、天津纷纷陷落。“9 月 10 日，教育部第 16696 号令正式宣布以清华大学、北京大学、南开大学以及中央研究院设立国立长沙临时大学”①，北方三校开始南迁。10 月 2 日，国立长沙临时大学第四次常委会通过了学系设置，“文学院设四系，其中哲学、心理学和教育学三个学科并设一系，合称哲学心理教育学系”，随后任命冯友兰为系主任。② 但由于教育资源极度匮乏，哲学系不久便随文学院一同迁往南岳圣经学校办学，称为国立长沙临时大学南岳分校。11 月 16 日，文学院公告开学，19 日开始上课。哲学心理教育学系的课程设置是由冯友兰最终敲定的，“三个专业分别设立三个教学组，总共开设了 31 门课程，其中哲学组课程有 15 门”③，必修课 8 门，选修课 7 门，共计 72 个学分。

哲学系在南岳并没有维持太久，随着南京沦陷和武汉告急，作为后方的长沙已然不安全，国立长沙临时大学不得不再次搬迁。“1938 年 1 月 19 日，国民政府最高当局批准长沙临时大学迁往昆明。”④ 同国立长沙临时大学一样，昆明的教学资源十分有限，于是在 3 月 15 日，校方“开会决定在蒙自开辟分校，安置文学院与法学院，这里也就变成了哲学系新的所在地”，4 月 2 日，国民政府教育部“宣布改国立长沙临时大学为国立西南联合大学，弃用‘临时’二字，以表示持久抗战的决心”⑤。中国教育史上赫赫有名的西南联大就此诞生。西南联大文学院院长一职本来拟定的人选是胡适，但由于当时胡适正在美国从事外交活动，无法到任，于是由冯友兰代理文学院院长，汤用彤为哲学心理教育学系系主任。5 月 4 日，哲学系在云南蒙自开学，两天后开始上课，课

① 万俊人. 清华大学文史哲谱系. 北京：清华大学出版社，2012：349.

② 同①350.

③ 同①353.

④ 同①357.

⑤ 同①358.

程基本沿用了国立长沙临时大学时期的下学期课程。8 月 4 日，西南联大召开第八十四次常委会，决定“将原统合于哲学系的教育学部分抽离，与云南大学教育学系合并”，“因此哲学心理教育学系也更名为哲学心理学系”①。8 月 23 日，哲学系学期课程结束，并有 6 名学生毕业。②暑假结束后，哲学系又经历了几次搬迁，先是搬回昆明，后又因日军轰炸而搬出，再后又因昆明城中有空余校舍而搬回，中间经历了不少折腾。10 月 18 日，冯友兰被正式任命为文学院院长；11 月 15 日，文学院开始了在西南联大的新学年，这是西南联大统一招生的第一年。到了 1939 年夏，“联大三分寺新校址的建设终于竣工，哲学系也随学院一道迁至”③，与此同时，“北大、清华、南开分别恢复研究院，开始招收研究生。学籍分属三校，课程则统一开设，经费自筹，不由联大支付”④。西南联大哲学系自此开始进入正常的科研与教学轨道。

西南联大时期的哲学系是当时当之无愧的中国哲学学科之最，不仅大师云集，课程内容丰富，而且各种思想火光交互碰撞，成果迭出。在课程安排上，“联大实行学分制，学制定位四年。每位学生在校期间须修满 132 学分，即平均每学年 33 学分”。哲学系的课程分为三种，即学院共同必修课、专业必修课和专业选修课。“学生在修满本系规定的必修课程后，可以选修外系教师开设的课程。”⑤ 从西南联大哲学系 1938 年冬季学期到 1946 年春季学期的课程表来看⑥，一年级都是学院共同必修课，二年级有学院共同必修课和专业必修课两类，三、四年级则有专业必修课和专业选修课。哲学系开设的学院共同必修课主要有三门，为一年级学生开设的是“逻辑”，为二年级学生开设的是“哲学概论”和“科学概论”。专业必修课大体包括“中国哲学史”“西洋哲学史”“印度哲学史”“伦理学”“知识论”“形上学”“美学”“儒家哲学”“人生哲学”等；专业选修课则包括“德国哲学名著选读”“康德哲学”“黑格尔哲学”“符号逻辑”“数理哲学”“魏晋玄学”“佛典选读”“西洋现代哲学”“胡塞尔原著习读”“亚里士多德哲学”“希腊哲学名著研究”

---

① 万俊人. 清华大学文史哲谱系. 北京：清华大学出版社，2012：363.
② 同①361.
③ 同①369.
④ 李四龙. 有哲学门以来. 北京：三联书店，2012：44.
⑤ 北京大学哲学系史稿（内部资料）. 2004：18.
⑥ 同①365-406.

等，不仅涵盖范围更广，研究更细致，而且在不同学期有不同程度的变化。此外，西南联大哲学系十分重视学生的外语训练，“哲学心理学系的学生除规定英语为必修课（学二年）外，还规定德语为必修课”①，许多著名学者（如王太庆、张世英等）的德语基础就是在这时打下的。在哲学成果方面，从 1937 年至 1946 年这近十年的时间里，西南联大哲学系出现了许多极为重要的学术论文和哲学著作，比如冯友兰的“贞元六书”、汤用彤的《汉魏两晋南北朝佛教史》和《印度哲学史略》、金岳霖的《逻辑》和《论道》、贺麟的《近代唯心论简释》和《当代中国哲学》等，其他哲学专著、译著、论文更是不胜枚举。另外，也有一些哲学家在此期间完成了自己的哲学体系的建立。这些在现代中国哲学史上都具有十分重要的意义。1946 年 5 月 4 日，西南联大进行了结业典礼，即日起，西南联大师生陆续北上，国立西南联合大学的历史就此结束。10 月 10 日，复校后的北京大学、清华大学于同一天开学；17 日，南开大学复校开学。此后，三校的哲学系也逐渐恢复。

从 1946 年北京大学、清华大学复校到 1949 年新中国成立，北京大学、清华大学和燕京大学三校的哲学系在当时北京高校的哲学系中最为典型，同时也各具特色。北京大学哲学系和清华大学哲学系大体沿用了西南联大时期的课程传统，不过北京大学侧重中外哲学史的研究，“重史的特点已习成风气”，清华大学哲学系则被冠之以“逻辑实在论”学派，它更重视“学生逻辑思维方式的熏陶和哲学体系的建构，也重视对学生独立思考能力的培养”②。燕京大学本是美国教会学校，“七七事变”后选择留在北平，但随着太平洋战争的爆发，美日交恶，燕京大学一度被日军关闭，但随后又于 1942 年在成都复校。日本投降后，燕京大学于 1945 年在北平复校。由于燕京大学是美国教会学校，所以相比于北京大学和清华大学，燕京大学哲学系的“哲学课多以讲解实用主义、新实在论以及社会学等内容为特色，在这里任教的张东荪号称为中国哲学界‘新唯心论派的领袖’”③。

1949 年 10 月 1 日，中华人民共和国成立。“10 月 8 日，华北高等教育委员会通知：所有大专学生必修两门课，‘辩证唯物主义与历史唯

① 北京大学哲学系史稿（内部资料）. 2004：18.

② 同①24.

③ 同①24.

物主义’，‘新民主主义论（包括近代中国革命运动史）’”[①]。“1951 年 5 月 18 日，政务院批准了教育部部长马叙伦的报告，确定要适当而有步骤地充实和调整原有的高等院校的院系。1951 年 10 月 30 日，政务院批准了全国高校调整方案。新中国从旧中国接收过来的旧大学都要进行改造。”[②] 1952 年是中国高等教育史上的一个重要年份，在这一年，全国高等院校的院系都进行了大规模的调整，其中一项内容就是把全国所有高等院校的哲学系并入北京大学，由此导致北京大学哲学系成为当时全国唯一的哲学系。这种状况一直持续到 1956 年前后，在此期间，北京大学哲学系群贤满堂，盛极一时，成为西南联大后中国哲学教育史上的又一奇观。

院系调整后的北京大学于 1952 年 10 月 4 日举行了开学典礼，金岳霖为哲学系第一任系主任。调整后的哲学系共有哲学和心理学两个专业，哲学系教师被编入四个组，分别是逻辑教研组、马列主义课程教学辅导组、中国哲学史料研究组和西方哲学编译组。[③] 此次的高校院系大调整主要是为了以马克思主义为指导原则来建设高等院校，“院系调整后，教育部规定，哲学专业的培养目标是马克思列宁主义哲学的研究人员和宣传人员”[④]。对此，中国照搬了不少苏联“经验”。比如，把全系的教师按学科组织成不同的教研室，在课程设置上以正面讲授马列主义为主，要有统一的教学大纲，不分选修、必修，所有的课程学生都要上，公共外语一律为俄语；另外，一面聘请苏联专家，一面向苏联派送留学生，等等。[⑤] 北京大学 1951 级学生朱德生后来回忆说：“当时所说的‘哲学’，即马克思主义哲学，其他的哲学都只是马克思主义哲学批判的反面教材，严格地说，没有资格称为哲学。因此全部教授都学习马列和从事哲学史的备课工作，暂不开课。哲学课都由刚开始学习马列的青年同志来讲。”[⑥] 当时哲学系的状况由此可见一斑。

调整后的哲学系虽然以马列主义的学习和讲授为主，但其他哲学专业在此期间并非毫无进展。比如，在中国哲学研究方面，院系调整前，

---

① 李四龙．有哲学门以来．北京：三联书店，2012：55.

② 同①57.

③ 北京大学哲学系史稿（内部资料）．2004：30.

④ 同③.

⑤ 同③.

⑥ 朱德生．51 级旧闻//王宗昱．苦乐年华．北京：北京大学出版社，2004：104.

北京大学哲学系重“史”（以汤用彤为代表），清华大学哲学系重“论”（以冯友兰为代表），由此“形成了双峰对峙的局面”，而调整后的北京大学哲学系则渐渐“融合成‘史’‘论’兼重的新的学术风格”①。在西方哲学研究方面，院系调整前，北京大学哲学系在德国古典哲学和古希腊哲学方面已经有了很高的成就，调整后，随着洪谦、熊伟等人的调入，“分析哲学和现象学也成为北大哲学系的主干，由此古典与现代兼重”②。在逻辑学方面，院系调整前，现代逻辑学的重镇无疑属于有着金岳霖等人的清华大学哲学系，而随着清华大学哲学系的并入，逻辑学的中心也由清华大学哲学系转到北京大学哲学系，“成为北大哲学系的另一主干专业”③。在美学方面，院系调整前，北京大学的邓以蛰和南京大学的宗白华并称“北邓南宗”，随着宗白华的调入，“加上中山大学来的马采先生，或再加上虽隶属西语系但常在哲学系任课的朱光潜先生，美学专业一时称雄全国，并于 1960 年创立了全国第一个美学教研室”④。但北京大学哲学系并非没有遗憾，比如北京大学哲学系自创建之初便拥有的宗教学研究传统，尤其是印度哲学和佛教哲学，随着高等院校院系的调整，基本上陷入停顿状态，直到 20 世纪 80 年代才重新开展起来。⑤ 总体而言，1952 年全国高等院校院系的调整利弊参半，虽然它使中国哲学学科经过多年努力方才造就的多点开花局面一度消失，从而不利于哲学学科的多元发展，以至于各个院校的哲学系不得不在 20 世纪 50 年代后期重新蹒跚起步；但毕竟瑕不掩瑜，因为 1952—1956 年的北京大学哲学系不仅集全国哲学名家于一堂，光彩万丈，而且为中国哲学学科的发展培养了一大批有生力量，这些都使此间的北京大学哲学系成为中国哲学学科史上难以逾越的高峰和“神话”；此外，调整后的北京大学哲学系所逐渐形成的一些哲学精神与思想特色，如兼重史论、贯通古今等，也随着各高校哲学系的复建和北京大学哲学系教员的调离而得到发扬与传播。

北京大学哲学系一统天下的局面很快便因为政治层面的原因而被打

① 何醒．北京大学哲学系 1952 年．北京：商务印书馆，2012：4.

② 同①5.

③ 同①5.

④ 同①5.

⑤ 同①5.

破。1956 年 2 月，赫鲁晓夫在苏共二十大的一次秘密会议上指出了斯大林在领导苏联社会主义建设中出现的严重错误，批判了对斯大林的个人崇拜现象。4 月，在中共中央政治局扩大会议上，毛泽东做了《论十大关系》的报告，指出要对苏联在社会主义建设中走过的弯路引以为戒，不能一概照搬，并提出了科学和文化工作的“双百”方针，从而“扭转了新中国成立以来全面‘以俄为师’的局面，是当时国家建设方针的一次大调整。高校哲学系集中统一的情况，也因为这一调整而出现松动”①。当然，在此之前，中国科学院已于 1955 年成立了哲学研究所（即中国社会科学院哲学研究所之前身）。但 1952 年院系调整后，高校范围内哲学系的建立是从 1956 年成立的三个哲学系算起的，它们分别是武汉大学哲学系、复旦大学哲学系和中国人民大学哲学系。

武汉大学哲学系的前身是 1922 年成立的武昌高等师范学校教育哲学系，1952 年武汉大学哲学系并入北京大学之后，时任武汉大学校长的李达便开始了恢复武汉大学哲学系的筹备工作。“1956 年经高教部批准，武汉大学哲学系正式重建，李达兼任系主任，同时从北京大学哲学系调来了江天骥、陈修斋和杨祖陶等师资。”② 复旦大学的前身是 1905 年成立的复旦公学，1942 年由私立改为国立。“1949 年，同济大学哲学系、浙江大学哲学系并入复旦大学，学校特在原先的社会学系中专设哲学组，为后来哲学系的创建聚集了一批人才。”③ “1952 年 8 月至 9 月，华东地区进行院系大调整，复旦大学成为人文社会和自然科学的全国重镇。”④ 可以说，1952 年的院系调整虽然使复旦大学流失了大量的哲学人才，但仍有一部分哲学骨干被保留在了复旦大学，他们成为日后复系的中坚力量。1956 年，复旦大学哲学系正式建立，胡曲园任系主任。中国人民大学最早的前身是诞生于 1937 年的陕北公学，1950 年以华北大学为基础建成，它既是“新中国第一所也是当时全国唯一一所只设文科院系的大学”，因此“是一所地位特殊的高校”⑤。1956 年，中国人民大学“在原先马列主义研究班哲学分班的基础上”成立了哲学系，

① 何锡蓉．新中国哲学的历程．上海：学林出版社，2012：78.
② 同①79.
③ 复旦大学哲学学院历史．http://philosophy.fudan.edu.cn/6695/list.htm.
④ 复旦大学校史．http://www.fudan.edu.cn/channels/view/71/.
⑤ 同①79.

“何思敬任系主任，同时从北京大学哲学系调来了苗力田等教师”①。总之，三所高校成为1956年第一批建立哲学系的高校，既得益于当时宽松的政治环境，同时也与三校自身的先天优势密不可分。

此后，随着1958年“大跃进”的到来，高校哲学系的建立迎来了一个新的小高潮。截止到“文化大革命”开始之前，除了原先4所高校（北京大学、中国人民大学、复旦大学、武汉大学）的哲学系之外，还有9所高校成功地建立了哲学系，分别是黑龙江大学哲学系（1958年）、吉林大学哲学系（1958年）、江西大学哲学系（1958年）、辽宁大学哲学系（1959年）、四川大学哲学系（1959年）、河北大学哲学系（1960年）、厦门大学哲学系（1960年）、中山大学哲学系（1960年）和南开大学哲学系（1962年）。② 在此期间，北京大学哲学系在教材编写方面投入了大量的精力，并且采用的是先材料后教材的正确步骤，所取得的成效是极为明显的。在20世纪五六十年代编写的资料中，“有些资料直接起着教材的作用，其中《西方古典哲学原著选辑》最为典型”③。该选辑共六辑，其中大部分都在“文化大革命”之前出版了。中哲和美学也有类似的原著选编，这对于学者的学习和研究发挥了重要作用。此外值得一提的是，从20世纪60年代初中央便启动了组织全国高校统编教材的工程，该工程从1961年6月一直持续到1964年春，动用了大量的人力、物力和财力，而且大部分都完成了初稿。遗憾的是，从1964年上半年开始，政治形势又紧张起来，这项声势浩大的工程最终由于种种原因而未能正式完成并及时出版，从而又不得不被搁浅了十多年。④

1966年“文化大革命”开始后，全国的中、高等院校便完全停课，哲学系的教学和研究也全面停滞。直到1970年，停办4年多的高校哲学系才重新开始招生，招生对象主要是工农兵学员。从1970年至1976年，北京大学哲学系共招了6届（1971年未招）工农兵学员，每届人数都在100以上。⑤ 复旦大学哲学系于1971年开始招生，至1976年共

① 何锡蓉. 新中国哲学的历程. 上海：学林出版社，2012：80.

② 同①81-82.

③ 北京大学哲学系史稿（内部资料）. 2004：36.

④ 同③37.

⑤ 同③47.

招了 6 届，共 300 多人。“1973 年，远在西南边陲的贵州大学人文学院中成立了哲学系，这是全国高校中唯一一个在‘文化大革命’期间成立的哲学系。”① 在此期间，所谓的“教学仍然是大批判式的”，“结合战斗任务组织教学的模式没有变”②。到了 1972 年，北京大学哲学系为了响应毛泽东的学点哲学史的号召，在系里设置了“毛泽东哲学著作组、马列主义哲学著作组、哲学史组、政治经济学组”等各种政治学习小组，并在 1972—1973 年编写了一些教材，“其中最重要的是《马克思主义哲学发展史》”③。这不仅在北京大学哲学系是第一次，而且当时在全国是最早的。但总体上，受大环境所限，哲学系在“文化大革命”期间并没有任何值得称道的作为。

1976 年 10 月，“文化大革命”结束。1977 年底，因“文化大革命”而中断的高考制度恢复，随后各高等院校逐渐恢复并开始招生，中国的哲学事业进入一个新的历史发展时期。值得一提的是，1970 年，中国人民大学一度停办，其哲学系于 1973 年“成建制地分配到北京师范大学，成为师大哲学系，这样人民大学虽一度停办，哲学系却意外地保存了下来！直到粉碎‘四人帮’后，人民大学于 1978 年正式恢复，哲学系才又回归人民大学”④。从 1977 年到 1991 年，除原有高校所恢复的哲学系之外，全国高校中增加了 13 个哲学系，分别是山东大学哲学系（1960 年成立哲学专业，属政治系，1966 年停止招生，1977 年建立哲学系）、广西大学哲学系（1977 年设立哲学本科专业）、南京大学哲学系（1960 年恢复设立政治系哲学专业，1977 年恢复哲学系）、兰州大学哲学系（1978 年）、内蒙古大学哲学系（1978 年）、安徽大学哲学系（1979 年）、北京师范大学哲学系（1979 年）、湘潭大学哲学系（1979 年）、郑州大学哲学系（1980 年）、杭州大学哲学系（1980 年，现为浙江大学哲学系）、山西大学哲学系（1980 年）、西北大学哲学系（1977 年恢复哲学教研室建制，1979 年开始招生，1984 年建哲学系）、华东师范大学哲学系（1986 年）。⑤ 总之，这一时期的高校哲学系正在努力走

① 何锡蓉. 新中国哲学的历程. 上海：学林出版社，2012：85.

② 北京大学哲学系史稿（内部资料）. 2004：46.

③ 同②.

④ 中国人民大学教学科研及辅助单位简史（内部资料）. 1993：5.

⑤ 上述各系详细情况可参见各系官网及各系所在高校官网介绍，以及何锡蓉所著《新中国哲学的历程》（学林出版社，2012）的第 87 页。

出“文化大革命”的影响，而随着改革开放的深入推进以及高等教育的逐步兴盛，中国哲学学科事业的发展也进入一个日趋繁盛的历史时期。

1992年邓小平南方谈话和中国共产党十四大召开，使中国特色社会主义建设迈入新的历史阶段。此后，为了更好地适应社会主义市场经济的发展，优化高校资源配置，提高办学效率和培养人才，各高等院校纷纷走向社会和市场，从而在高等教育领域引发了一次大规模的教育体制改革。随着高等教育的系列调整和改革，高校哲学系进入了一个调整期。首先，一些高校的哲学系为了在新的环境下获得更好的生存和发展，放弃了独立建系的机会，转而与其他文科学院合并。由于哲学专业在市场经济条件下并非热门专业，学生毕业后不好找工作，收入也并不十分可观，因此，哲学系在专业生源方面陷入了种种窘境。对此，一些高校的哲学系放弃了独立建系的想法，纷纷并入其他文科学院，这样既能保持教学科研的独立性，又能在行政或财政方面更多地依靠学院的支持，从而保障哲学系的生存。如吉林大学哲学社会学院（1995年）、辽宁大学哲学与公共管理学院（2000年），以及没有“哲学”字样的苏州大学政治与公共管理学院（1995年）、贵州大学人文学院（1998年），等等。① 其次，一些重点高校的哲学系升级为哲学院，并下设中哲、西哲、伦理学、美学等二级科系。如武汉大学哲学学院（1996年）、中国人民大学哲学院（2005年）、复旦大学哲学学院（2006年），等等。最后，一些有实力的工科院校纷纷建立了哲学系，从而使这些院校的综合性特色更突出。典型院校有清华大学、浙江大学和华中科技大学，等等。其中，清华大学原本拥有同北京大学一样悠久的哲学传统，但由于种种原因，清华大学哲学系自1952年并入北京大学之后便一直未能恢复，直到2000年才通过人才引进成功复系。浙江大学在合并原杭州大学哲学系的基础上建立哲学系。但不管怎样，“工科院校哲学系及其他文科系的成立，对于培养复合型、通用型人才，对于增强理工科学生的人文素养，对于丰富校园文化等方面都有着积极和有益的作用”②。

总之，20世纪90年代以来的高等教育体制改革对中国哲学学科的发展和壮大确实产生了极为重要的影响。经过二十多年的发展，中国高校哲学系不仅在数量上实现了突破，而且许多高校的哲学系，如北京大

① 何锡蓉. 新中国哲学的历程. 上海：学林出版社，2012：91.

② 同①92.

学、中国人民大学、武汉大学、复旦大学等高校的哲学系，无论是在办学水平还是在学科齐备程度上，都取得了长足的发展，从而为新中国哲学学科事业的发展添上了浓墨重彩的一笔。

3.2　中国哲学的学科建制

众所周知，我国学位分为学士、硕士、博士三级，拥有学位授予权的单位根据不同专业及学科所属的学科门类授予学生不同的学位。根据1997年中华人民共和国教育部学位管理与研究生教育司颁布的《授予博士、硕士学位和培养研究生的学科、专业目录》，哲学作为当时12个学科门类之一，下设1个“哲学”一级学科和马克思主义哲学、中国哲学、外国哲学、逻辑学、伦理学、美学、宗教学、科学技术哲学这8个二级学科。① 2011年国务院学位办、教育部虽然对该《目录》进行了修订，并发布了《学位授予和人才培养学科目录（2011）》，但哲学1个一级学科和8个二级学科的建制并未变动②，沿用至今。

中国哲学的学科建制有一个不断完善的发展历程。早在“晚清官方与民间建立大学的各种方案中，因参照欧美和日本大学的学院和学术体系，哲学一开始就出现在若干设计方案之中”③。王国维虽然也曾极力主张在大学设立哲学学科，但这种设计最终还是遭到张之洞和张百熙等人的反对。因此，在京师大学堂1902年的“壬寅学制”中便没有哲学一科，而只是“在文科之下的经学科和理学科包含了哲学的部分内容”④。中华民国成立以后，教育部取消经学科，并于1913年颁布“大学规程”，将哲学归于文科之下。其中，哲学门分为两类，即中国哲学类和西洋哲学类。中国哲学类科目与西洋哲学类科目（各16种）在名称上大多相似，不同的是，中国哲学类科目下包括中国哲学、中国哲学史、西洋哲学概论；而西洋哲学类科目下则是西洋哲学、西洋哲学史、中国哲学概论。二者相同或相近的科目是宗教学、心理学、伦理学、论

---

① 授予博士、硕士学位和培养研究生的学科、专业目录（1997）.

② 学位授予和人才培养学科目录（2011）.

③ 韩水法．北京大学哲学学科史．北京：商务印书馆，2014：66.

④ 同③67.

理学、认识论、社会学、印度哲学概论、教育学、美学（术）及美术史、生物学、人类及人种学、精神病学、言语学概论。[①] 此外，哲学类的课程并不仅仅限于哲学门，文学门下的国文学类、梵文学类、英文学类等各种语言门类中也都会涉及哲学概论、美学概论、伦理学概论等哲学科目。[②] 这一方面说明该学制体系仍带有引进的性质，另一方面表明当时的大学教育处于草创时期，哲学未能与文学等学科有效地区分开。实际上，哲学学科真正意义上的独立还是在张颐主持北京大学哲学系的20世纪30年代。但不管怎样，从“壬寅学制”到“大学规程”，中国哲学学科至少已经在大学初步建立起来，并且有了相对独立的学科建制。

1919年，北京大学哲学门改称北京大学哲学系，并开始采用学分制和选课制。此后，中国大学哲学系虽历经波折、变迁，但哲学分为中国哲学和西洋哲学两大类的格局并没有太大变化，其余的哲学分支，如美学、伦理学、逻辑学等，在中国哲学和西洋哲学门类下都有分布。直到新中国成立后，马克思主义成为指导思想，马克思主义哲学一家独大，中西哲学史都是马克思主义哲学的批判对象，哲学的这种中西二分格局才被打破，从而为后来哲学的“一体两翼”格局奠定了基础。1952年全国院系大调整，北京大学哲学系成了当时全国唯一的哲学系，“哲学学科的方向、机构和制度也接着进行了重大的改革。在方向上，哲学学科转变为意识形态和政治的附庸，在机构上开始采用苏联式的教研室制度，设立自然科学、社会科学和逻辑科学三个教学组。在课程设置上，虽然保留中国哲学史、西方哲学史和若干自然科学的科目，但无不充斥着意识形态的偏见，而课程的主干，也皆是苏式科目。在组织上，聘用苏联专家对所有中国教师进行粗暴的灌输式的教育，并且在相当长的时间禁止中国教师讲授西方哲学史等课程”[③]。1953年11月，国家高等教育部施行《高等学校培养研究生暂行办法（草案）》。1954年，北京大学哲学系开始招收研究生；1954—1955学年，只有辩证唯物主义与历史唯物主义专业招生；第二年，中国哲学史专业招生；第三年，西

---

① 璩鑫圭，唐良言. 中国近代教育史资料汇编：学制演变. 上海：上海教育出版社，1991：698.

② 同①699.

③ 韩水法. 北京大学哲学学科史. 北京：商务印书馆，2014：71.

方哲学与逻辑学专业也开始招生。①

“文化大革命”十年，高等教育中止，哲学系也停止了教学与科研。“文化大革命”结束后，高校哲学系方才恢复招生。1978 年，北京大学开始招收中国哲学、西方哲学和马克思主义哲学等方向的研究生。1981 年 1 月 1 日，《中华人民共和国学位条例》开始实施。该《条例》规定了我国学位分为学士、硕士、博士三级，并规定了各级学位授予的标准和办法，从而标志着新中国学位制度的正式建立。1981 年 5 月 20 日，国务院批准发布了《中华人民共和国学位条例暂行实施办法》，将学位授予门类区分为哲学、经济学、法学、教育学、文学、历史学、管理学、工学、农学、医学十科，并对学位授予办法进行了更详细的规定。1981 年 11 月 3 日，《首批硕士学位授予单位及其学科、专业名单》公布，其中，中国社会科学院研究生院共有 9 个哲学二级学科，即辩证唯物主义与历史唯物主义、马克思主义哲学史、中国哲学史、外国哲学史、现代外国哲学、逻辑学、伦理学、美学和宗教学。北京大学共有 8 个二级学科，没有宗教学。中国人民大学共有 6 个哲学二级学科，没有现代外国哲学、逻辑学、美学和宗教学，但有自然辩证法。② 可以看出，后来所谓哲学二级学科的主要内容此时已大体成形。1983 年 3 月，国务院学位办公布了《高等学校和科研机构授予博士和硕士学位的学科、专业目录（试行草案）》（以下简称《试行草案》），其中，哲学作为 10 个学科门类之一，下设辩证唯物主义与历史唯物主义、马克思主义哲学史、中国哲学史、外国哲学史、现代外国哲学、逻辑学、伦理学、美学、宗教学（含宗教学原理、基督教、伊斯兰教、佛教、道教、民间秘密宗教、原始宗教）和自然辩证法这十个专业③，从而将 1981 年首批哲学学科专业全部涵盖其中。至此，中西哲学史不再是马克思主义哲学的批判对象，而成了其“一体”之“两翼”，“这是一个历史进步”④。

随着高等教育的稳步恢复和快速发展，以及学科教育和研究的细化与科学化，高等教育所设置的专业点在逐步调整和增加。为了使高等教育更好地服务于社会主义现代化建设以及满足社会主义科学文化事业的

---

① 韩水法．北京大学哲学学科史．北京：商务印书馆，2014：74.

② 首批硕士学位授予单位及其学科、专业名单．

③ 高等学校和科研机构授予博士和硕士学位的学科、专业目录（试行草案）．1983.

④ 赵敦华．“哲学二级学科”刍议．中山大学学报（社会科学版），2008（2）：120.

发展需要，1990 年 11 月 28 日，国务院学位委员会、国家教育委员会联合下发了《授予博士、硕士学位和培养研究生的学科、专业目录》。该《目录》是在 1983 年《试行草案》的基础上经过反复讨论、修改后拟定的，与 1983 版《试行草案》相比，该《目录》中“有一批专业拓宽了专业面，调整、充实了专业内涵；同时，删掉或归并了一些划分过细、偏窄的专业，增加了一批新专业”①。1990 版《目录》将学科门类增加到 11 种，其中哲学门类的二级学科出现了较大调整。1983 版《试行草案》中的“辩证唯物主义与历史唯物主义”和“马克思主义哲学史”被合并调整为“马克思主义哲学”，“中国哲学史”改为“中国哲学”，“外国哲学史”和“现代外国哲学”被重新定位为“西方哲学”和“东方哲学”，“自然辩证法”改为“科学技术哲学”，其余四种保持不变。这样一来，哲学二级学科便从 1983 版的 10 个合并调整为 1990 版的 9 个，各专业的名称已与现行名称基本一致。到 1997 年的修订版目录，除了将原来在研究比重方面过轻的“东方哲学”并入“外国哲学”之外，其余哲学二级学科都保持不变，“中国哲学和外国哲学不再只是哲学史学科，而与马克思主义哲学一样，没有史与论的界限”②。1 个一级学科 8 个二级学科的哲学学科建制就此定型。即便 2011 年再修订学科目录，哲学学科的这种格局也仍保持不变，并沿用至今。这说明，经过多年的教育实践检验，哲学的这种学科建制已经基本保持了内部的平衡，也适应了社会主义现代化建设的学科需要，从而具有一定的合理性。但我们在直观上很容易看出，这 8 个二级学科的划分并不是按照统一的标准制定的。它既有空间地理上的划分，如中国哲学、西方哲学（东方哲学），同时又有学理上的划分，如伦理学、美学、逻辑学、宗教学、科技哲学，甚至有人物与学派上的划分，如马克思主义哲学。标准的不统一暗示着学科定位的不清晰，也指示着学科结构的混乱，“学科分类目录是学术地图，分类标准不统一的学科目录就好像是一张没有统一方位和比例的地图。现在有一个口号，叫作‘以学科建设为中心’，如果用一张糊涂的地图来指路，学科建设的方向和前途令人担忧”③。8

---

① 国务院学位委员会、国家教委关于施行《授予博士、硕士学位和培养研究生的学科、专业目录》的通知. 学位［1990］030 号，1990-11-28.

② 赵敦华. “哲学二级学科”刍议. 中山大学学报（社会科学版），2008（2）：120.

③ 同②.

个二级学科的设置既是政治干预的产物，又带有历史遗留性，同时也为中国哲学学科的结构困境埋下了伏笔。

另外，值得一提的是，国务院学位委员会、教育部在 2005 年 12 月发出《关于调整增设马克思主义理论一级学科及所属二级学科的通知》，决定增设马克思主义理论为一级学科，暂设置于“法学”门类下，马克思主义理论从而成为与哲学一级学科平级的学科。此外，除了学科目录上原有的 8 个哲学二级学科之外，中国人民大学还于 2005 年 9 月 8 日成立了管理哲学教研室，于 2014 年 1 月成立了政治哲学研究中心，并成为全国第一家招收管理哲学和政治哲学硕士、博士研究生的高等教育单位，从而不仅为哲学一级学科开拓出两个新的二级学科专业，同时也是哲学为适应时代变化、自主调节学科结构以实现哲学飞跃发展而做出的一种学科创新。

当然，国务院学位委员会、教育部虽然在哲学一级学科下设置了 8 个二级学科，但并不是所有高校都有能力组建这些二级学科，除了北京大学、中国人民大学、武汉大学以及复旦大学等实力雄厚的哲学院（系）之外，大多数哲学系都是根据自身的师资力量和科研水平等实际情况来选择部分二级学科进行优势发展，而发展的主要依托则是教研室或研究室（所）。教研室因此成了高校中最基层的教学研究单位。

严格来说，中国的教研室制度应当是于 20 世纪 50 年代中期学自苏联。在此之前，中国哲学学科只有一些类似教研室性质的研究所或学习组。1912 年北京大学哲学门初建之时并没有设系主任，也没有专门的教学研究机构，而是由文科学长聘请教授组织哲学门的教学研究工作。1917 年，哲学门成立了研究所，“旨在开展学术探讨、研究教学方法、译述西学名著。胡适、陈大齐、蒋梦麟先后担任研究所主任。1920 年研究所停止活动”①。1918 年，哲学门教授会成立，“负责本部的教学事宜，参与讨论本门课程的增设与废止，应用书籍和仪器的添置”②。哲学门研究所和教授会的成立，既标志着中国哲学学科的发展和研究进入一个新的阶段，同时也可以被视作后世教研室制度的雏形与先声。西南联大时期，北京大学、清华大学、南开大学三校合并，哲学学科属于哲学心理教育学系，该系共设立三个教学组，哲学教学组主要负责该系哲

① 韩水法．北京大学哲学学科史．北京：商务印书馆，2014：121.

② 北京大学哲学系史稿（内部资料）．2004：5.

学学科的教学与研究工作。1939 年，三校研究院恢复招生，北京大学、清华大学、南京大学纷纷成立自己的研究院，下设文科研究所哲学部，负责哲学系研究生的招生、管理、教学与研究工作，哲学系恢复完整建制。1949 年新中国成立后，10 月 5 日，刘少奇在中苏友好协会总会成立大会上指出："我们要建国，同样也必须'以俄为师'，学习苏联人民的建国经验。"① 在随后召开的第一次全国教育工作会议上，"借助苏联教育建设的先进经验"② 成为我国建立新民主主义教育制度指导方针的一个重要组成部分。但实际上，在具体的操作中出现了"一边倒"局面，"借助苏联经验"成了"全面学习苏联经验"③。1952 年高等院校院系调整，北京大学哲学系成为全国唯一的哲学系，哲学系也开始照搬苏联模式进行改造，其中之一就是把"全系的教师按照不同的小学科组织成教学研究室，由它来组织这个学科的教学与研究"④。哲学系教师当时被分别编入四个组，即逻辑教研组、马列主义课程教学辅导组、中国哲学史料研究组和西方哲学编译组。这四个教研组实际上也即"哲学学科内部严格的专业划分的开始"⑤。此后虽然中苏交恶，但由于两国之间存在着很多政治和文化上的相似之处，而"教研室（组）的组织，也符合把教师组织起来，'党支部建在连队'的原则，便于管理和领导"⑥，因此，1956 年以后，虽然各高等院校逐步恢复哲学系，但基础教学单位仍是教研室。比如中国人民大学哲学院的前身就是 1952 年 7 月成立的辩证唯物主义和历史唯物主义教研室，而这个教研室又是从马列主义基础教研室中抽调部分教师组成的。1956 年中国人民大学哲学系成立时，主要的教学工作都是由各教研室的教师承担的，当时主要有辩证唯物主义和历史唯物主义教研室、哲学史（包括中哲史和西哲史）教研室以及逻辑教研室。⑦ 此后，虽然历经"文化大革命"停课、恢复高考以及 20 世纪 90 年代高等教育体制改革，但教研室制度最终却被保

---

① 中华人民共和国教育大事记（1949—1982）. 北京：教育科学出版社，1984：4.

② 同①8.

③ 肖海涛. 中国高等教育学制改革. 广州：广东高等教育出版社，2011：53.

④ 北京大学哲学系史稿（内部资料）. 2004：31.

⑤ 同④30.

⑥ 顾明远. 论苏联教育理论对中国教育的影响. 北京师范大学学报（社会科学版），2004（1）：13.

⑦ 中国人民大学教学科研及辅助单位简史（内部资料）. 1993：2-3.

留下来，并沿用至今。“高等学校的教研室以专业为单位，所有教师都按照自己的专业被分配到相应的教研室，他们共同备课，讨论本专业的学术问题，编写教材。”① 教研室成为高校教学科研活动的最基层单位。

总体来看，如果我们把 8 个二级学科视为哲学教研活动之“经”，那么，这些以不同二级学科为依托的各教研室便是哲学教研活动之“纬”；前者提供的是哲学教研活动的基本类别和大体方向，后者肩负的是哲学教研活动的实际运行和操作。虽然随着时代的发展和哲学研究的深化，许多跨学科乃至跨学院的研究所和研究机构在不断涌现，但它们始终没有成为基础性的教学研究单位，而只是一种松散的研究机构，或者说，更像是对教研室的一种学术和研究补充。它们既然无法代替教研室的作用和职能，那么也就不可能改变中国哲学学科“二级学科—教研室”这种“竖经横纬”的基本架构和行政模式。

3.3　中国哲学学科的结构困境

以哲学二级学科为依托的教研室组织既然能够长期存在，就说明它有一定的优点与合理性。比如，它把教学与科研的主动权下放到各教研室，使各教研室自行研究、决定本专业教师的教学安排和学生的培养方案，这样既减少了哲学系不必要的行政干预，同时又能赋予教研室一定的学术主动权，调动教研室成员的科研积极性，“有利于发挥教师的集体作用，保证教学质量，特别是能发挥老教师指导帮助青年教师的作用”②。但这并不能掩盖“二级学科—教研室”模式作为政治干预的产物所具有的缺陷以及由此所引发的后遗症。

众所周知，中国哲学系的规模和人数在全球所有高校的哲学系中都是首屈一指的。造成这一现象的原因是多方面的。其一，中国人口基数大，考生数量多，大学招生规模大，这些都是实情。而且，哲学系为了保证生源，还会接纳一些调剂生，也就是说，即便在当年的高考中没有人报考哲学系，高等院校也会根据这一年的报考情况将部分

---

①　顾明远. 论苏联教育理论对中国教育的影响. 北京师范大学学报（社会科学版），2004（1）：11.

②　同①.

未被第一志愿专业录取的考生调剂到哲学系。这样一来，哲学系的招生规模和市场需求之间便没有必然的关联，这也是哲学系可以始终维持一定规模的一个重要原因。哲学系的学生人数多，需要的教师人数自然会相应增加，而一旦教师的数量形成规模，就必然反过来要求学生的数量也要达到相应的规模。当教师规模和学生规模达到了一种稳态的平衡时，如果没有外力的干扰，那么这种平衡便会一直延续下去。随着21世纪初的高考扩招和21世纪第一个十年末的研究生扩招，中国哲学系的师生人数在平衡中稳步增长。其二，哲学一级学科下设的8个二级学科，不仅门类齐全，而且涉及面广，因此哲学系的规模就比较大。但许多人或许不知道的是，“中国大学的哲学系相当于西方大学的四五个院系一部或全部”①。西方大学的哲学系由于主要研究西方哲学，所以就相当于我们的一两个二级学科的规模。西方大学也会研究中国哲学和东方哲学，但一般会将其放在汉学系或东方学系。“马克思主义哲学放在政治学或其他社会科学的科系；另外，宗教学系、科学史系和艺术史系全部或部分承担宗教学、科学技术哲学和美学的教学研究。”② 因此，中国大学哲学系有今天这种规模，与哲学的二级学科设置是密不可分的。

大哲学系本身并不一定就是问题，相反，如果结构设置合理，大哲学系反而会促进思想的交流和对话，从而更容易产生新的思想成果。但问题在于，中国大学的哲学系虽然人数众多、规模庞大，而且哲学系每年产出的科研成果数量是举世瞩目的，但与之严重不匹配的是，哲学系科研成果的学术质量却无不令人忧虑。中国大学的哲学成果虽然在数量上已经达到了世界领先级别，但这些科研成果却往往没有什么国际影响力，能算得上国际公认的具有突破性和创新性的哲学成果更是凤毛麟角。更为吊诡的是，哲学系每个二级学科教研室都想自成体系，并且力求在古、今、中、外、马等领域都有所拓展和延伸，因此，各个教研室不仅无视这种叠床架屋的复合型结构所带来的冗赘和重复，反而觉得自己人手不够、缺乏规模效应，从而要求进一步扩充教研室！“由此形成的悖论是，哲学的行政化导致哲学二级学科的扩张，但这种扩张的冲动

① 赵敦华．“哲学二级学科”刍议．中山大学学报（社会科学版），2008（2）：120.
② 同①121.

由于在学理上得不到消解，只能反过来靠行政化的手段来加以阻止。”①这不能不让人感到匪夷所思。

此外，在哲学“二级学科—教研室”这种学科结构中，我们可以发现哲学研究中的三重组合。第一，从时间层面看，每个学科教研室都希望或力图在师资与科研上容纳古今。每个学科都有它的历史，而且又在时间中不断创造和书写历史，因此，这就既需要传统研究，又需要现代研究，甚至需要传统与现代之间的跨时间研究。时间上的这种分布本无可厚非，毕竟任何哲学研究都离不开哲学史的研究，但问题是，哲学二级学科布局混乱，各教研室又自成体系，于是二级学科的研究之间便会产生相似与重复，但这种相似与重复并没有产生学科间的“相亲”，反而由于各学科早已习惯自说自话而导致彼此“相轻”，于是形成了学科间的孤立与隔绝。第二，从空间分布看，大部分学科和教研室都或明或暗地存在着中—西—马的三维理论布局，比如伦理学中的中国伦理学、西方伦理学与马克思主义伦理学。三维布局本可以通过彼此对话与互动形成一个良好的交流平台，但实际上这三者之间并没有形成一个有机的研究整体，而更像三个独立的板块，不是一个有机的“民族”，而是一个被生硬地组到一起的“联邦”。如此一来，这样的布局反过来又加剧了哲学学科内部的张力。第三，从义理层面看，马克思主义哲学既是一个独立的二级学科，同时又由于政治、文化等原因而渗透到其他各个学科。马克思主义哲学作为中国共产党的指导哲学，在新中国成立之初曾实现过一统天下的局面，随着时代的发展和思想的进步，马克思主义哲学最终成为哲学 8 个二级学科之一。表面上看，马克思主义哲学虽然只占据哲学的八分之一，但实际上各学科都或多或少存在中—西—马的三维理论布局，因此，马克思主义哲学对于其他二级学科仍然有着不小的影响和渗透。再加上马克思主义理论一级学科的成立，马克思主义哲学无论在哲学学科领域还是在其他人文社科领域，实际上都拥有不小的话语权。这是中国哲学学科中的一个独特格局。

“二级学科—教研室”的结构布局和哲学研究中时间、空间、义理的三重分布，使中国的哲学学科产生了普遍的结构困境。第一，哲学二级学科及其教研室同质化扩张。我们说，大哲学系本身并不一定就是问

---

① 姚新中，陆宽宽．当代中国哲学的结构困境．哲学研究，2016（3）：121.

题，如果展开充分的合作与交流，它甚至可以成为一种学科优势，为中国哲学的探索与争鸣奠定良好的学科平台。但事实并没有朝着我们期望的方向发展。原因在于，各二级学科是按照不同的分类标准产生的，每一个二级学科单独来看都是一个独立的研究领域（即便这些领域之间存在着许多交叉和重复），因此它们似乎都有充分的理由保持独立，并为了维持这种独立而不断要求扩张，直至形成一个“整大全”的二级学科。由此，同一个二级学科又可以分化出不同时间、区域、层次和方向的研究，如：中国哲学研究中的先秦、汉唐、宋明、当代等哲学史研究，儒、释、道研究，心性儒学与政治儒学研究，等等；西方哲学研究中的古代、中世纪、现代、当代等哲学史研究，英国、法国、德国、美国等区域哲学研究，本体论、认识论、价值论等体系研究；伦理学研究中的中国伦理学、西方伦理学、马克思主义伦理学这三大板块研究（与中、西、马哲学研究又有交叉和重复），元伦理学、规范伦理学、美德伦理学、应用伦理学等义理研究，孔子、孟子、亚里士多德、康德等人物伦理思想研究，等等。其他二级学科也都可以做出如此这般区分。我们说，哲学研究的细化和深化自然会导致学科的分化，这符合“合久必分”的哲学“天下大势”。但很多时候，学科与教研室的扩张并不等于哲学研究的细化和深化，而往往只是一种单纯的规模与行政扩张。扩张的结果未必是某一领域研究的深入，而是该学科辐射领域的面化、宽化乃至泛化。如此一来，所造成的严重后果便是学术研究的重叠以及学术资源和空间的相互竞争，有限的资源如果得不到最大程度的利用和互享，那么实际上就是一种变相的浪费。也就是说，二级学科及其教研室的扩张实质上是一种同质化的扩张而非互补性的扩张，它所导致的并不是哲学内部的和谐，而只是一种“单向度”的膨胀，所谓“和实生物，同则不继”即是。

第二，二级学科及其教研室由于自成体系而相互排斥。“受学科建设与评估的行政化制约，哲学二级学科一旦形成，通常会产生排他性。”① 哲学二级学科本就是行政干预的产物，虽然这些学科自 1997 年《授予博士、硕士学位和培养研究生的学科、专业目录》颁布以来便没有发生任何变化，从而似乎具有一定的合理性与稳定性，但二十多年来，

① 姚新中，陆宽宽．当代中国哲学的结构困境．哲学研究，2016（3）：121.

这种学科设置并没有使哲学教育变得更好，中国哲学研究始终未能取得突破性的思想创新。当然，哲学至今未能用汉语说话的原因是多方面的，但它至少从侧面说明，这种学科设置方式实际上更像一种思维定式，人们已经习惯了这种设置，因此也就适应了这种设置，而这种习惯反过来又为这种设置奠定了合理性基础，并最终导致一种惰性的思维与习惯。在以学科建设为中心的环境下，学科评估不仅未能发现这种多重标准下的学科设置的弊端，反而使二级学科的独立性和排他性变得愈发突出。二级学科本身具有独立性，再加上以学科评估为导向的二级学科扩张，最终使二级学科越来越庞大、越来越自成体系、越来越彼此独立。在学科资源相对有限的前提下，这种独立便会发展为同质性互斥，一个学科的加强便意味着另一个学科受到了削弱。这种同质性互斥导致的问题是，过分强调二级学科的专门化，各二级学科各自为营，老死不相往来，“不但使哲学教师和研究者的眼界受到限制，而且极易使原本需要哲学基础训练的本科生和研究生陷于一隅，甚或一叶障目不见泰山”①。这种哲学教育导致的结果常常是偏狭的，甚至是有害的。哲学本是一种无立场、无偏见的彻底反思，它应当教会人谦卑与宽容，让人认识到“洞穴”之外的世界，但哲学的过度专门化会导致各二级学科教研室的师生常常自以为真理在握而容不得他见。这种观念对哲学的存在而言是危险的。“虽然近年来部分高校哲学院系已经开始尝试淡化哲学二级学科之间的分野，强调本科阶段哲学的通识教育，但当前通行的评价和考核压力以及在学生培养环节对以往传统路径的依赖，使哲学二级学科的相对独立意识依然浓厚，打破教研室之间的壁垒依然困难重重。”② 当然，好的一面是，这些问题近年来已经开始得到党和国家的重视，党的十八大报告中也提出了“推动高等教育内涵式发展”。一些学者还在学科建设发展思路上提出四个转变，即从“布点”到“项目加平台”转变、从“二级”到“一级”转变、从“封闭”到“开放”转变、从“平行”到“相交”转变③，从而试图在学科建设上打破二级学科壁垒，倡导学科间以及学科内部的交流、交叉与融合，以实现高等教育的“内涵式发展”。这些思路为我们进行哲学改革提供了有益的借鉴。

---

① 姚新中，陆宽宽．当代中国哲学的结构困境．哲学研究，2016（3）：121．

② 同①．

③ 唐景莉．比名次更重要的是内涵．中国教育报，2013-03-18（005）．

第三，知识传递凸显，思想批判淡出。黑格尔说，哲学就是哲学史。我们在理解这句话时，需要明白“哲学史”的两层含义。哲学史的第一层含义是哲学的历史，即历史上的哲学家留下的各种哲学理论的集合。就此而言，哲学史作为知识乃是哲学不可或缺的有机组成部分，哲学教育必然离不开哲学理论和知识的传递。只有明白了哲学史，我们才能知道历史上的哲学家都思考了哪些问题，留下了哪些问题；只有知道了哲学史，我们才不至于愚蠢到把想出的每一个哲学问题都当作新问题，也不至于狂妄到认为哲学从自己学会思考的那一刻才开始。哲学史的第二层含义是哲学的历程，即历史上的哲学家思考哲学问题的过程。与前一层含义不同的是，这种哲学不是死的理论和知识，而是一种活的“在”，是哲学问题产生、批判、消失与循环的过程，是哲学思想之“流”，也是真正意义上的哲学。只有从这两个层面理解哲学史，我们才能更好地理解哲学。因此，对完整而健全的哲学教育而言，史与论不可偏废。不学史，人就会无知；不学论，人就没有智慧。然而，遗憾的是，哲学教育的这种史论兼顾的含义并没有得到很好的呈现，哲学教育更多的还是注重理论和知识的传递功能，这是最简单也是最直观、最有效的做法。相比之下，哲学教育中对学生问题意识、思考能力和批判能力的培养与提升，既难以操作又不易衡量，而且在学科评估与建设方面无法带来直接的益处，因此常常在哲学教育中被忽视乃至遗忘。由此导致的结果是，哲学教育为哲学事业培养了超额的从业人员，他们拥有相似的知识背景和理论基础，在就业上面临着同质性的生存竞争，知识越多，理论储备越深厚，生存的概率就越大，而这反过来越发加强哲学教育的知识传递功能。如此一来，不仅哲学变得越来越脱离生活，而且哲学教育无法有效地帮助学生反思和批判生活。哲学成了贩卖知识的营生，从而变得愈发知识化和专业化，也愈发成为名副其实的“无用之学”。正像罗蒂（Rorty）所说：“近几年以来，英语国家的哲学教授已经越来越难向他们的学术同行和社会详尽地解释他们为了谋生而做的事情了。哲学研究越是变得专业化和职业化，它就越少受到其他学术同伴或公众的尊重。到现代，它有某种被完全忽略的危险，像古典哲学一样被看作一种怪物，尽管很有魅力。”① 当然，哲学的知识化或专业化并

① 理查德·罗蒂. 哲学的场景. 王俊，陆月宏，译. 上海：上海译文出版社，2009：34.

非近些年才出现，也不仅仅是中国学界所面临的问题，而是自近代以来便在西方大学里出现了。正如华勒斯坦（Immanuel Wallerstein）等人所说，“近代知识结构主要是在哲学院里（在较小的程度上也在法学院里）确立起来的”，在 18 世纪末 19 世纪初，大学已经成为“创造知识的主要制度性场所”①。华勒斯坦等人还指出，“十九世纪思想史的首要标志就在于知识的学科化和专业化，即创立了以生产新知识、培养知识创造者为宗旨的永久性制度结构”②。总之，“哲学在学科定位上所肩负的教化重负，致使哲学学科身份模糊、学生生源保障无定、毕业去向不明。如果说当代中国哲学身处危机，可能有夸大其词之嫌，但当代中国哲学确实面临重重困境，则所言不虚”③。

① 华勒斯坦，等. 开放社会科学. 刘锋，译. 北京：三联书店，1997：8.

② 同①8-9.

③ 姚新中，陆宽宽. 当代中国哲学的结构困境. 哲学研究，2016（3）：121.

第四章　中国哲学的内在张力

无论从哪个角度看，中国哲学学科百余年的发展历程都算得上世界哲学史中的一道奇观。很少有哪个时期、哪个国家的哲学像中国哲学这般不得不在古今新旧、中西内外、战争与革命的多重夹缝中小心翼翼地寻求着思想的突破和理论的创新。在这样的时代和思想背景下，中国哲学的学科发展历程和学科建制使中国哲学从内部生发出三种张力。第一种张力表现为时间结构中传统中国哲学与现代中国哲学之间难以贯通的承续张力，第二种张力表现为空间结构中本土哲学与外来哲学之间形似实非的序列张力，第三种张力则表现为中国哲学在思想内容与表述形式之间的叙述张力。这三种张力共同作用于中国哲学的现代形态，使现代中国哲学内外交困、危机林立，既不能向前发展，又不能向后退守，从而只能在多重张力的包围中勉力维系，由此导致哲学的创新步履维艰、困难重重。因此，中国哲学要想在现时代取得创新性发展、迈进世界哲学之列，就必须想办法突破这三重困境，从而建构起既能承续传统、彰显中国特质，又能与外来哲学互镜、登上世界哲学舞台的当代中国哲学。

4.1　传统与现代之“续”

众所周知，传统与现代之间有着十分复杂而密切的联系。从历史发生的时间顺序说，传统是先于现代而存在的一种历史时期和社会状态；但从观念发生的逻辑顺序说，传统却又是现代的发明，是与现代相对而生的一种文化形态。人类只有在步入现代社会之后，才会意识到那个与现代既不相同却又不可分离的传统的存在。正如吉登斯（Antony Giddens）所说，“传统这个观念本身就是现代性的产物”①。换句话说，正是由于启蒙运动的发展和现代性的产生，人们才意识到传统与现代的区分，从而“使得现代/传统二元结构成为描述当下社会存在状态最为典范的叙事类型之一”②。因此，在对传统与现代（性）进行诠释时，二者往往彼此参照、相互定义。

在启蒙时代，一切都要经受理性的裁决，正如康德所说，“我们的时代是真正的批判的时代，一切都必须经受批判”③。理性的批判固然有助于现代性的确立，但当启蒙理性为了维护现代性的价值优位而放任理性尤其是工具理性的这种批判功能时，被现代性视为对立面的传统便有可能成为启蒙理性审判法庭上的牺牲品。于是，“启蒙思想家将传统视作教条和无知”④，是“可以轻易被抹除的不真实的结构”⑤，是“一成不变的历史陈迹”和“一些毫无根据的偏见或成见”⑥。在这种观念的指引下，启蒙向传统宣战，并试图以理性的方式清洗和改造传统，从而迫使传统变得“现代”和“文明”起来。“理性十足的常人不顾人之理性之正当范围和界限的限制，而强制性让理性进驻信仰领域，并放纵启蒙理性的狂妄，不再对传统、习俗保持一种敬畏的心态。”⑦ 当启蒙以一种近乎狂妄和复仇的姿态攻击传统时，实际上它不仅未能真正理解传统与现代之间的内在关联，反而是在摧毁现代的传统根基。因为，传统与现代之间并非如启蒙思想家所理解的那样，只是一种简单而直接的对抗与斗争关系，而是十分复杂的对立共存关系，正如吉登斯所说，“现代性在其发展历史的大部分时期里，一方面它在消解传统，另一方

---

① 安东尼·吉登斯．失控的世界．周红云，译．南昌：江西人民出版社，2001：36.

② 傅永军．现代性与传统．山东大学学报（哲学社会科学版），2008（2）：8.

③ 康德．康德三大批判合集：上．邓晓芒，译．北京：人民出版社，2009：3.

④ 同①37.

⑤ 同①.

⑥ 同②11.

⑦ 同②11.

面它又在不断地重建传统"①。我们说，在前现代的传统社会中，人们往往坚持一种循环的、轮回的历史和时间观，历史是不断重复的，发展不过是简单的循环，人们只需要铭记历史、效法过去，便能知晓现在和未来。在西方，赫拉克利特说世界的本原是火，火产生一切而后又吞噬一切，之后再重新产生新的世界；尼采也说世界处于永恒的轮回中。在古代中国，孔子认为，殷因于夏礼，周因于殷礼，其"损益"都是可以知道的，"其或继周者，虽百世，可知也"（《论语·为政》）；孟子更是声称"五百年必有王者兴"（《孟子·公孙丑下》）。而且，相比之下，兴衰罔替的这种循环性在中国历史中要比在西方历史中更能得到完整的体现，正如梁漱溟所说，"中国历史自秦汉后，即入于一治一乱之循环，而不见有革命"，"假如不是世界大交通，因西洋近代潮流输入而引起它的变革（如今日者），无人可想象其循环之如何打破"②。就连黑格尔也认为，"中国的历史从本质上来看是没有历史的；它只是君主覆灭的一再重复而已。任何进步都不可能从中产生"③。但在现代性的时间观念中，传统的这种循环历史时间观念消失了，历史成了直线的、不可重复的时间序列，当下与未来是不同的，过去与现在是有区别的，发展就意味着不断地超越过去和走向未来，历史时间中的内在关联性遭到了遮蔽，传统与现代之间的断裂也就产生了。这也就是启蒙为何不遗余力地要与传统决裂，从而确立现代性，因为传统意味着"旧"，而现代则意味着"新"，"迎新"就必须"除旧"。

但事实上，现代与传统之间并不存在这种绝对的对立关系。我们无论是反对传统还是保留传统，传统都内在于我们之中、内在于现代性之中。传统是现代得以破土而生的孵化器，是现代得以关照和开显自身的历史媒介，即便现代在启蒙理性的塑造下常常以反传统的姿态出现，但不可否认的是，现代性中始终流淌着传统的血液。正如伽达默尔所说，"在我们经常采取的对过去的态度中，真正的要求无论如何不是使我们远离和摆脱传统。我们其实是经常地处于传统之中，而且这种处于绝不

① 安东尼·吉登斯. 生活在后传统社会中//乌尔里希·贝克，安东尼·吉登斯，斯科特·拉什. 自反性现代化——现代社会秩序中的政治、传统与美学. 赵文书，译. 北京：商务印书馆，2001：72.

② 梁漱溟. 中国文化要义. 上海：上海人民出版社，2011：208-209.

③ 阿兰·佩雷菲特. 停滞的帝国. 王国卿，等译. 北京：三联书店，2007：扉页.

是什么对象化的行为，以致传统所告诉的东西被认为是某种另外的异己的东西——它一直是我们自己的东西，一种范例和借鉴，一种对自身的重新认识，在这种自我认识里我们以后的历史判断几乎不被看作为认识，而被认为是对传统的最单纯的吸收或融化”①。而且，传统并不就是理性的对立面，恰恰相反，传统作为“通过实践或者口耳相传之词把某物一代一代地传递或者流传下去的行动”②，其本身就是一种理性行为。“诚如伽达默尔所指出的那样，传统的本质就是保存，保存是一种‘理性活动’。那种认为只有新的东西、计划过的东西才符合理性的观点，是一种错误的观点。”③ 传统是现代的发明，或者更准确地说，传统是现代所生成的。传统并不是僵死的教条或固化的典章制度，传统的意义是不断开显和生成的，而这种开显的主要途径就是不断地阐释。“传统的‘完整’不是源于简单的时间上的延续，而是源于不断的阐释，这种阐释的目的在于发现连接现在与过去的纽带。”④ 正因为传统是在不断消逝又不断生成的，所以传统并不是固定不变的，而是不断发展和变化的。“认为传统不受变迁影响，这是很荒诞的。传统随着时间的流逝而不断演化，而且可能会突然改变或转化。如果说发明和重新改造传统这种说法可以的话，那我想说，传统是被发明的和不断被重新改造的。”⑤ 就此而言，我们有理由认为，启蒙完全误会了传统，它把传统视为理性的反面，从而将传统与现代对立和隔绝起来，这种做法不但不能“拯救”传统，反而会因为切断了传统与现代之间的内在连续性而使现代走向理性的虚无。因此，吉登斯不失时宜地向人类发出了警告：“认识到社会需要传统，这是完全理性和合理的。我们不应该接受世界应该放弃传统的启蒙思想。传统是必需的，而且总是应该坚持，因为它们给予生活连续性并形成生活。”⑥ 传统是不能抛弃的，与传统相对抗

---

① 伽达默尔. 诠释学Ⅰ：真理与方法——哲学诠释学的基本特征. 洪汉鼎，译. 北京：商务印书馆，2011：399.

② 彼得·奥斯本. 时间的政治. 王志宏，译. 北京：商务印书馆，2004：180.

③ 傅永军. 现代性与传统. 山东大学学报（哲学社会科学版），2008（2）：13.

④ 安东尼·吉登斯. 生活在后传统社会中//乌尔里希·贝克，安东尼·吉登斯，斯科特·拉什. 自反性现代化——现代社会秩序中的政治、传统与美学. 赵文书，译. 北京：商务印书馆，2001：81.

⑤ 安东尼·吉登斯. 失控的世界. 周红云，译. 南昌：江西人民出版社，2001：37-38.

⑥ 同⑤37.

的现代性是没有未来和出路的，因为传统与现代一样，是我们生活的一部分，我们只能以生活的真理来坚持和保存传统，这样才能组织传统进入现代，并赋予传统现代的理性和自由。“传统可能完全以一种非传统的方式而受到保护，而且这种非传统的方式可能就是它的未来。”① 这种非传统的方式，正是我们努力探寻的未来。

吊诡的是，启蒙运动虽然对传统展开了猛烈的抨击，但到头来，西方哲学在传统的承续和开新问题上处理得却远比中国哲学要合理和周全。哲学在古希腊诞生之初，就被毕达哥拉斯称作“爱智”。至于哲学为什么只是爱智而非智慧本身，苏格拉底给出了一个大体妥当的回答。他说“‘智慧者’……这个名称只有神才当得起”，至于人类，“称他们为‘爱智者’，或类似的名称，倒和他们很相称”②。这就意味着，在古希腊人眼中，“智慧”乃是神物，唯有神（如智慧女神雅典娜）才可以拥有，人只能通过爱和追求的方式靠近智慧，而永远无法拥有智慧。爱智慧的这种行为方式，就是哲学。仿佛是为了凸显这种智慧性，哲学的第一个问题就带有神性：什么是存在（是者）？或者说，什么是最本真、最基始的存在？是万千变幻世界背后不变的存在？真正从哲学高度提出这一问题的哲学家是巴门尼德，在他看来，是（存在）就是，不是就不是，是和不是之间没有任何共通之处。“是”不生不灭，是连续完满的整体“一”，是哲学的最高存在。其后无论是柏拉图的“理念”还是亚里士多德的“实体”，都在追问这个存在。只不过追问的内容由存在全体变为存在的本质、由整体变为部分。所有的“实体”都要求实现，即“隐德莱希”（entelecheia），这个“隐德莱希”达到了最完满的程度，也就成了基督教的“上帝”，上帝是唯一的实体，也是最完满的实体。

近代科学的发展和理性的进步必然要求哲学与科学联姻，于是，哲学的概念不得不接受科学的审查。这样做导致了两个后果：一是神学与哲学的分离（哲学的独立），二是哲学中的认识论转向。关于前者，笛卡尔说：“上帝和灵魂这两个问题是应该用哲学的理由而不应该用神学的理由去论证的主要问题”③；关于后者，我们知道，哲学史上的那些

---

① 安东尼·吉登斯．失控的世界．周红云，译．南昌：江西人民出版社，2001：42.

② 柏拉图．斐德罗篇//柏拉图全集：第2卷．王晓朝，译．北京：人民出版社，2003：202.

③ 笛卡尔．第一哲学沉思录．庞景仁，译．北京：商务印书馆，1986：1.

关于实体的纷争迫使哲学家们不得不诉诸更基础的方式来解决，即人类的认识能力问题。无论是笛卡尔的“我思故我在”、洛克的“白板说”还是莱布尼茨的“纹理说”，实际上都是在努力寻求科学的认识论共识，以便进一步推进形而上学的研究。但这种“倒退”直接引发了一系列的哲学“多米诺效应”。当唯理论和经验论还在为认识的来源问题争论不休时，休谟已经开始怀疑因果律只是人类的“习惯性联想”，这种有可能颠覆科学和认识大厦的“星星之火”直接逼出了康德的先验哲学。康德在哲学界发起了“哥白尼革命”，把认识的客观性从外界搬回主体，并把本体视为认识的“黑洞”，从而将其与现象界隔绝开来。近代哲学的主体性原则在黑格尔那里达到了顶峰，“绝对精神”成了最高的实体和存在，它的自我实现方式就是辩证法。马克思把黑格尔的辩证法颠倒过来，以实践统一思维和存在，从而把主体性哲学推向实践世界。“人的思维是否具有客观的［gegenstänadliche］真理性，这不是一个理论的问题，而是一个**实践的**问题。人应该在实践中证明自己思维的真理性，即自己思维的现实性和力量，自己思维的此岸性。”①

遗憾的是，马克思对于实践哲学的挺进在当时并没有得到西方哲学主流的认可，20世纪初的西方哲学仍旧是沿着前马克思的致思方式展开的。20世纪初，随着数理逻辑的发展，语言和逻辑的问题在哲学中占据了主导地位。对语言哲学家来说，人类之所以会有哲学的纷争是因为哲学的语言出现了问题，通过规范语言和逻辑，人类可以解决一切哲学问题。这就是维特根斯坦的那句著名的哲学宣言：“凡是可以说的东西都可以说得清楚，对于不能谈论的东西必须保持沉默。”② 在雄心勃勃的语言哲学家们的推动下，哲学界出现了一场规模浩大的语言学转向，并影响至今。20世纪的两次世界大战使哲学家们逐渐从语言的迷梦中醒来，从而发生了哲学的“生活转向”。虽然海德格尔仍宣称“语言是存在的家”，但这里的语言已不单单是逻辑，而是更多地指向诠释和意义。由胡塞尔开创的“现象学运动”把哲学的“生活转向”推向第一个高潮，此后，“人”重新回到哲学的中心，哲学开始从反思“存在者”而反思“存在”，从语言回到现实生活，由此催生出一系列哲学流派（存在主义、解释学、政治哲学、复兴的美德伦理学、法兰克福学

---

① 马克思恩格斯选集：第1卷．北京：人民出版社，2012：134．

② 维特根斯坦．逻辑哲学论．贺绍甲，译．北京：商务印书馆，1996：23．

派、后现代主义，等等)。这些流派中的很多思想至今仍活跃在西方哲学的大学课堂和学术研究中。

西方启蒙运动虽然对传统展开了无情的批判，但事实上，启蒙不但没有摧毁西方传统，反而在后续的思想发展中很好地继承和延续了古希腊以来的哲学遗产，尤其是20世纪西方哲学发生“生活转向”之后，这种继承更为突出。正如雅斯贝尔斯所说，“直至今日，人类一直靠轴心期所产生、思考和创造的一切而生存。每一次新的飞跃都回顾这一时期，并被它重燃火焰”①。西方哲学正是在不断返回传统中汲取智慧和力量，从而开拓出新的哲学思想。相比之下，中国哲学自近代诞生以来，“中国”与“哲学”之间始终未能产生良好的“化学反应”，以至于让中国哲学的现代形态与传统思想之间处于一种方枘圆凿的尴尬境地。

中国传统思想在没有成为“哲学”之前是有着“道统”的继承的。无论是以周公、孔子、孟子、荀子、董仲舒、程朱、陆王、颜元、戴震等人为代表的儒学传统，还是以老子、庄子、王弼、郭象、成玄英、王玄览等人为代表的道家传统，或是由印度而来的佛教传统，都有着自己的“道统”谱系。而且，在漫长的思想历史中，三教、“三统”之间一直在相互融合与吸收，一些儒家学者甚至常常出入于佛、老之间，于儒、释、道三家都各有精通。“三统”愈发成为中国传统哲学精神之“大统”。到了晚清和近代，随着西方思想的传入，中国学界曾积极地融合古、今、中、西的各种哲学思想，并试图以中学为本来消化西学，从而对古、今、中、西的哲学加以创新和会通。康有为的“大同说”、谭嗣同的“仁学”、章太炎的“俱分进化说”和孙中山的“民生史观”等，都是以中学为本来消化西方的进化论和民主平等理论所得到的思想成果。然而吊诡的是，在胡适、冯友兰等人创建中国哲学学科体系之前，中国哲学尚能“应对”西方哲学的挑战并做出转换性创造，而一俟中国哲学范式建成，中国哲学却“说不出话来”，丧失了与西方哲学对话的平等权利。当然，现代中国哲学建成之后，中国仍然出现了一些思想的创新，比如现代新儒家，尤其是冯友兰的“境界说”和牟宗三的“道德的形而上学”，但相比于康有为、谭嗣同、孙中山等人的哲学思想在当时中国社会所引发的思想冲动来说，现代新儒家哲学对于现代中国人的

① 卡尔·雅斯贝斯．历史的起源与目标．魏楚雄，俞新天，译．北京：华夏出版社，1989：14.

生活价值和意义的参与和影响确实要微弱许多。法国哲学家德勒兹等人曾说："严格地说，哲学是一门创造概念的学科。""哲学的目的就是不断地创造新概念。"① "假如人们在谈论一位哲学家时说：他没有创造什么概念，他没有创造自己的概念，那么这位哲学家还有多少价值可言呢？"② 由此我们也可以说，相比于中国的现代哲学家而言，中国的前现代哲学家的哲学概念确实有着更高的知名度和更大的影响力。当然，在当代中国哲学研究中，对现代中国哲学的批判并不算新鲜事，本书这里只是想指出，之所以会产生这一现象，原因之一就在于中国哲学未能很好地在承续传统的基础上开出现代中国哲学。康有为、谭嗣同等人之所以能在近代中国哲学史上有如此之成就，跟他们在传统哲学的基础上主动化解西方科学和哲学思想有着重要的关联，以至于后来"中体西用"成了这一时代的一个主流方法。"中体西用"固然存在诸多偏颇，但在哲学思想方面，它至少从某种意义上暗示着以有准备的中学思想为底色来回应"西学东渐"（近代化）的时代潮流。然而，中国的现代哲学学科的胡适—冯友兰范式建成以后，中国哲学实际上通过"反向格义"而被"西化"了，这样做的贡献之一当然是确立了中国哲学学科，但也使中国思想"哲学化"了，以至于中国传统思想不再能够成为一种生活方式，而只是一种哲学文本、一堆有待整理和清洗的材料。当传统退出生活，不再成为生活的一个构成部分（"知行不合一"）时，中国哲学的传统与现代之间得以传续的根基就被消解了。

首先，现代中国哲学无法承续传统而为个人生活提供安身立命的哲学根基。自古以来，传统中国哲学常常被理解为"修己安人"的学问和生活实践，尤其是儒家学者，常常以"传道弘毅"者自居，心怀天下苍生万物（"民胞物与"），不问富贵、不论贫贱、不惧淫威，"谋道不谋食"，"达则兼济天下，穷则独善其身"，以"为天地立心、为生民立命、为往圣继绝学、为万世开太平"为己任，在"道统"的旗帜下，树立了一个个光辉典范的君子和大丈夫形象，从而不仅影响并感化着一代又一代读书人，而且为千百年来的知识分子建造了一个安身立命的精神之邦。无论顺境还是逆境，无论得志还是失意，这些儒者都能从"儒家"

① 吉尔·德勒兹，菲力克斯·迦塔利. 什么是哲学?. 张祖建，译. 长沙：湖南文艺出版社，2007：205.

② 同①207.

（实际上是吸收了佛、道两家思想之后的儒家）的这些论述中汲取无尽的精神资源。正像杜维明所说，“传统是心灵的栖息地，是每一个人塑造理想的地方，我们的信仰、我们的人生观、我们的宇宙观，乃至人与人之间的关系和我们对自我的理解，皆发源于此”①。事实上，中国传统哲学的这种精神在中国哲学学科建立初期仍有所保留，冯友兰的人生“境界说”，尤其是其中的“天地境界”便是这种传统精神的直接体现。这也是中国哲学学科建立初期，很多哲学家都认为中国传统哲学实际上更像道德哲学的重要原因。但遗憾的是，随着西方哲学范式在中国学界的深化、固化，中国现代哲学开始强调哲学的“学术之知”，注重对传统文字章句的诠释和训诂，以澄清中国哲学中有关“天道义理”等概念的知识性内涵，从而逐渐放弃了对现代个体精神世界的关怀与建构，因而始终未能超越西方范式来“活化”这种传统精神。随着五四新文化运动时期对传统文化的强烈抵触、苏联教条主义的马克思主义在中国的确立和传播、“文化大革命”对传统文化的无情破坏（把传统视为封建糟粕加以清洗），以及改革开放后商品经济和西方现代、后现代思潮对中国落后社会的不断冲击，这种传统精神终于退出了中国人的现代生活场域和思想场域，并逐渐沦为一堆堆迂腐、陈旧、含混、无意义的文字和文献，只具有博物馆展览品的价值和意义。

其次，现代中国哲学未能承续传统而为现代社会生活提供价值范导。在中国传统社会，自周公“制礼作乐”以来，“礼”便成为规范中华民族的主要行为准则和价值范导，“夫礼者，所以定亲疏、决嫌疑、别同异、明是非也”（《礼记·曲礼上》）。春秋末年，礼崩乐坏，天下大乱，孔子承继周公之志，以恢复周礼为己任，“释礼归仁”，把外在的礼仪规范移入主体自身，转他律为自律，从而强化了“礼”的道德规范作用。孔子说：“人而不仁，如礼何？”（《论语·八佾》）又说：“仁远乎哉？我欲仁，斯仁至矣。”（《论语·述而》）唐、宋以后，理学兴起，理学家便“以理释礼”，将“礼”的来源追溯至形上之天，作为人间秩序的“礼”被视为“天理”的象征和体现，从而使“礼”的规范性被赋予了一层神圣性和威严感，由此形成了令后人口诛笔伐的“礼教”。如果我们暂且搁置宋、明以后“礼教吃人”的负面社会影响及政治后果，单

---

① 杜维明．中国传统文化的当代价值．江海学刊，2011（3）：6.

就“礼”本身而言，那么“理—礼—仁”的三维礼制结构在维护中国传统社会秩序方面所发挥的重要作用乃是不可估量的。忠、孝、节、义、礼、仪、廉、耻等“礼教”德目，上有“天理”的形上超越之源，下能直指人心，为人立身之本，于是在社会中观层面能够对社会生活的各个方面加以规范和引导，维护整个社会生活的公序良俗。然而，中国哲学学科建成以后并没有承接这一传统。无论是20世纪20年代的科玄论战、30年代的社会性质论战，还是现代新儒家中熊十力的本体论、梁漱溟的文化哲学、冯友兰的“理世界”、牟宗三的“道德的形而上学”，都未能真正建立起能够为现代社会生活提供价值范导的哲学观念。旧的价值被打倒了，新的价值却始终没有建起来，这成了现代中国哲学在后传统时代的一个最尴尬遭遇。新中国成立后，现代中国哲学在苏联教条主义的马克思主义和“文化大革命”的革命主义路线的轮番指挥下，不仅无法建立起有效的价值规范，甚至连传统本身都难以为继。再加上20世纪80年代以后西方思潮的大量涌入和市场经济的开放，自律的价值防线也遭到冲击，社会乱象丛生，现代中国哲学与传统中国哲学之间的实践性关联终于消失殆尽。

最后，现代中国哲学未能承续传统而为现代国家政治提供精神共识。众所周知，哲学是时代精神的精华，也是一个时代的精神共鸣，一个时代有什么样的哲学，往往意味着这个时代的家国、社会有什么样的精神特征。春秋战国是中国的轴心时期，传统中国哲学就是在这一时期突破而来。“轴心突破的一个最显著的标志是超越世界的出现，它和现实世界形成了鲜明的对比。”① 在余英时看来，中国轴心突破所产生的这个精神世界就是各家所称的“道”②，这种轴心突破的状况也就是庄子所谓的“道术为天下裂”。战国末年，强秦以武力统一天下，但用力过猛，三世而亡。汉初休养生息，与民无争，是以有黄老学之重。汉武帝时期，帝国胸怀与入世思想渐起，遂有汉代儒学博采百家而独尊，容纳阴阳五行、“天人感应”等学说为一体的广博体系。魏晋玄学的兴起和隋唐佛教的盛行，也都与当时常年战乱、民不聊生的时代精神状况有关。佛、道两教从魏晋到隋唐时期的发展和盛行给儒学带来了极大的冲击，为了复兴儒学、对抗佛道，宋明儒家在批判佛、道的同时积极吸收

---

① 余英时. 论天人之际. 北京：中华书局，2014：51.

② 同①32.

它们义理上的优点，加强对儒学本体论、心性论的完善，从而创造出儒学发展的新阶段——宋明理学。明代商品经济的发展使理学渐渐走向衰落，并催生出明末清初的思想解放思潮。只不过这种思潮随着清朝“康乾盛世”下的文化专制主义退潮成“乾嘉学派”的训诂考据研究。晚清以来的政治变局使“救亡”成为时代的主题，无论是康有为、梁启超等人的“借君行道”（维新变法）还是孙中山、黄兴等人的“觉民行道”（辛亥革命），实际上都是围绕“救亡”主题展开的。辛亥革命后，新文化运动承续了“觉民”的启蒙重任，并与五四救亡运动合流，从而造就了现代中国历史上“启蒙与救亡的双重变奏”（李泽厚语）。但此后 30 年，随着西方范式（包括马克思主义范式）的进入和确立，中国哲学在化传统为现实方面便显得有些后劲不足。这一时期的现代中国哲学要么沉迷于“象牙塔”中以西方哲学范式建构自己的哲学体系而不问世事，要么干脆抛开西方哲学范式而回到传统方式来整理国故，或者虽然有意识地参与到“启蒙与救亡”的时代潮流中，但往往难以承续传统精神或流于论战宣传而过于浅白。相比于康有为、谭嗣同、孙中山等人，这一时期的哲学家在传统与现代之间的承续和转换方面虽有作为，但终嫌不足。新中国成立后，教条主义的马克思主义和革命主义的政治斗争使现代中国哲学事业步履维艰，甚至出现了停滞和倒退，直到 20 世纪 80 年代才重新蹒跚起步。但随后而来的经济开放和外国思潮的大量涌入又使国人目不暇接、躁动不安，整个社会都变得急功近利，传统哲学的那种“义利之道”在经济大发展的浪潮中节节溃败，以至人性异化。正是由于中国社会长期以来的波动变迁以及对传统文化的盲目批判，才使现代中国哲学在时代精神面前既没有反思的抓手，也缺乏深入的土壤，从而导致在为现代国家政治提供精神共识方面始终无法做出有效的回应。

五四以来，尤其是“文化大革命”时期对传统文化的反叛和清洗对中国哲学的发展造成了多方面的影响，就现代中国哲学的创新与传统之间的关联而言，这种影响中存在着大量的负面因素。对于五四时期的反传统意识，杜维明曾指出，“当时对儒家的阴暗面是用放大镜来看的。这终于把儒家传统的阴暗面突出了，什么三纲，都是权威主义、男权主义、专制主义”。他还说：“不过这些人可能过于乐观，他们认为通过批判，将中国传统的糟粕彻底地消除，中华民族就可以在新的时代、新的平台上向西方学习了。这里的困难在于，文化的发展，特别是中国传统文化的发展，我们不能把它看成一个静态的结构，应该把它看成一个动态的过程。在动态的过程中，传统文化必须有向前推进的认同。如果认同扩散，要对外面的环境进行适应，会有很大的困难；认同太强了，可能会变成封闭的观念。”① 我们说，传统作为现代的精神前身，当然应该批判地继承，但批判本身并不是目的，批判不是为了放弃传统，而是为了更好地“活化”传统，让传统更好地参与到现代生活的建构中。如果传统成了死物，那么现代又怎么可能在一片没有生命力的焦土上开花结果？就此而言，现时代的中国哲学在创新问题上首先要解决的问题就是如何对待我们的传统，或者更准确地说，如何让传统“活化”，让传统进入现代。但与此同时我们也需要注意，传统与现代是不可分离的，我们“活化”传统不是为了回到传统，而是为了现代，为了化解现代化所面临的困境，从而在根本上为现代人的生活服务。因此，“活化”传统不等于“复古”，而是为了更好地实现现代化。现代中国哲学只有批判地继承传统、立足中国现实、放眼全球，才能在现时代化解传统与现代之间的多维张力，从而更好地实现哲学创新。

4.2　本土与外来之“序”

“本土”是一个地域性的空间范畴。当我们用“本土哲学”指称“中国哲学”时，我们想突出的主要是传统哲学的这种独特的“中国性”身份标识。如果说中国哲学的传统与现代之“续”所强调的还是中国哲学内在的历时性转换和开新的话，那么中国本土哲学与以西方哲学为代表的外来哲学之“序”所突出的便主要是不同空间的哲学和文化之间所产生的碰撞、冲突、创造。和传统与现代之间的思想承续问题不同，本土哲学与外来哲学之间的序列问题所处理的主要是中国本土哲学如何面对并回应与自身不同的哲学“他者”的问题。本土哲学要不要引进和吸纳外来哲学，外来哲学在本土文化中应占据何种思想地位，是全面吸收还是部分吸收，吸收哪些部分，如何吸收，等等，所有这些都是摆在当时和现代的哲学家与知识分子面前的重大时代问题。

---

① 杜维明．中国传统文化的当代价值．江海学刊，2011（3）：6.

众所周知，近代以来，关于外来哲学要不要进入中国本土哲学和文化以及如何进入、进入多少等问题，最初做出试探性尝试的主要是洋务派，其代表性思维方式和理论成果就是著名的“中体西用”说。“中体西用”即“中学为体，西学为用”，这是洋务派在顽固守旧和激进革新之间的对垒中酝酿出来的一种折中思路。我们说，在一个时代刚刚开启时，守旧者往往比开明者具有更敏感的神经。对开明之士而言，只要是先进的东西，皆能为我所用，而且应当为我所用，所以他们更倾向于看到西学的利好和优长，从而大胆地向西方学习，引进西学，但对于引入西学后是否会产生“消化不良”的问题则关心甚少。但守旧者则不像开明之士那般乐观，他们似乎从一开始就直觉地认为“西学”与“中学”之间存在着某种天然的矛盾和冲突，“西学”是不折不扣的思想和文化异端，再加上他们对传统中国所谓“天朝上国”的盲目自信，对传统文化典章制度的迷信崇拜，对西方科技文化的无知，从而最终导致他们选择保守固封，拒斥外来文化。

当然，在一个封闭僵化的环境中，思想保守往往是更安全也更少需要自我证成的理论态度；如果要想做出革新，即便只是点滴的革新，也都是需要付出巨大的努力和代价的。正如鲁迅所喟叹的那样：“中国太难改变了，即便搬动一张桌子，改装一个火炉，几乎也要血”①，而且流了血也未必搬得动、改得成。由此可见，观念的改变是一项多么艰苦的事业。面对顽固的守旧派，洋务派选择了革新，虽然迈出的只是一小步，但他们仍然需要向保守派的卫道者们证明，为什么“西学”的引进是可能的、必要的甚至有益的。然而，做到这一点并不容易。除了其中的理论难题之外，洋务派本身还面临另一种身份难题：洋务派虽然意欲革新，但他们的身份首先还是心系“庙堂之高”的晚清士大夫，他们不仅要维护清朝的统治，而且要维系孔孟道统的文化谱系，只有这样，他们才能保持自身的政治和文化身份。所谓“天不变，道亦不变”，于他们而言，虽然鸦片战争的失败业已证实西方国家在器物层面的胜利，但这种胜利还远未达到使中国“变天更道”的境地。所以，“中学”的本体地位是不可放弃的，问题的关键就在于如何论证“西学”之用不仅不会危及“中学”的本体地位，而且能够更好地推动“中学为本”。为此，

---

① 鲁迅．鲁迅文萃：杂文．北京：文化艺术出版社，2003：16.

洋务派首先利用守旧派屡屡指责西学技艺乃是剽窃中国古学之“绪余”的说法并反其道而用之，提出了“西学中源”说，从而证明了西学可用。“西学中源”说的逻辑简单明了：既然西学的大部分技艺都是中国古代原本就有而后才传到西方去的，那么而今回过头来学习西方的学问就不过是一种“失礼求诸野”的表现，是对中学之范围和内容的补充与扩大，而不是对中学之地位的颠覆。“西学中源”说虽然部分回应了守旧派的质疑，并且在学理和实践上推进了中西文化之间的交流，但随着这种交流的深入，“西学中源”说的不足逐渐暴露出来，其中最主要的问题就在于它未能清楚地阐明中西文化之间的内在关系。即便西学源于中国，但它既然已经成为西学，就有它独特的学理逻辑和文化命题，当西学大范围进入中国后，它与传统中学之间到底应当是一种什么样的关系？二者之间是否存在本末主次之差别？又会对彼此造成什么样的影响？进而，是否应当学习那些无法在传统中学中找到与之相对应的学问的西学？这些问题都有待更深入的探讨。在这种时代条件下，为了更好地推动西学的扩大，“中体西用”的命题就应运而生。

“体”“用”是中国古代哲学中本有的范畴。“本”者，本体、根本；“用”者，功用、运用。“中体西用”的表述从表面上看是在强调以“中学”为形上之本体、以“西学”为器物之功用，但随着国人对西方技术、经济、体制、文化、思想等了解的不断深入和推进，“本”与“末”、“体”与“用”之间的界限开始变得愈发模糊不清。按照一些学者的理解，实际上在洋务时期的文化争论中，不管是哪一方，他们使用这一概念和说法其实都只是在通俗意义上使用，没有对其内涵加以深入探究，而他们这样使用主要是为了用这些人们所习惯的字眼来突出中学和西学何者为主何者为辅、何者为最高原则何者为具体方法等一些界限本身就不甚明晰的意涵而已。① 虽然这种按照主次轻重的方式来对待中学和西学的态度在洋务运动之前便已经出现，但事实上直到冯桂芬在《校邠庐抗议》中提出“以中国之伦常名教为原本，辅以诸国富强之术”②，才真正勾勒出“中体西用”的大致轮廓和雏形。“中体西用”虽然确立了以中学为主体和根本、以西学为功用和辅助的基本格局，但在

① 丁伟志．“中体西用”论在洋务运动时期的形成与发展．中国社会科学，1994（1）：104.

② 冯桂芬．校邠庐抗议．上海：上海书店出版社，2002：57.

内在意图上，洋务派实际上所做的是在中学的名义下进行西学的传播和推广，“换句话说，这个‘中体西用’论式的问世，是在信誓旦旦地确保‘伦常名教’所代表的既有政治秩序和道义信念不变的前提下，主张破除成规习见，采用西方近代文化成果以为富强之术”①。进而言之，如果从另一种意义上看，强调“中体”或许只是一种形式上的基本原则甚至必要策略，其真正或主要意图还是突出“西学”之现实功用。正如李鸿章在给友人的信中所说，“中国所尚者道为重，而西方所精者器为多。……欲求御外之术，唯有力图自治，修明前圣制度，勿使有名无实；而于外人所长，亦勿设藩篱以自隘，斯乃道器兼备，不难合四海为一家”②。这名义上是在标榜“道器兼备”，但在具体的实践和作为上主要还是“勿设藩篱以自隘”，从而学习“外人所长”。就此而言，“中体西用”虽标榜“西学之用”需要有“中学为体”以为根本和督导，但实际上则是“中学之体”需要有“西学之用”以为正名和守护，从而以“器之用”卫“道之本”。这一点薛福成在《筹洋刍议》中有直接的论述：“今诚取西人器数之学，以卫吾尧、舜、禹、汤、文、武、周、孔之道，稗西人不敢蔑视中华。”③ 也就是说，中国自古以来因为专宗形上之道而忽视了形下之器的利用，于是后者渐渐成为西学之精，并对中国造成了巨大的伤害。因此，为了自强，中国应当重新重视对器物的利用，善发其器，并用形下之器以卫形上之道。

随着洋务运动的深化，洋务运动的口号从前期的“自强”逐渐转为后期的“求富”。但此时洋务派内部的一些有识之士开始意识到西方之所以富强乃是由于“重商富民”的政策以及其背后的一整套相应的政治体制，而非简单的西洋技术和西洋器物所能涵盖。于是，人们对“西学”的认识以及对何谓“西用”的理解开始发生变化并逐渐扩大，从而最终走向了“西洋立国有本有末，其本在朝廷政教，其末在商贾”④ 的论语。但这样一来，就为“中体西用”的范式和格局埋下了隐忧。因为，既然西学也有本、有末，而且本在政教、末在商贾，那么中国要学

① 丁伟志．“中体西用”论在洋务运动时期的形成与发展．中国社会科学，1994（1）：107.

② 同①109.

③ 薛福成．筹洋刍议·变法//戊戌变法：第1册．上海：上海人民出版社，2000：160.

④ 郭嵩焘．福建按察使郭嵩焘条议海防事宜//洋务运动：第1册．上海：上海人民出版社，1961：142.

习西方的先进文化，就不应当只局限在西学之末，局限在器物技艺层面，而应当上升到政教之本。正如钟天纬所指出的，欧洲各国之所以能“政教修明，民生熙皞，国势日臻富强，而究其本源，不外乎通民情、参民政而已”[①]。但这样一来，洋务派便面临一个无法回避甚至无法回答的难题：既然西方国家富强的根源在于西学之本——政教，那么中国要富强便不得不学习之，而一旦学习了西体，那中体该置于何处？洋务运动中的先进人士认识并提出了这个问题，但却无力回答这个问题，从而最终又退回到“守尧、舜、文、武之法，绍危、微、精、一之传”[②]的“中体西用”格局中。虽然他们尽量缩小了“中体”的内涵并扩大了“西学”的范围，从而在实际上改变了“中体西用”的具体内容，但由于受时代所限，他们还是无力突破传统文化的纲常名教，更不可能对专制政体进行改革，从而最终无法跳出这一藩篱和窠臼。

甲午海战失败后，“中体西用”模式始终未能突破君臣之道、名教纲常的束缚，因此当维新派以“变法”的口号出现在历史舞台上时，洋务派便立刻成了旧时代的守护者。我们说，虽然洋务运动后期许多洋务派人士开始意识到“中体西用”格局不利于西学的扩大，但他们仍旧小心翼翼地在“中体”的旗帜下进行着西学的引进工作。于他们而言，中学作为本体虽然可以在不得已的情况下进行范围压缩，但却是不可变革的底线，所以当康有为、梁启超等维新派试图进一步消解乃至混淆“中体”与“西用”之间的格局和序列时，便不能不引起洋务派的反击。众所周知的代表张之洞“中体西用”宣言的《劝学篇》便是在这一时期为与维新派划清界限而作，两派的对垒由此可见一斑。康有为等维新派人士虽然也提“中体西用”，并且强调中学、西学并重，不可偏废，但从实际的变法方案所效法的俄国“彼得改制”和日本“明治维新”来看，康有为等人对“中体西用”的提倡主要是一种政治掩护，其目的还是对传统中学予以革新和变质，虽然未曾达到以西学为本体的地步，但至少已经突破“中学为体”格局，并开始尝试“会通中西”。当然，康有为等人宣扬“会通中西”并不只是在表面上泛泛而论中西文化之间的互补和交流，而是对西学之真意有着较洋务派更清醒、深刻的认识。在维新派

---

① 丁伟志．“中体西用”论在洋务运动时期的形成与发展．中国社会科学，1994（1）：112．

② 郑观应．盛世危言．北京：华夏出版社，2002：19．

看来，西方之强并不在“军兵炮械之末，而在其士人之学、新法之书。凡一名一器，莫不有学”，这才是它们能够“开辟地球，横绝宇内”[①]的根本原因。因此，维新派提倡“会通中西”，实际上是希望通过“提倡学习西方资本主义国家治国建邦的西学，推进中国的变法改制，以求达到‘欧美之新法，日本之良规，悉现于我中国大陆’的目的”[②]。这些要求显然已经超出洋务派“中体西用”的旧制，并在某种程度上已经触摸到“西体西用”的边缘，因而自然就不能为洋务派所认可。于是，此前作为进步代表的洋务派，从面对守旧派时所强调的“西用”的战线上撤退，开始在与维新派的战场上竖起“中体”的大旗，从而最终走向了保守。维新变法虽然最终以失败告终，但它确实进一步打开了国人的眼界，在突破“中体西用”的基础上“会通中西”，逐步消解乃至混淆着中西之间的体用格局和界限。其后孙中山领导的资产阶级民主革命，不仅将“西体”的政治体制付诸实践，促进了国人的“政治觉悟”，而且宣告中国向西方学习的步伐正式迈入“由技进道”的历史文化时期。

辛亥革命虽然使“共和”观念深入人心，但其最终的失败也让国人意识到“政治的觉悟”仍然不是最后的觉悟，于是在新文化运动的潮流中，“民主”和“科学”的大旗被高高举起，向西方学习的热情由“政治的觉悟”上升至“伦理的觉悟”。然而，与此同时，第一次世界大战的爆发也使一部分知识分子意识到西方文明中蕴藏着巨大的危机，于是在反思西学的同时，他们的眼光重新回到了东方。比如，梁启超在第一次世界大战结束后到欧洲进行了为期一年的游历和考察，结果对欧洲文明大失所望，不仅发现“西洋文明已经破产了”，要等着输入中国文明来救拔[③]，而且发现整个西方国家已经危机四伏、自顾不暇，欧洲文明不能拯救世界和中国，甚至欧洲“文明灭绝的时候快要到来了”[④]。追昔抚今，只有中国“先秦诸哲，隋唐诸师”[⑤]的哲学才是真正的“精深博大”[⑥]，只有跟着孔子、老子、墨子三位圣人开辟的道路往下走才能

① 康有为. 日本书目志//康有为全集：第3集. 北京：中国人民大学出版社，2007：263.

② 丁伟志. “中体西用”论在戊戌维新时期的嬗变. 历史研究，1994（1）：141.

③ 梁启超. 欧游心影录. 北京：商务印书馆，2014：22.

④ 同③21.

⑤ 同③51.

⑥ 同③49.

开辟出广阔的境界。总之，我们要“尊重爱护本国文化”[①]，以中国文化为本，吸收西方文明的一些长处，创造出一种新的文化体系，这样才能拯救我们自己和行将破产的西方文明。这基本上又回到了“中体西用”的老路。

现代新儒家的奠基人梁漱溟也持有类似的见解。在梁漱溟看来，文化就是一个民族的生活样法，而生活就是无尽的意欲（will）和不断的满足。[②] 人类对待自己的意欲有三种解决路径：一是“本来的”路向，这是奋力取得所要求的东西、奋力向前的路向；二是“调和的”路向，它不求解决问题，而是在此境上求得满足，是对自己的意欲加以调和、持中；三是“向后的”路向，它违背人的本性，遇到问题时便想着取消问题，对欲望持禁绝态度。[③] 第一种是西方文化的路向，它以意欲向前为根本精神，在思维方式上以理智为特征，在哲学上重知识论，着重解决人与自然的关系问题；第二种是中国文化的路向，它以意欲调和为根本精神，在思维方式上以直觉为特征，在哲学上重人生论，着重解决人与他人的关系问题；第三种为印度文化的路向，它以意欲反身向后为根本精神，在思维方式上以现量（感觉）为特征，在哲学上重宗教，着重解决人与自我的关系问题。此三种文化路向实为递进关系。[④] 在梁漱溟看来，西方文明意欲向前，基于理智的思维方式，把自然和社会作为研究的对象，最终产生民主和科学这两大成果。这种“求诸外而不求诸内”[⑤] 的文化路向虽然取得了改造自然的巨大成就，使器物和制度日新，但也产生了许多弊端，走到了尽头，以至“他们精神上也因此受了伤，生活上吃了苦”[⑥]。所以，梁漱溟认为，文化的第一种路向最终要转向第二种路向，即由西洋的态度转向中国的态度。中国文化以意欲调和为根本精神，求诸内（己）而不求诸外（人），讲究人与自然之间的和谐，因此最符合人类的生命本性。孔子的学说不是思想，而是生生不已的生活，自孔子以来的儒家把宇宙生命看作总体和谐的，对于万物的生命欲不加阻碍而任其自然流转，赞天地之化育而与天地同参。因此，

---

① 梁启超．欧游心影录．北京：商务印书馆，2014：50.

② 梁漱溟．东西文化及其哲学．北京：中华书局，2013：26.

③ 同②58.

④ 同②190.

⑤ 同②179.

⑥ 同②68.

以儒家文化为代表的中国文化如今既能拯救西方文化所产生的精神痛苦，同时也符合从“人对物质的问题之时代而转入人对人的问题之时代”① 这一时代变迁，是最合理、最可取的文化，而未来世界的文化就是中国文化的复兴。

20 世纪初，在向西方学习的总体潮流中，虽然这种文化复古倾向并非空谷足音，但“西化”倾向毕竟是主流话语，而且复古与西化双方各有一些激进的观点，于是两方对垒，最终推演出 20 世纪 30 年代著名的“全盘西化”和“中国本位”的文化争论。这可以被看作“中体”与“西体”在文化领域的一次正面交锋。1935 年 1 月，王新命、何炳松等十位教授联名发表了《中国本位的文化建设宣言》(以下简称“《宣言》”)，在《宣言》中，十教授指出，由于西方文化的冲击，中国在文化领域已经消失，与此同时，中国的政治、社会、思想等已经失去中国特征，因此由它们所化育的人民算不得中国人。② 总之，现代世界里不仅没有中国文化，甚至没有中国人。于是，为了重新使中国在文化领域中抬头，使中国的政治、社会、思想等具有中国特征，就“必须从事于中国本位的文化建设”③。具体来说就是，“必须用批评的态度、科学的方法，检阅过去的中国，把握现在的中国，建设将来的中国”④。平心而论，这篇文章的观点和表述即便用现代眼光来看，也算得上客观而公正，例如，它一方面反对文化复古，认为历史不能也不需重演；另一方面反对照搬照抄英、美以及苏、意、德等国的策略，认为这些策略“都是轻视了中国空间时间的特殊性”⑤。因此，这篇《宣言》一经发表便引起极大的关注，有赞同者，但也不乏反对者。反对者中势力和影响最大的一派就是全盘西化派，原因在于，十教授的这篇《宣言》看似四平八稳、各方调和，但它的矛头却直指反传统的西化派。因此，《宣言》发表后不久，便遭到了来自胡适、陈序经等全盘西化派人士的反驳。

1935 年 3 月底，胡适发表《试评所谓“中国本位的文化建设”》一文，文中指出，十教授所谓的“中国本位的文化建设”实际上就是“中

① 梁漱溟. 东西文化及其哲学. 北京：中华书局，2013：180.

② 罗荣渠. 从“西化”到现代化：中册. 合肥：黄山书社，2008：417.

③ 同②418.

④ 同②418.

⑤ 同②419.

学为体，西学为用”的新式装扮，“中国本位”不就是“中学为体”吗？采取批判的态度，吸收其当取，不就是“西学为用”吗？[①] 因此，尽管十教授口口声声说“不守旧”，主张“取长舍短，择善而从”，但他们既然舍不得那个“中国本位”，所以也就是在“最时髦的折中论调”的遮蔽下从事着文化复古的营生。[②] 针对十教授所担忧的中国文化、政治、社会、思想中中国性的消失，胡适表示这种担心是完全不必要的。“文化本身是保守的”[③]，“文化各方面的激烈变动，终有一个大限度，就是终不能根本扫灭那固有文化的根本保守性，这就是古［往］今来无数老成持重的人们所恐怕要陨灭的‘本国本位’”[④]。无论物质生活、政治制度、思想学术怎么变，日本人还是日本人，中国人还是中国人。所以，不是中国的政治形态、社会组织、思想内容失去了它的特征，恰恰相反，“中国今日最可令人焦虑的，是政治的形态、社会的组织和思想的内容与形式，处处都保持中国旧有种种罪孽的特征，太多了，太深了”[⑤]。中国旧文化的惰性是如此可怕，以至于我们完全不必为“中国本位”担忧，反而应该充分世界化或全盘西化，借世界文化的“朝气锐气来打掉一点我们的老文化的惰性和暮气”[⑥]。

陈序经同样反对文化复古和文化调和，并且更直截了当地提出要全盘西化。在他看来，十教授虽然说“不守旧、不复古”，但他们的《宣言》仍旧“跳不出三十五年前张之洞所画的圈子”，仍旧是“中体西用”。[⑦] 对陈序经来说，中国文化无论哪一方面都比不过西洋文化，我们觉得好的，远不如别人好，我们觉得坏的，又比人家觉得最坏的还要坏千万倍。[⑧] 中国过去已经吸收了不少西洋的糟粕，这些糟粕是不容易去除的，以后应当格外注意连精华也吸收进来，这些精华加上不容易去除的糟粕，不就是全盘承受、全盘西化吗？[⑨] 但陈序经也指出，全盘西

---

① 罗荣渠．从“西化”到现代化：中册．合肥：黄山书社，2008：447.

② 同①448-449.

③ 同①449.

④ 同①450.

⑤ 同①451.

⑥ 同①451.

⑦ 陈序经．陈序经文集．广州：中山大学出版社，2004：27.

⑧ 杨深．走出东方：陈序经文化论著辑要．北京：中国广播电视出版社，1995：255-256.

⑨ 同①492.

化并不是说今日西洋文化“已臻完善至美”，而是说“中国文化根本上既不若西洋文化之优美，而又不合于现代的环境与趋势，故不得不彻底与全盘西化”①。全盘西化虽不免吸收西洋文化的短处，但既然我们的短处更短，那么全盘西化对我们而言便反而是长足的进步了。

在胡适等人的反驳下，十教授不得不为自己辩护，于是便在 1935 年 5 月发表了《我们的总答复》。在答复中，十教授指出，他们的主张和“中体西用”并不相同，“中体西用”把物质和精神分作两段，主张用中国的精神文明支配西方的物质文明。但实际上物质和精神并不能分开，而是一个东西的两个方面，有什么“体”便有什么“用”，说“中体西用”是不通的。② 他们所说的“中国本位”，“不是抱残守缺的因袭，不是生吞活剥的模仿，不是中体西用的凑合，而是以此时此地整个民族的需要和准备为条件的创造”③。在此基础上，所谓“中国本位的文化建设”，就是“在纵的方面不主张复古，在横的方面反对全盘西化，在时间上重视此时的动向，在空间上重视此地的环境，热切地希望我们的文化建设能和此时此地的需要相吻合”④。至于这“此时此地的需要”的内容，具体来说就是“充实人民的生活，发展国民的生计，争取民族的生存”⑤。十教授的总答复依然没有令西化派满意，其关键问题之一，正如严既澄所批评的，如果说“此时此地的需要”只是这三件事的话，如今几乎没有哪个国家不是在致力于这三项事业，既然如此，又何必非要加上“中国本位”?⑥

中国本位和全盘西化之间的文化争论，如同大多数学术争论一样，没有形成定论，也不存在所谓的胜负之分。之所以如此，一个重要原因就在于，双方通过这场论战彼此都有所让步，并且都对自身观点进行了修正。比如，西化派在这场论战中吸收了中国本位文化派的合理批评，后者批评说，所谓全盘西化，“就是中国固有的文化纵有可存，也不应存，西方文化纵有可舍，也不应舍”⑦。这一批判不可谓没有分量。如

① 杨深. 走出东方：陈序经文化论著辑要. 北京：中国广播电视出版社，1995：258.

② 罗荣渠. 从“西化”到现代化：中册. 合肥：黄山书社，2008：508.

③ 同②506.

④ 同②506.

⑤ 同②509.

⑥ 同②513-514.

⑦ 同②469.

此一来，西化派开始反思“全盘西化”这一提法，并逐渐意识到“现代化”并不等同于“西化”，并逐渐从主张“全盘西化”开始转向“现代化”。这种转变的意义，正如冯友兰后来所指出的那样，“从前人常说我们要西洋化，现在人常说我们要近代化或现代化，这并不是专是名词上改变，这表示近来人的一种见解上底改变。这表示，一般人已渐觉得以前所谓西洋文化之所以是优越底，并不是因为它是西洋底，而是因为它是近代底或现代底。我们近百年来之所以到处吃亏，并不是因为我们的文化是中国底，而是因为我们的文化是中古底，这一个觉悟是很大底”①。与此同时，十教授开始澄清乃至修正自己原先的观点，认为自己并不主张复古守旧，甚至开始认同西化和现代化的倾向。在《我们的总答复》中，他们明确指出，文化应随着时代而变动，复古乃是自寻死路，不仅不能以保守的态度来阻止文化的演进，反而“还必须扶着时代的大轮，努力踏上日新又日新的前程”②。由此可见，他们虽仍以中国的特殊性来反对全盘西化的主张，但至少并不反对西化的道路和倾向，在“复古”和“西化”之间，他们的旗帜最终还是偏向了“西化”，或者更准确地说，偏向了“现代化”。于是，这场轰轰烈烈的争论虽然最终不了了之，但双方经过此番交锋，逐渐认识到了名目繁多的文字歧义背后所隐藏着的共同性问题。既然向后走是绝路，便只能向前；但向前又不能成为西方的附庸，于是便不能全盘西化。最终的出路，也许就是二者在学理上所达成的默契共识：现代化。民族性和时代性的张力在此似乎暂时觅得了新的出路。

当然，这一时期的哲学和文化争论除了中西格局之间的交锋与对垒外，马克思主义思想实际上也开始加入其中。正如有些学者所指出的，“‘五四’以后中国思想界最显著的变化，就是近代以来的‘中’与‘西’、‘古’与‘今’的二元对立演变为中、西、马三种文化相互斗争而又错综交融的复杂态势”③。只不过由于马克思主义在20世纪初刚刚进入中国，其与中西文化之间的交融、汇通在此时尚未形成大气候。但如果我们从当代思想史的线索加以回溯的话，或许张申府当时

① 冯友兰. 三松堂全集：第4卷. 郑州：河南人民出版社，2000：205.

② 罗荣渠. 从“西化”到现代化：中册. 合肥：黄山书社，2008：506.

③ 杜运辉. “三流合一”与二十世纪中国文化的融通和超越. 中国社会科学，2015 (4)：25.

的“三流合一”说可以成为一种具有启发意义的观点。张申府于20世纪20年代中期就开始试图超越旧的东西文化之争，希望在唯物史观的基础上对所有旧的东西重新加以评估和衡量，从而创造出一种既能超越中国旧文化和西洋近代文化，又能吸收双方之优长的“第三文化”。到了20世纪30年代，他开始提出“三流合一”，而所谓“三流”，就是孔子、罗素和列宁。张申府曾在他编辑的一篇文章的按语中说：“我的理想：百提（罗素），伊里奇（列宁），仲尼（孔子），三流合一”①；到了20世纪40年代，他仍旧表示：“我始终相信，孔子、列宁、罗素是可合而一之的。我也始终希望，合孔子、列宁、罗素而一之。”② 在张申府看来，孔子代表的是“中国古来最好的传统”，罗素代表的是“西洋历来最好的传统”，“表示最进步的逻辑和科学”，列宁代表的是“世界新的方在开始的传统”，代表“集过去世界传统最优良成分大成的一般方法”③。三者之间不但没有冲突，而且可以相互补充。“合孔子、罗素、列宁而一之的新体系是新世界中的新中国的新指标、新象征。”④ 虽然张申府对未来中国和世界哲学“三流合一”的倾向充满信心，但这种思想在当时乃至后来的很长一段时间里并不太受重视甚至不太受欢迎。比如陈伯达在1940年就批评张申府将这三种哲学并列起来的观点，在陈伯达看来，现在和将来的“新哲学”都将是辩证唯物论，除此之外，没有什么“新哲学”。“三流合一”的哲学不过是一种折中主义的企图。⑤ 总体而言，“三流合一”的哲学观在当时的接受和认可度是比较低的。这除了与当时的政治环境、马克思主义研究中出现的教条主义倾向以及张申府的政治身份有关之外，也与其理论表达上的简单化和模糊性等理论局限有关。⑥ 因此，进一步阐发“三流合一”思想中有价值、有意义的内容的任务就落到了对其兄之思想报有深切同情的

---

① 张岱年. 关于新唯物论//张岱年全集：第1卷. 石家庄：河北人民出版社，1996：133.

② 张申府. 家常话//张申府文集：第3卷. 石家庄：河北人民出版社，2005：434.

③ 同②.

④ 同②.

⑤ 方克立. 从曲高和寡到主流话语——张申府“三流合一”思想的历史命运. 河北师范大学学报（哲学社会科学版），2013（5）：60.

⑥ 杜运辉. “三流合一”与二十世纪中国文化的融通和超越. 中国社会科学，2015（4）：34-36.

张岱年肩上。

张岱年是较早接受和认同“三流合一”思想的学者，但他也认识到这种观点中存在着诸多理论局限。于是，他顺着其兄张申府这种会通中、西、马的致思方式，将之推向更高的理论水平。张岱年的第一个理论发展就是提出“创造的综合”。在《关于中国本位的文化建设》一文中，张岱年指出，中国本位的文化建设，既不能“全盘承受西洋文化”，也要反对“恢复旧文化”，“同时，却又不是调和”，也与所谓“中学为体，西学为用”不可同日而语，而是要兼采东西方之长，融合为一，做“一种创造的综合”①。后来，他进一步解释说：“创造的综合即对旧事物加以‘拔夺’而生成的新事物。”“凡创造的综合，都必对于所综合的东西加以进一步的发展而综合之，同时并有所创造以为主导的要素，绝不是各取其半的调和。”② 这种综合，也即以唯物论为基础的“唯物论、理想主义、实证论之新的综合”，或者说“中国哲学与西洋哲学之新的综合”③。新中国成立后，由于种种原因，学界在对马克思主义理论的继承和发展方面出现了教条主义倾向，“三流合一”“创造的综合”等思想趋于停滞。改革开放后，随着西方思潮的涌入和儒学的复兴，中国文化的去向问题再次受到学界关注。在此背景下，张岱年于 1987 年正式提出“文化综合创新论”。在张岱年看来，建设社会主义文化是一项文化创新事业，我们不仅要总结自己的文化，对其优缺点有明确的认识，而且要深入学习西方文化，知道西方文化的优缺点何在，最后还要根据我们的国情，将双方的优点加以综合，创新出一种新的文化体系。他还说，既然是创新，也就意味着这种文化“与中国传统文化和近代西方文化都不同”④，而且它既要保持“民族文化的独立性”，同时也“必须学会别的民族的先进文化的成果”⑤。只有这样，才能对世界文化做出自

---

① 张岱年. 关于中国本位的文化建设//张岱年全集：第 1 卷. 石家庄：河北人民出版社，1996：229.

② 张岱年. 西化与创造//张岱年全集：第 1 卷. 石家庄：河北人民出版社，1996：257.

③ 张岱年. 哲学上一个可能的综合//张岱年全集：第 1 卷. 石家庄：河北人民出版社，1996：274.

④ 张岱年. 综合、创新，建立社会主义新文化//张岱年全集：第 6 卷. 石家庄：河北人民出版社，1996：252.

⑤ 张岱年. 正确认识中西文化的异同//张岱年全集：第 6 卷. 石家庄：河北人民出版社，1996：249.

己独特的贡献，并受到其他民族的尊重。① 总的来说，这种文化体系就是“在马克思列宁主义原则的指导下，以社会主义的价值观来综合中西文化之所长而创新中国文化”②。

谈文化的综合创新，便不得不涉及中、西、马三者之间的序列关系问题。在张岱年的“文化综合创新论”体系中，三者之间的关系虽然以马为指导，中、西、古、今兼收并蓄，但张岱年仍旧是在体—用二元结构模式下处理它们三者之间的结构关系。所不同的是，张岱年对“体”做了双义性的区分，在传统的“实体”之“体”之外分出了一个“原则”之“体”③，从而使“体”一方面作为主体、实体，另一方面也成了原则和指导。这样一来，体—用二元结构模式中便隐藏着三维结构，从而最终演变为方克立的“马魂、中体、西用”论。

方克立一直是张岱年“文化综合创新论”的支持者和阐扬者。在1990年的一篇访谈文章中，方克立就曾指出，应当给那些“坚持以马克思主义为指导，批判地吸取古今中外一切优秀的文化成果，进行综合创新的一派观点以应有的地位”④。到了2006年，这种支持和思考最终转为实际的理论成果，“马魂、中体、西用”论正式提出。“马魂”即“马学为魂”，“即以马克思主义和社会主义的思想体系为指导原则”；“中体”即“中学为体”，“即以有着数千年历史积淀的自强不息、变化日新、厚德载物、有容乃大的中华民族文化为生命主体、创造主体和接受主体”；“西用”即“西学为用”，“即以西方文化和其他民族文化中的一切积极成果、合理成分为学习、借鉴的对象”⑤。这里，方克立将张岱年所区分的“体”的双重内涵具化为两个范畴，并借鉴日本“和魂洋才”的提法，将其中“主导性”和“原则”之“体”更改为“魂”，保留“主体性”和“实体”之“体”，从而将体—用的二元结构模式进一步开拓为魂—体—用的三维空间，从而实现了“创造性转换和

① 张岱年．正确认识中西文化的异同//张岱年全集：第6卷．石家庄：河北人民出版社，1996：250.

② 张岱年．综合、创新，建立社会主义新文化//张岱年全集：第6卷．石家庄：河北人民出版社，1996：253-254.

③ 张岱年．文化体用简析//张岱年全集：第6卷．石家庄：河北人民出版社，1996：202.

④ 关东．现代新儒学研究的回顾与展望——访方克立教授．哲学研究，1990（3）：85.

⑤ 方克立．关于文化体用问题．社会科学战线，2006（4）：17.

创新性发展”①。我们说，“马魂、中体、西用”这种三分天下的学术范式一方面打破了传统的二元思维模式，另一方面也符合当今学界希望会通与融合中、西、马三大学术资源的理论努力，所以一经提出便引起了学界的关注，其中赞成者有之，怀疑者、批评者也有之。对此，方克立有着清醒的认识。他说，对于“马魂、中体、西用”论的质疑和批评，主要集中在两个问题上：一个就是“马学为魂”的问题，一个就是体、用关系问题。② 我们说，方克立对问题的症结有着极高的敏锐度，但这并不意味着分歧可以得到消解甚至缓解。其中的难度，一方面与不同学者及各学术团体的学术立场有关，另一方面也与这些沿袭甚为久远的学术概念所具有的丰富性内涵有关。社会主义的文化建设以马克思主义为指导当然没有问题，毕竟它“始终代表着中国先进文化的前进方向”，既然是前进的方向，作为指导原则就是可以接受的，然而一旦被标上“魂”的概念，在中国传统文化的语境中便会引来诸多争议。因为这个概念包含了太多的家国情愁，是一个极富地域性、民族性和文化色彩的字眼，“以马学为魂”相比于“以马学为指导”而言乃是一个具有更少共识性的范畴，这一点对许多传统文化尤其是儒学的研究者而言更是如此。方克立在援引“和魂洋才”概念时似乎恰恰忽略了“和魂”正是民族魂。

与此同时，体、用关系问题同样是一个十分棘手的难题。无论我们怎样对“体”“用”的内涵加以澄清，“中体西用”和“西体中用”总是能很容易地成为大家攻讦的对象。也许是近代洋务派的“中体西用”论实在太经典，以至于“体”“用”的术语和格局虽然一方面在不断遭到反对与批判，但另一方面又反复被提及与使用。问题是，在这样一个全球化时代，在这样一个中西文化不断交融、会通、影响的共同体中，我们真的能清晰而自信地断言到底何者为文化之“体”、何者为文化之“用”吗？我们是否真的明白到底什么才是真正的“中国”？什么才是真正的“西方”？什么又是合法意义上的本土和外来？如果这些问题我们都不能明确地回答，那么我们如何在“中西”“体用”之间进行富有意义和创造性的判断与区分？进而，如果我们的文化和思想视野仍旧停留

---

① 张小平，杨俊峰．“马魂中体西用”与文化体用问题纵横谈——访中国社会科学院学部委员方克立教授．马克思主义研究，2017（5）：24.

② 同①30.

在以中国文化为本体，西方的先进文化只是“为我所用”，那么我们如何确定这种创造性的文化能够走向世界、走向未来，并“为他所用”？

当然，不可否认的是，百余年的思想探索和理论创造已经为我们提供了足够多的学术资源，在中、西、马三方格局之间的文化调试中我们也取得了有效进展。虽然这种格局尚未定型，三者之间的理论版图仍处于变动中，但我们深知并相信，未来中国哲学的发展必然是通由这三种思想传统之间的交锋、重叠而开出。正如一些学者所指出的：“中国传统哲学、西方哲学与马克思主义哲学在当代中国人的生活世界与生存状态的自我理解与反思中，都发挥着既相对独立又相互补充的作用，三者中任何一方的缺席，都意味着我们在自我理解与自我反思上一个重要维度与视野不可弥补的损失。”① 在中国特色社会主义文化建设中，马克思主义原则的指导地位自然不能动摇，这是我们文化的前进方向，只不过，在此前提下，我们仍需要进一步开阔视野，站在世界乃至人类的视角，用“中国眼光”看待中国问题、讲述中国故事、铸造中国精神、创造中国思想。只有这样，我们才能站在一个更高的立场和格局，容纳中、西、马三方的理论资源，跳出狭隘的版图和秩序之争，在用思想面向中国现实问题的过程中回应世界和人类的文化需求。

4.3 内容与形式之“叙”

中国哲学的第三种张力涉及哲学的义理内容与表述形式之间的复杂关系。众所周知，内容与形式是统一的：内容因形式而显，形式因内容而实；内容无形式则无法言说，形式无内容则无话可说；没有内容的形式与没有形式的内容一样，什么也不能表达。中国哲学在传统架构中有着自身独特的表达系统和言说方式，但自近代以来，随着“西学东渐”的兴起和西方哲学的传入，中国哲学从日本学界那里转借来大量的日文词汇，并通过“反向格义”的方式重述中国传统思想，从而建构起中国思想的“哲学”范式和体系，“中国哲学学科”也于20世纪第二个十年在北京大学哲学系建立起来。新中国成立后，在一段时间里，（苏联）

① 贺来．如何寻求中、西、马汇通的结合点．光明日报，2015-01-21（13）．

马克思主义哲学话语成为哲学的主流，中国哲学被迫开始了马克思主义哲学化的改造。直到 20 世纪 80 年代中期前后，随着改革开放的推进，西方社会思潮大量进入中国，中国哲学又自觉不自觉地进入新一轮的哲学话语的洗礼，各种新的概念和主义进驻中国传统哲学的领地。一方面，这丰富了中国哲学的义理诠释；但另一方面，一些过度新颖和牵强的解释也使中国传统哲学变得多少有些不伦不类，甚至面目全非。无论是 20 世纪初的“反向格义”，还是 20 世纪 50 年代以后的马克思主义哲学化，或是 20 世纪 80 年代以后的新一轮西化，中国哲学始终没有寻找到既适合自己又切近时代的表述方式。这些来自不同思想谱系的哲学形态既无法完全对接中国传统的义理之学，又无法平衡它们彼此之间的形态差异，使中国哲学的内容与形式之间的张力变得更加错综复杂。哲学内容与形式间的这种复杂张力使中国哲学既无法说旧话，又说不出新话，从而最终酿成新时期有关中国哲学“合法性危机”的争论。中国哲学到底是“中国的哲学”还是“哲学在中国”，成为大家普遍关心的问题。但正如一些学者所指出的，“中国哲学所谓的‘合法性危机’不是实体性、存在意义上的危机，而是‘表述’上的危机，即是用西方话语体系表述中国哲学时所发生的危机。可以说，中国哲学的存在是真实的，然而，当我们借助西方哲学的言说方式表述中国哲学时，鲜活的、有机的中国哲学整体往往被肢解，成为零碎的哲学资料，于是中国哲学死矣”，“中国哲学的‘合法性危机’实质上是‘汉意胡表’意义下所产生的危机，不是实质性的、存在意义上的危机”①。也就是说，中国哲学并不缺乏哲学的义理内容，而只是在近代哲学范式的转换中丧失了话语权，而后又一直未找到适合自己的表述方式，从而最终“失语”。因此，中国哲学要想摆脱这种“合法性危机”，实现哲学创新，就必须克服这种内容与形式之间的叙述张力。

在现代中国哲学范式的奠基之作《中国哲学史》中，冯友兰把中国传统哲学（从先秦周孔时代一直到清末康有为、谭嗣同今文经学结束止）分为“子学时代”和“经学时代”。前者大体从先秦一直到淮南王时期，后者则从董仲舒一直到清末康有为时期。“子学时代”也即中国诸子百家争鸣的时代，在这一时期，中国传统哲学虽处于草创阶段，但

① 颜炳罡．20 世纪中国哲学研究话语体系范式转换之得失及未来走向．文史哲，2010（1）：14.

却群星璀璨、思想迭出。面对当时礼崩乐坏的社会环境所带来的价值失落和精神危机，诸子百家纷纷提出自己的思想方案，挽狂澜于既倒，扶大厦之将倾，从而为世界"轴心文明"的诞生贡献了独特的中国视角。按照余英时的说法，这一时期的诸子百家实现了一场"轴心突破"，突破的对象是中国传统的礼乐文明及其背后的整个巫文化，"轴心突破以后，当时新兴的诸学派建构了（也可以说'发现了'）一个截然不同的'天'。这是前所未有的一个超越的精神领域，各派都称之为'道'"[①]。庄子所谓"道术为天下裂"便是对这一现象的古典描述。在此意义上，一些学者将"子学时代"的哲学表达成为"子学范式"："所谓子学范式，是指在中国哲学史研究中，各家各派立足时代问题，提出自己的解决之道和思想阐释，追求思想的时代性和原创性，中国哲学史上的先秦时期的诸子百家是子学范式的杰出代表，宋明理学中的宋学传统较为接近子学范式。"[②] "子学时代"相当于典范的建构时代，"子学范式"所发明或使用的概念和表述方式都是具有原创性的，这些概念和表述方式不仅决定了这一时期轴心突破的方向，而且决定了中国文明的发展特征和思想走向。

随着汉帝国的兴起，董仲舒"罢黜百家，独尊儒术"的对策得到了汉武帝的积极响应，中国哲学就此进入"经学时代"。按照冯友兰的说法，"在经学时代中，诸哲学家无论有无新见，皆须依傍古代即子学时代哲学家之名，大部分依傍经学之名，以发布其所见。其所见亦多以古代即子学时代之哲学中之术语表出之。此时诸哲学家所酿之酒，无论新旧，皆装于古代哲学，大部分为经学，之旧瓶内"[③]。也就是说，相比于"子学时代"的哲学家的原创性概念和表述方式而言，"经学时代"的哲学家往往更多的是在诸子百家所开创的范围和范式内，通过解经、注疏的方式进行思想的表达工作，由此构成哲学表述的"经学范式"："所谓经学范式，是指在中国哲学史研究中，各家各派恪守经典文化传统，注重名物制度的训诂考订，以经典的是非为是非，不敢阐释自我，追求经典阐释的客观性和承传性，中国哲学史上的汉学传统就是古文经

① 余英时．论天人之际．北京：中华书局，2014：32.
② 朱人求．话语分析与中国哲学研究范式的转换．学术月刊，2016（9）：39.
③ 冯友兰．中国哲学史：下册．上海：华东师范大学出版社，2010：3.

学研究范式的最佳范例。”① 当然，按照上述界定“子学范式”的说法，宋明理学虽然处于冯友兰所说的“经学时代”，但它所代表的宋学传统却是最接近“子学范式”的，因为相比于“经学时代”的其他哲学而言，宋明理学可谓中国传统哲学的又一座高峰，无论是哲学概念还是哲学的表述方式，都是极富创造性的。当然，冯友兰之所以将宋明理学仍旧归属于“经学时代”，是因为宋明理学虽然富有新见，但并未走出“依傍经学之名，以发布其所见”的表述方式，如朱熹的《四书章句集注》。

相比于昙花一现的“子学时代”和“子学范式”，“经学时代”和“经学范式”在中国传统哲学的发展历程中占据的时间更久远，后者的思想影响深度虽然远不及前者，但却是中国传统哲学的主流表述方式。无论是“我注六经”还是“六经注我”，无论是考据训诂还是微言大义，“子学时代”的经典文献始终被视为无法逾越的思想高峰。因此，中国哲学即便到了近代，也仍旧只是在“子学时代”所开创的“诸系统中打转身”，即便有新的见解，也都是“依傍古代哲学诸系统，以古代哲学所用之术语表出之”②。因此，冯友兰才认为中国只有上古哲学和中古哲学，而无近古哲学。相比之下，西方既有上古哲学和中古哲学，也有近古哲学，而近古哲学区别于中古哲学的一个突出特征便是，“新哲学皆直接观察真实，其哲学亦一空依傍。其所用之术语，亦多新造”③。也就是说，中古哲学并没有自己独立的概念和表述系统，它所说的话都通过上古时代的哲学概念和思想系统表达出来，但近古哲学则打破了这样一种“旧瓶装新酒”的局面，为自身的新思想找到了新的术语，于是便产生了“新瓶装新酒”。换句话说，当“新酒”“新”到无法用“旧瓶”来容纳的时候，当新的思想学会创造新的概念和术语来表达自身的时候，新的哲学便产生了。中国近古哲学之所以未能产生，主要就是“新酒”之“新”尚未达到冲破“旧瓶”的地步。但随着近世以来社会的变迁和“西学东渐”的开展，中国哲学的“旧瓶”开始破裂，中国哲学的“新酒”正在酝酿和发酵。因此，冯友兰判定，中国近古哲学尚在萌芽中，而这种芽要想长成参天大树，首先需要一个“新瓶”，即一套

---

① 朱人求．话语分析与中国哲学研究范式的转换．学术月刊，2016（9）：39.

② 冯友兰．中国哲学史：下册．上海：华东师范大学出版社，2010：3.

③ 同②.

新的概念体系和思想范式，而这在冯友兰看来就是西学范式。

西学范式的引进对中国哲学的发展产生了极大的影响，这种影响首先表现在以西学范式来建构中国的哲学学科和书写中国的哲学史。中国哲学学科的建立最早的便是于1912年建成、1914年开始招生的北京大学“中国哲学门”；而中国哲学史的书写，真正按照西方哲学范式来表达的，首推胡适的《中国哲学史大纲》。蔡元培在给胡适的著作写序时便提到，在当时要想写中国哲学史会遇到两层难处：一是材料问题，二是形式问题。关于材料，尤其是周秦时期的古书，真伪混杂，错简错字颇多，所以整理起来极难。关于形式，中国古代并没有系统的学术，所以如今要以系统的方式来梳理中国哲学，“便不能不依傍西洋人的哲学史”①。蔡元培提到的这两层困难，在胡适那里基本上都得到了解决。关于前者，胡适一改前人写哲学史之作风，截断众流，径直从老子、孔子讲起，从而将前老子、孔子的作品都“悬置”起来，使时人大为震惊。至于后者，胡适则确实是按照西方哲学的分类标准来梳理中国的思想文献的。胡适虽然对哲学下了一个自己的定义，但仍能把西方哲学中的宇宙论、知识论、伦理学、教育哲学、政治哲学、宗教哲学等内容包含其中。因此，讲中国哲学实际上就是按照西学体系来讲中国材料。但与解经、注疏的经学范式不同的是，“在表现形式上，胡适的《中国哲学史大纲》明确区分了哲学与经学的疆界，对先秦诸子给予同样的地位；与经学的注释形式针锋相对，胡适以自己的话作为正文，以经典的原文作为自己的注脚，中国哲学史彻底颠覆了经学范式而步入西学范式，从而获得了现代学科身份”②。胡适还提到了写作哲学史的三个目的，即“明变”“求因”“评判”。“明变”就是“使学者知道古今思想沿革变迁的线索”，“求因”就是“寻出这些沿革变迁的原因”，“评判”就是“使学者知道各家学说的价值”③。我们说，这三个目的实际上相当于三个标准或三个基本要素，一部合格的哲学史应当包括这三项内容，否则便算不得真正的“史”。蔡元培在评价胡适的《中国哲学史大纲》时说它有四个长处，即“证明的方法”“扼要的手段”“平等的

① 胡适．中国哲学史大纲．上海：上海人民出版社，2014：序1.

② 朱人求．话语分析与中国哲学研究范式的转换．学术月刊，2016（9）：39.

③ 同①2.

眼光”“系统的研究”①。就胡适的著作在当时的影响而言，这个评价不可谓不独到而公允。胡适的哲学史虽然只写了先秦部分，但对中国哲学史的写作范式而言，确有“开风”之功，相较于影响更大的冯氏哲学史来说，胡适的《中国哲学史大纲》确可谓“但开风气不为师”之作。

由胡适开创的“风气”到了冯友兰那里才算真正完成。冯友兰有关哲学“形式上的系统”和“实质上的系统”的区分与蔡元培关于中国哲学缺乏系统的判断实际上一脉相承，只不过，冯友兰对哲学的系统进行了更细致的区分和深化，这使中国哲学史的写作有了更明确的努力方向。冯友兰幼时接受的是中国传统教育，但也看过一些新书，从北京大学毕业后留学美国，在哥伦比亚大学获得哲学博士学位。正是由于对中西哲学的这种熟稔，冯友兰才深知西方哲学之长和中国哲学之弊。在冯友兰看来，近代的学问（包括哲学）起于西方，其中科学是最为突出的学问。我们当然可以按照中国的义理之学范式来范围西方的学问，以便写就“西方义理之学史”。但这种做法既不能彰显义理之学与近代学问之间的关系，也不符合世界的潮流和趋势，从而远不如以哲学范围中国的义理之学来得简单明了。② 也就是说，“中国哲学史”之所以比“西方义理之学史”更合时宜，最主要的原因就在于哲学与近代学问之间的那种亲缘性，或者说，哲学更为科学。冯友兰当然知道哲学是西洋名词，所以他说：“今欲讲中国哲学史，其主要工作之一，即就中国历史上各种学问中，将其可以西洋所谓哲学名之者，选出而叙述之。”③ 这一点冯友兰与胡适并无二致，只不过，冯友兰的分类更简单。他根据古希腊哲学的三大部，即物理学、伦理学、论理学，而直接上升至一般哲学的三大部，即宇宙论、人生论、知识论，并且将这种分类直接运用到中国义理之学中。比如，他把中国义理之学中研究“天道”的部分理解为“宇宙论”，把研究“性命”的部分理解为“人生论”，等等。冯友兰还极为看重哲学的论证，他说：“哲学乃理智之产物；哲学家欲成立道理，必以论证证明其所成立。”④ 并且，他认为荀子

① 胡适．中国哲学史大纲．上海：上海人民出版社，2014：序2.

② 冯友兰．中国哲学史：上册．上海：华东师范大学出版社，2010：6.

③ 同②3.

④ 同②5.

所谓“其持之有故，其言之成理”（《荀子・非十二子》）即是此意。但冯友兰也明确指出，中国哲学在论证方面较之西洋哲学确实逊色很多，而且论证所需要的逻辑在中国没有得到充分的发展，这些都是中国义理之学的缺点。针对时人表示中国哲学之精神在微言大义，须从悟中求得的观点，冯友兰批评道：“哲学必须是以语言文字表出之道理，‘道’虽或在语言文字之外，而哲学必在语言文字之中。”① 这些批评确实击中了中国哲学的要害。

冯友兰虽然指出了中国哲学的缺陷，尤其是关于方法论、逻辑论证、语言表达等方面的不足，但冯友兰坚持认为中国有哲学。他把哲学的系统分为“形式上的系统”和“实质上的系统”，认为中国哲学缺乏的只是前者而非后者，缺后者则不再是哲学，但缺前者仍可为哲学，比如亚里士多德之前的古希腊哲学实际上便缺乏“形式上的系统”，但柏拉图等人的著作确有“实质上的系统”，故仍可谓哲学。这种“实质上的系统”，实际上便是冯友兰随后说到的哲学家之“见”和哲学之“中心观念”②，也即哲学家之思想和哲学概念。至于写作哲学史的方式，冯友兰也异于胡适。冯友兰把哲学史的写作方式分为两种，一种为叙述式，另一种为选录式。前者为西人多用之方法，“用此方式，哲学史家可尽量叙述其所见之哲学史。但其弊则读者若仅读此书，即不能与原来的史料相接触，易为哲学史家之见解所弊；且对于哲学史家所叙述亦不易有明确的了解”③。与西方哲学史家相比，中国的哲学史家采用得更多的是选录式，如《宋元学案》《明儒学案》等。用此方式，哲学史家可以在选录史料之际自然掺入自己之见解，从而使读者对哲学史有更明确的了解。冯友兰采用的便是这种选录式，在这一点上，他自觉承袭了中国传统哲学史家的做法。

西方哲学范式的确立对中国哲学研究而言产生了极为重大的影响，其中既有正面的，也有负面的。

第一，就哲学之类别而言，把哲学分为三大部虽然能够使哲学史家在寻找中国哲学史料方面有更明确的标准和方向，但也使中国哲学就此遭到了范围和框定。且不论宇宙论、人生论、知识论能否涵盖哲学的全

---

① 冯友兰．中国哲学史：上册．上海：华东师范大学出版社，2010：7.

② 同①13.

③ 同①12.

部，单就中国哲学史料的内容能否被划定到这三大部名下便是非常值得探讨的。比如，以宇宙论视角研究“天道”，以人生论的方式研究“性命”，真的能够说得清、道得明什么是“天道”、什么是“性命”吗？“天道”“性命”之学与其他两大部就没有关联吗？当然不是。“天道”虽然涉及宇宙的生成问题，比如老子的“道生万物”、周敦颐的“太极图说”，但其根本则是关涉世间人生，而且从知识论视角看，关于宇宙生成的描述和表达本就是古人的知识系统，宇宙论与知识论不可分离。而且，以西方哲学范式范围中国哲学，很有可能遗漏中国哲学中的一些关键思想，比如冯友兰的著作中就忽视了兵家，但在李泽厚看来，兵家与道家之间有着极为密切的关联，他说：“《老子》本身并不一定就是讲兵的书，但它与兵家有密切关系。这关系主要又不在后世善兵者如何经常运用它，而在它的思想来源可能与兵家有关。《老子》是由兵家的现实经验加上对历史的观察、领悟概括为政治—哲学理论的。”① 就此而言，如果因为采用了西方哲学范式而抛弃了兵家哲学思想，那这不能不说是一大缺憾。因此，以西方哲学部类框定中国哲学内容，常常会如盲人摸象，不得其门，甚至会造成“把孩子和洗澡水一起倒掉”的尴尬局面。

第二，西方哲学概念与观念的引入虽然让中国哲学有了哲学之形，但却使中国哲学失了其神。冯友兰承认，哲学是需要通过语言文字来表达道理的，而这种语言文字首先就是哲学概念。但哲学概念并不只是文字和思想本身，还包括其后的整个文化。因此，当胡适、冯友兰等人在采用西方哲学概念对中国哲学思想进行“反向格义”时，便不能不涉及文化间的翻译和转换问题。但事实上，这种文化的翻译问题基本上没有受到太多重视，西方哲学概念几乎是直接进入中国哲学思想中的（虽然这些概念大部分是从日文转译过来的），正如冯友兰所说，“所谓中国哲学者，即中国之某种学问或某种学问之某部分之可以西洋所谓哲学名之者也”②。在时人眼中，或许哲学作为西洋学问，是可以像物理学、数学等科学那样直接与中国接轨的，只要有了哲学之名，并按照一定的标准按图索骥、以名求实，便能完成和实现中国义理之学的哲学化。遗憾的是，这种对接并不成功。由于中国传统哲学本已拥有了自己的

---

① 李泽厚. 中国古代思想史论. 北京：三联书店，2008：76.

② 冯友兰. 中国哲学史：上册. 上海：华东师范大学出版社，2010：6.

哲学概念和表述方式，在书写中国哲学史和介绍中国哲学思想时，这些概念和表述方式是无法避开的（比如谈孔子不得不说“仁”，讲老子不得不说“道”，等等），而当西方哲学的概念和表述方式进入中国哲学思想后，实际上是在原有表述方式之外增加了一套言说体系，如宇宙论、本体论、知识论、伦理学、逻辑学等，这些概念和中国哲学的天道、性命、心、理、气、阴阳、五行等概念相互交织、杂糅，给本就难以“说清”的中国传统哲学增加了不少表达困境和叙述张力。这种困境和张力随着（尤其是苏联）马克思主义哲学表达范式的引入又变得更加错综复杂。

1949年，马克思主义哲学成为新中国的指导哲学思想，中国哲学的研究范式开始转移。这种转移的第一个理论成果就是20世纪50年代初“日丹诺夫范式”的确立：“科学的哲学史，是科学的唯物主义世界观及其规律底胚胎、发生与发展的历史。唯物主义既然是从与唯心主义派别斗争中发生和发展起来的，那么，哲学史也就是唯物主义与唯心主义斗争的历史。”① 到了20世纪50年代中后期，随着“双百”方针的提出，日丹诺夫范式遭到批判，唯心主义开始得到部分“正名”，但以唯物主义与唯心主义、辩证法与形而上学为对子的哲学研究范式并没有得到彻底改变。正如侯外庐在《中国哲学简史》的“绪论”中所指出的那样：“我们依据马克思主义的历史主义而研究中国哲学史的时候，应当具体分析唯物主义思想高涨的历史原因及其与生产斗争、阶级斗争的联系；具体分析各个历史时期唯物主义者在哲学理论上和唯心主义进行针锋相对的斗争，怎样反映了阶级斗争的时代精神，并总结出什么样的理论斗争的经验。基于此，我们才能确切地看出某个时期的唯物主义者在哪些问题上击中了唯心主义的要害，而为人类认识客观世界提供了真理的粒子。与此同时，我们也要具体分析唯物主义与唯心主义的斗争又怎样和辩证法与形而上学的斗争交错着，朴素辩证法思想的发展循着什么途径而表现出它的特点。”② 我们之所以不厌其烦地大段引用这些文字，主要是为了更真实地呈现那个时代的哲学表述方式，从而使我们更直观地感受唯物主义与唯心主义的矛盾和斗争在哲学史研究中占据的重要地位。“文化大革命”结束后，中国哲学研究在20世纪80年代是按

---

① 乔清举．当代中国哲学史学史：上．上海：上海古籍出版社，2014：9.

② 侯外庐．中国哲学简史：上．北京：中国青年出版社，1963：绪论2.

照列宁有关“哲学就是认识的历史”① 的观点进行的。如任继愈在《中国哲学发展史》的“导言”部分就指出，哲学“是一门世界观的学问，所涉及的领域是人类对自然、社会和思维的一般规律的认识”，“哲学史的研究对象就是整个人类认识的历史”②，“中国哲学史是中华民族的认识史”③，等等。因此，无论是唯物主义与唯心主义、辩证法与形而上学，还是哲学史就是认识史，实际上都是在中国传统哲学原有话语表达的基础上增加新的话语和范畴，这些话语和范畴不但没有消解西学范式的表达给中国哲学带来的叙述张力，反而使这种张力不断加强，以至于中国哲学如邯郸学步一般，再也说不出自己的话来。

关于西学表达范式（包括马克思主义范式）对中国哲学话语表达所造成的负面影响，颜炳罡有一个十分生动的描述，即“斩头”、“肢解”和“主体性丧失”。他说：“这种话语体系下的中国哲学研究存在着明显的不足：其一，砍掉了中国哲学的原典时代，使诸子之学成为无源之水；其二，‘依傍西洋人的哲学史’，分解、打碎了中国哲学固有的整体性，使中国哲学由有机整体变成支离破碎的材料；其三，中国哲学自我主体性集体失忆。简单地说，就是‘斩头’、‘肢解’、‘主体性丧失’。”④ 所谓“斩头”，主要是就胡适径直从老子、孔子讲起，斩断了老子、孔子等人与夏、商、周三代文化及先贤之间的思想渊源，从而使中国哲学成了无本之木、无源之水而言的。不可否认，胡适的这种做法无论在当时还是放到现在来看，都算得上“异类”，不过它在当时却有着对抗经学、树立新学的革新意义，而且这种做法自胡适而后便基本消失，所以其负面影响并不深远。真正令中国哲学感到不堪的乃是所谓的“肢解”，这主要是就“以西释中”的建构方式而言的。颜炳罡说：“20世纪中国哲学的研究者们往往根据西洋哲学的需要对中国哲学进行‘肢解’，‘肢解’后再依傍西洋哲学的标准将中国哲学拼凑起来。这样一来，一方面扼杀了中国哲学的活的灵魂，另一方面使中国哲学研究不过

---

① 列宁的原话为：“**哲学的历史**”，“简单地说，就是整个认识的历史”（列宁全集：第55卷．北京：人民出版社，1990：302）。

② 任继愈．中国哲学发展史：先秦卷．北京：人民出版社，1983：10.

③ 同②5.

④ 颜炳罡．20世纪中国哲学研究话语体系范式转换之得失及未来走向．文史哲，2010（1）：15.

是在中国发现西洋哲学而已。"[①] 这样的"肢解"和拼凑，无异于用西方哲学范式来制造中国哲学的"弗兰肯斯坦"（Frankenstein），在这种范式的钳制下，中国哲学既说不成西方哲学，又说不出中国传统哲学，所能达到的思想效果可想而知。这种对中国哲学类似外科手术般的"肢解"和改造所导致的最终后果便是中国哲学主体性的丧失，即中国哲学似乎已经从最初自觉地"依傍"西洋人的哲学范式到如今不自觉地"依赖"西洋人的哲学范式，一些学者甚至发展到离开西方哲学的概念——如本体、实体、现象、唯物、唯心、辩证法、认识论等——便不会说哲学的境地。[②] 我们说，西方哲学的概念、论证、逻辑等方面的明晰性在某些方面确实有助于我们更好地理解中国哲学的一些范畴，比如朱熹关于"理"和"气"何者在先的问题，在冯友兰那里就被有意义地转换成了逻辑在先和时间在先的问题。但西方哲学的概念、范畴及言说方式毕竟和中国哲学不同，如果我们因为借鉴、"依傍"西方哲学而变成了"依赖"西方哲学，甚至因此而使中国哲学丧失了主体性，那么这样的中国哲学就只能是用汉字书写的西方哲学，只能是"（西方）哲学在中国"而永远不可能是"中国的哲学"。

改革开放以后，西方思潮大量涌入，现象学、解释学、存在主义、后现代主义、西方马克思主义等哲学思想一进入中国便捕获了大批思想受众，马克思主义哲学范式一统天下的局面开始被打破，中国哲学的多元研究范式逐步形成。到了 20 世纪 90 年代，随着社会主义市场经济的确立和改革开放的深化，中国加快了参与世界现代化进程的步伐，中国哲学的主体性自觉开始觉醒。在这样的思想背景下，"重写中国哲学史"的呼声开始高涨，中国哲学研究中的"中国"问题和"哲学"问题随之凸显。20 世纪 90 年代躁动的"国学热"夹杂着令人不安的"文化保守主义"声音在 20 世纪 80 年代的"西学热"退潮后悄然兴起，所幸关于中国哲学以及中国文化的研究在"国学"的名义下确实取得了一定的成就，从而也算是对 90 年代之前"西学强势、中学颓败"局面的一种反动。由"国学热"引发的辩难虽然没有持续下去，但由此发酵出的有关传统与现代之间的争论到了 21 世纪初又意外牵扯出了新一轮关于中国

① 颜炳罡. 20 世纪中国哲学研究话语体系范式转换之得失及未来走向. 文史哲，2010（1）：15-16.

② 同①16.

哲学合法性问题的讨论。虽然新时期的每一次讨论到最后都没有形成思想定论，争论常常是无果而终，但这恰恰是理性成熟的最初征兆，因为一旦哲学讨论达成了共识，哲学也许就不再成为哲学。

总之，这一时期的多元主义范式与其说是中国哲学研究和表达的新范式，不如说是过渡范式。改革开放40年来，中国哲学研究从“西学热”到“国学热”再到“合法性”反思，一路走来，实际上都可谓是对中国哲学言说方式的探索，探索“中国”如何“哲学”、“哲学”又如何“中国”。究其根本，就是希望中国哲学走出“合法性危机”，学会用汉语说话，学会讲述中国故事。当然，事情从来都不会像我们说的那般简单。自中国哲学学科诞生以来，西方哲学话语和马克思主义话语轮流主导中国哲学的表达长达近百年，在这近百年的时间里，中、西、马三种话语共存于中国哲学话语体系之中已经成为一种基本事实，任何妄图通过抛弃其中一种或两种哲学话语的方式来化解中国哲学之叙述张力的做法都是行不通的。化解中国哲学之叙述张力的方法只能是，在中、西、马原有话语基础上进行思想和概念的创新，通过创造出更符合时代精神、更具高度概括性和思想创新性的概念、范畴、言说方式，才能统合三种哲学表达范式，从而创造出更具中国意象的中国哲学。

具体而言，首先，中国哲学的话语创新需要以生活为旨归，切合时代精神。哲学回归生活这句话在现时代几乎已经成为一种老生常谈，这种老生常谈反映出两种时代现象：一是哲学的自觉，二是思想的无力。歌德曾以诗化的语言说：理论是灰色的，而生活之树常青。这句话常常被人们用来为哲学回归生活做注脚，由此可见人们对哲学与生活之间的内在关联实际上早已达到一种十分自觉的高度。或者换句话说，目前几乎没有哲学工作者会否认哲学与生活之间的关联，无论是古典哲学还是现代哲学，都是对时代生活的注脚。既然所有人都意识到哲学与生活的密切联系，都指出哲学要回归生活，那为什么我们仍旧无法实现哲学的创新？由此便可以看出思想的无力。哲学界有一句俗话：符号存在的地方，意义往往是消失的。也就是说，哲学家们之所以不断强调哲学要回归生活，这恰恰说明此时的哲学是脱离生活的，至少没有像人们预期的那样关照现实生活。法国哲学家哈道特（Pierre Hadot）认为，古希腊哲学对古希腊人而言乃是“一种生活方式”（philosophy as a way of life），而当哲学成为一种生活方式的时候，我们是听不到要求哲学回归生活的呼声的。因此，从某种意义上说，哲学回归生活这一呼吁不可能是一种古典期待，而只能是现代人的期待。尤其是西方哲学在 20 世纪出现了“生活转向”之后，这种哲学期待便成为一种时代期待，并从彼时延续至今。但老生常谈之所以成为老生常谈，正意味着这种言“谈”有可“常”之处。因此，即便是老生常谈，我们也仍需“常谈”下去，而且不光是“谈”，还要“做”，要实践，直到哲学真正回归生活，把握住时代精神，成为现时代的“生活方式”，而不再只是点缀思想的符号。只有这样，中国哲学创新才真正有了源头活水。

其次，中国哲学的话语创新离不开对中国传统哲学的话语体系的转换性创造。我们说，中国哲学的话语虽然是哲学的，但首先要是中国的，应当体现中国人的精神特质和思想面貌。这种情况决定了我们必须要对中国传统哲学的话语体系加以转换性创造，使中国传统哲学中那些依然具有生命力的概念、术语和言说能够以切合时代的方式重新进入现实生活，以便拉近传统与现代之间的思想距离，从而有助于中国哲学的话语体系的时代创新。大体而言，对中国传统哲学的转换性创造可以从两个方面入手：一是对传统概念和话语的现代翻译，二是创造出能够表达传统思想的新概念。传统话语的现代翻译既包括古今翻译，也包括中西翻译，前者是为了让现代中国更好地理解、续接传统，后者是为了让世界更好地理解中国。近年来，随着中国哲学研究的深入和中国文化走向世界的成功，这两种翻译实际上都取得了一定的成绩，但相比于中国哲学创新的迫切程度而言，这些成绩仍亟待进一步扩大和加强。尤其是在涉及中国哲学的一些基础性概念方面，如道、天、仁、性、理等概念时，这种翻译工作的不足便显得尤为明显。此外，概念的创新是话语创新的基础，也是哲学创新的重要表征。从梁漱溟的“伦理本位”、费孝通的“乡土中国”“差序格局”、冯友兰的“境界”到李泽厚的“情本体”“实用理性与乐感文化”等，中国哲学在概念创新上虽然不乏新意，但这些概念在与总体性时代精神的对接上仍然显得格局不足，这些概念为我们的哲学话语创新做出了好的示范，但概念的创新仍然任重道远。

最后，中国哲学的话语创新离不开中、西、马三方话语的共同参与。正如我们之前所说，中国哲学、西方哲学和马克思主义哲学三种话语共存于当代中国哲学言说体系之中并形成了错综复杂的叙述张力乃是一个基本事实，我们需要努力的方向是对这三种话语进行协调创新，而不是通过简单而武断地抛弃来化解这种张力。因为中国哲学原有的话语表述方式构成了当代中国哲学话语表达的“中国基础”和文化底色，设若抛弃了对天道、性命、心、理、气等哲学范畴的创造性诠释和创新性理解，当代中国哲学或许依然可以成为哲学，但绝不会是中国哲学。西方哲学作为中国哲学学科建立所“依傍”的唯一范式，自中国哲学学科建立之初便渗入其中，而今已经成为中国哲学表达的构成性方式，是当代中国哲学话语创新不可或缺的有机组成部分。再加上西方哲学话语如今仍旧是世界哲学话语的主流和主导形态，放弃西方哲学话语既无异于使中国哲学自绝于世界和现时代，也不符合中国哲学创新的世界性眼光和时代布局，因此是不可取的。马克思主义哲学作为人类历史上极富未来眼光和真理视野的批判性哲学体系，至今仍比许多西方一流哲学家的哲学思想高出不少境界，如果我们能够避免对马克思主义哲学做教条主义和独断主义的解读，并把握住马克思主义哲学的思想精髓和活的灵魂，那么它对于中国哲学的话语创新将起到巨大的积极推动作用。总之，要化解中国哲学的叙述张力，实现话语创新，不能靠对三种话语的简单抛弃，而应当以现实生活和社会实践为基础与试金石，使三种话语彼此沟通、共同参与、互融共生，从而创新出一种既具有中国意蕴又能为世界所理解的哲学新话语。

综上所述，中国哲学内部之所以会生出这三种张力，绝非一时一世之积弊，而是长期以来，中国哲学在不同的话语体系下被不断改造、变形的结果。因此，这些张力的化解绝不是几个学者通过几年、十几年的努力便可以轻易达到的，而是需要所有有志于中国哲学创新的中国学者同世界各地的同道一起，通过不断地互镜与学习、沟通与交流、批评与对话来打开局面，以便共同营造的一项思想事业。哲学的创新当然需要智慧和天才，越是困难的局面越需要大的智慧和大的天才，但天才并非凭空而降，而是需要时代和思想的土壤慢慢培育与孵化。在西方哲学中，没有自然哲学家的探索，便不会有古希腊哲学三杰，没有文艺复兴和启蒙思想的累积，也不会产生德国古典哲学的高峰；在中国，没有夏、商、周三代文化的哺育，便不会有春秋战国的百家争鸣，没有儒、释、道“三统”的互争互酝，便不会有宋明理学的诞生。因此，哲学的创新需要我们每个哲学工作者共同参与，也需要我们在“知识视野”和“思想视野”等方面为哲学实现“积量成质”的思想突破与理论创新贡献新的智识力量。而今，面对中国哲学之现代形态的重重困境，我们认为，只有通过加强对传统哲学的“活化”和现代转换，加深对西方哲学的理解和定位，并以马克思主义哲学的活的灵魂为指导，形成思想合力，才能尽快走出中国哲学的种种危机，在新的历史时期将中国哲学的“反向格义”推向一个更高、更开放的境界和维度，从而实现现时代中国哲学的创新和发展。

第五章　中国哲学创新的方法论突围

哲学的思想创新虽然不等同于方法论的创新，但如果缺乏方法论的创新，那么哲学也很难进行创新性突围。所谓方法论，简单而通俗地说，就是关于一般方法和方法一般的研究理论，前者是对普遍使用的方法的研究，后者是对所用方法的普遍研究。所谓方法，也就是工具和手段，在哲学领域，按照马克思主义的理解，也就是人类认识世界、改造世界的工具和手段。古今中外有各种相似、相分的哲学方法，夸张一点甚至可以说，有多少哲学，便有多少方法。中国的注释、诠释、解经、“格义”、“六经注我”、“我注六经”等是哲学方法，西方的辩驳、三段论、“信仰寻求理解”、“我思故我在”、怀疑论、先验论、辩证法、“悬置判断”、诠释、语言分析等也是哲学方法。在方法论的支撑和关照下，中西哲学都发展出了具有自家特色的哲学思想和理论体系。

进入 20 世纪以来，中西方的相遇（或者说西方世界的东土扩张）使中西哲学的发展步入一个新的纪元。中国哲学，尤其是中国哲学学科建成之后，虽然始终处于西方哲学的巨大阴影下，但随着中国经济的崛起，中国文化和哲学开始愈发受到世界的关注。在第二次世界大战结束后，西方世界甚至重新出现了一股“东方热”，虽然这股“东方热”仍不免带有西方的底色，但它至少表明，西方世界开始有意识地了解古老的东方文明。随着中西方交流的扩大和深入，中西哲学也开始“携手”

步入世界哲学的新历程。

在此意义上，中国哲学便需要焕发新的生命力。这不仅是中国文化复兴的历史使命，而且是为世界哲学的发展贡献中国力量和智识。但中国百余年的哲学发展历程使我们意识到这种创新乃是一项步履维艰的事业，这不仅有哲学的原因、历史的原因，而且有方法论的局限。中国哲学亟须一种新的方法论来为中国哲学的创新开疆拓土，这不是简单地恢复传统或者接受西方的方法论便能做到的，而是要努力在新时代、新契机的前提下和基础上，寻找一种既能适应中国传统思想又能使中国哲学老树生花、挂帆远航的方法论。本章所要做的便是这种近乎“蚍蜉撼树”的工作。然而，这种工作何其艰难，简直是“费力不讨好”，但我们相信，作为中国哲学学人，我们终将面对这一工作，纵然这一尝试不成功，甚至彻底失败，但它至少可以告诉来者“此路不通”。因此，所有的努力和牺牲都不会白费，我们也希望这种探索能为中国哲学方法论的创新添加些微的助益。

5.1　方法论：非此即彼

在“导论”中我们曾指出，中国哲学发展和延续的一个主要途径是继承哲学理论，而非哲学问题，这导致的一个直接后果就是，自先秦以降，中国哲学创新的一个基本路径便是“注经”，或者说是对哲学经典的“诠释”。经者，常也，恒也。无论是“五经”还是“十三经”，凡是被称作“经”的，都是世人眼中永恒不变的经典、权威，正所谓“天不变，道亦不变”，而“经”便是“载道之书”，是“圣人之学”，所以需要不断地研究和解读。这种不断解读的过程便是诠释。古代经典的诠释包括多种方法和途径，比如训诂、集注、考据、发微等，而无论哪种诠释，其目的都是“知天道”“知大人言”。但由于历史性的时空跨度，后人在理解“天道”和“大人言”时往往会因为特定历史时期的时代状况以及个体的立场差异而产生多样的理解，从而在经典的作者和经典的诠释者之间产生一种诠释张力。这种张力可以有两种不同的定向，按照刘笑敢的说法，一种是“文本的、历史的、解释的定向”（即文本的历史定向），而另一种则是“当下的、应用的、创新的定向”（即创新性的自我表达定向)。[1] 两种定向或取向的区分实际上也可以被理解为“以作者为中心”和“以诠释者为中心”的区分。前一种定向更倾向于将文本及作者本人的观点和想法历史而客观地加以呈现，让诠释者为文本服务，从而尽量避免诠释者本人的主观臆断；后一种定向则更看重文本的当下意义和思想创新，诠释者甚至敢冒天下之大不韪而对经典的“微言大义”进行创新性生发，从而使经典为诠释者及其时代服务（如康有为的“公羊学”)。两种诠释定向各有千秋、各具特色，但各自也都存在短板。其中，“文本的、历史的、解释的定向”对理解经典的原意具有重要意义，但如果太拘泥于历史文本的义理内涵，不容许根据时代变化做出新的解读，那么经典文本就很难真正流传下去，并深入人心，在此意义上，“当下的、应用的、创新的定向”的创新性诠释乃是对经典文本生命力的再发掘。但这种创新性诠释也需要在文本诠释自身的历史场域中进行，不顾文本之历史场域的任性诠释并不等于创新，任性诠释经典对于经典和诠释都是一种伤害。

关于中国古代的诠释传统，刘笑敢曾在理论层面对相关的三个概念进行过区分。这三个概念分别是“非哲学性的注解”、“哲学性的诠释”和“诠释性的哲学著作”[2]，简单来说就是“注释”、“诠释”和“建构”[3]。“‘注释’是中国自古有之的传统，特点是逐字、逐句、逐章地对文本进行疏解，重点在语言文字层面对文本进行解说，涉及音韵学、训诂学、考据学、文献学以及史学、文学、地理、天文、历算等方面的基本事实的说明。”[4] 比如《春秋左氏传》《经典释文》等，都属于这种非哲学性的注释。相比之下，“诠释”二字虽然也是中国自古有之，但它主要“是对一些晦涩难解的文本之意思、意含及意义（meaning，significance）所进行的严肃的诠释学探索，而不是一般的解释活动或任何一种随意的解释或解说”[5]。比如《春秋公羊传》《易传》，《韩非子》中的《解老》《喻老》等，其中的注释便已蕴含一些哲学性的内容。所谓“建构”，则“特指哲学体系的建构”[6]。如董仲舒的《春秋繁露》、

① 刘笑敢．诠释与定向：中国哲学研究方法之探究．北京：商务印书馆，2009：12.

② 同①32.

③ 同①33.

④ 同①33-34.

⑤ 同①34.

⑥ 同①34.

王弼的《老子注》、郭象的《庄子注》等，虽然也是在诠释经典，但都属于公认的比较重要的哲学著作。按照这种区分和理解，我们可以说，所谓“非哲学性的注解”或“注释”更多的是文字学和考据学方面的功夫，它虽然是理解经典和文本的基础，但通常来说与哲学关系并不太大，因此，我们这里把它理解为“诠释”的前提或基础，认为它并不等于“诠释”，更谈不上哲学。相比之下，“哲学性的诠释”开始进入哲学层面，它虽然会涉及“注释”等训诂学的功夫，但这种“诠释”是带有哲学意味的，“那些通行的中国哲学史论著中涉及的注释性著作都可以看作是‘哲学性的诠释著作’，其中那些有完整体系、有重要地位的思想家的诠释性作品则可以看作是‘诠释性的哲学著作’”①。“哲学性的诠释”和“诠释性的哲学著作”的区别在于，前者以经典诠释为主，而后者则以哲学体系的创建为主，但它们都是中国哲学诠释传统的重要组成部分。另外，除了上述义理层面的区分以外，我们还可以从逻辑历史的角度对三者加以区分，也就是说，中国哲学的诠释传统在逻辑上是先有注释，后有哲学性的诠释，最后才出现诠释性的哲学著作。这当然也是历史事实，但之所以要加上“逻辑”二字，是因为中国哲学的诠释传统，尤其是发展到后来，三种形态往往是并存的。这种并存既可以体现在时代上，即一个时代可以同时存在这三种诠释形态；也可以体现在个人身上，即三种诠释形态可以同时并存于一个哲学家的哲学著作中。总之，“非哲学性的注释”是中国哲学诠释传统的基础，“哲学性的诠释”是中国哲学诠释传统的通常形态，而“诠释性的哲学著作”则是这种传统的高级和成熟形态，而且正是这种高级和成熟形态支撑着中国哲学的思想创新和发展延续。

谈及中国哲学的诠释传统，我们往往会想到德国哲学家伽达默尔的诠释哲学以及“视域融合”（Horizontverschmelzung）理论。但实际上，二者并不相同。正如刘笑敢所指出的那样：“伽达默尔的哲学诠释学是哲学，是存有论，核心问题是人的此在或亲在（Dasein），不是方法论，不是任何学科的研究方法。”② 对此，伽达默尔有过明确且反复的申明。他说：“诠释学的任务根本不是要发展一种理解的程序，而是要澄清理解得以发生的条件。但这些条件完全不具有这样一种‘程序’

---

① 刘笑敢．诠释与定向：中国哲学研究方法之探究．北京：商务印书馆，2009：32.

② 同①13.

的或方法论的性质，以至于作为解释者的我们可以对它们随意地加以应用。”[①] 对伽达默尔而言，诠释学在海德格尔之后便不再只是传统的“技艺学”，而是步入了“存在论”，理解在他那里也不再是理解的方法，而成了“包括此在的全部世界经验”在内的“此在的根本运动性”[②]。正如他在《真理与方法》第2版的“序言”中所说，“我认为海德格尔对人类此在（Dasein）的时间性分析已经令人信服地表明：理解不属于主体的行为方式，而是此在本身的存在方式。本书中的‘诠释学’概念正是在这个意义上使用的”[③]。因此，将伽达默尔的诠释学理论直接用以指导中国哲学的诠释传统的研究，便必然会遇到这种方枘圆凿的境遇。

“视域融合”是诠释学中的一个重要概念。在伽达默尔看来，他所描述的“视域融合”就是“把作品和效果作为意义的统一体进行考虑”的“实现形式”，“它使得解释者在理解作品时不把他自己的意义一起带入就不能说出作品的本来意义”[④]。也就是说，无论是文本还是解释者都有属于自己的“视域”，而所谓“理解”就是这两种视域的融合，是解释者与文本进行对话、互动并融为一体的过程。“理解其实总是这样一些被误认为是独自存在的视域的融合过程。”[⑤] 如果“理解”都是“视域融合”，那么“理解”之间有没有优劣之分？或者说，如何判断哪一种“理解”是更好的理解？对此，伽达默尔似乎并没有给出令人满意的回答。对他而言，“理解”并“不只是一种复制的行为，而始终是一种创造性的行为”，但如果“把理解中存在的这种创造性的环节称之为更好的理解，这未必是正确的”。“实际上，理解并不是更好的理解”，它既不意味着“有更完善的知识”，也不意味着“有意识的东西对于创造的无意识具有基本优越性”。因此，对于理解，“我们只消说，如果我们一般有所理解，那么我们总是以不同的方式在理解，这就够了”[⑥]。

① 伽达默尔．诠释学Ⅰ：真理与方法——哲学诠释学的基本特征．洪汉鼎，译．北京：商务印书馆，2011：418.

② 伽达默尔．诠释学Ⅱ：真理与方法——补充和索引．洪汉鼎，译．北京：商务印书馆，2011：555.

③ 同②.

④ 同②602.

⑤ 同①433.

⑥ 同①420.

也就是说，相比于理解的优位性、准确性，伽达默尔似乎更看重理解的创造性和差异性，与其说有“更好的理解”，不如说是“不同的理解”。而这种对差异性的追求自然会“引向仅以‘不同’为标准的倾向，差异性成了最高或最后的价值标准，从而否定了较好的、较准确的理解的必要性与可能性”①。当然，从原则上说，伽达默尔肯定是反对任性和随意的理解的。理解是多样的、流动的，但并不就是任意的，这里包含一个尺度的问题。“谁想理解，谁就不能一开始听任自己随心所欲的前意见，以便尽可能始终一贯地不听错文本的意见——直到不可能不听到这些意见并且摧毁任意的理解。谁想理解文本，就得准备让文本讲话。”② 诠释者和理解者的创造性贡献并不能证明主观偏见与任意理解的合理性。“视域融合”理论当然具有深刻的创见和突破性意义，其对于中国哲学的诠释传统也颇有启发性。但是，一方面，“视域融合”的差异性标准比理解的合理尺度影响更大，从而常常导致诠释学理论的简单化乃至庸俗化；另一方面，即便我们承认理解的合理尺度，但伽达默尔依然不能解决合理理解下的诠释优劣问题。因为，我们仍旧可以逻辑地推论说，只要诠释者的理解不是任意的，那么它们就只有差异性之分。如果我们将该理论作为研究中国哲学的诠释传统的普遍方法和标准，“那么就会将‘六经注我’和‘我注六经’都看作视域融合，于是二者就没有区别，或者完全无须加以区别。如果对中国哲学的研究停留在‘视域融合’的层次，满足于以‘视域融合’为方法和标准，那么赵岐的《孟子注》、朱熹的《孟子集注》和戴震的《孟子字义疏证》还有什么分别?”③ 但事实上，即便同是“视域融合”，我们有时候也需要知道文本本身的含义，有时候则需要通过转换性创造而使其意义能够获得当下的应用，所以诠释并非只有差异之别，还有优劣之分，而优劣标准则要依不同的定向而定。比如，“文本的、历史的、解释的定向”倾向于要求更准确地理解文本本身的含义，故而可以准确性为标准；“当下的、应用的、创新的定向”则需要根据时代的发展进行创新性诠释，故而可以对时代的创新性贡献为标准。总之，伽达默尔的诠释学理论虽然在世

① 刘笑敢．诠释与定向：中国哲学研究方法之探究．北京：商务印书馆，2009：16.

② 伽达默尔．诠释学Ⅱ：真理与方法——补充和索引．洪汉鼎，译．北京：商务印书馆，2011：75.

③ 同①15-16.

界范围内都有重要的影响，但它并不是万能的标准，我们不能简单采用“拿来主义”的手法将之运用到中国哲学的研究中，而是需要对此有着明确的认识和充分的辨析。

在中国文化中，经典诠释通常被视为中国哲学进行思想创构的重要载体和途径。我们在上文已经论述上两种重要的诠释定向，即文本的历史定向和创新性的自我表达定向。两种定向在中国传统哲学的语境中可以分别被表达为“我注六经”和“六经注我”，而在现代学术语境中则可以分别被理解为“以历史文本为对象的学术理论的研究和以现实与未来关切为主的当代的理论建构”①。无论是历史定向还是自我表达定向、无论是“我注六经”还是“六经注我”，都有自己的诠释价值和理论意义。虽然在现实中对二者进行绝对划分几乎是不可能的，但我们并不能因此就放弃这种划分，甚至将二者混淆。不辨史则无以返本，不知今则无以开新。正如刘笑敢提出两种定向时所指出的，之所以将两种定向作为现代学术概念加以提出，“一方面固然是为了更好地理解分析已有的诠释作品，但更重要的是希望提高现代学者从事研究和诠释工作时在方法上的自觉意识，从而有效地提高中国哲学作为‘现代学科’的学术水准”②。

“我注六经”和“六经注我”本是宋代哲学家陆九渊之语。关于这句话的原意，陆九渊年谱上曾有一段文字记载，说陆九渊的学生杨简（慈湖先生，1141—1225）曾听闻有人问陆九渊：先生为什么不注六经？陆九渊的回答是：“六经当注我，我何注六经。”③ 这句话应当被看作“六经注我，我注六经”的原初面貌。“六经”当然是指儒家的经典著作，而且极有可能是泛指，即“四书五经”甚至“十三经”等著作。而“注”大体来说就是“注释”“诠释”的意思。问题的关键是如何理解“我”。陆九渊说：“学苟知本，六经皆我注脚。”④ 也就是说，如果“懂得和发明本心良知，那么所有儒家经典就都不外是对我本心固有之良知的阐发，因而不必拘泥于对经典的积累性和技术性阅读和研究”⑤。按

① 刘笑敢. 诠释与定向：中国哲学研究方法之探究. 北京：商务印书馆，2009：60.

② 同①62.

③ 陆九渊. 陆九渊集. 北京：中华书局，1980：522.

④ 同③395.

⑤ 同①66.

照这一理解，这里的“我”并非普通个体，而是“知本之我”，即具有天理良知之“我”，这样的“我”是能够体认圣人之心的。既然经典不过是圣人之心的显现，那么“六经”实际上就是“良知之我”的注脚。如此一来，“我”又何用再注六经？陆九渊的这种说法随后便引发了争议，比如后来陈普（1244—1315）便指出：“六经注我，庄生之流，傲忽之辞。六经注我，而我于六经之义，仍犹有所未明，何哉？……此所为忽傲者也，先立其大，则必略其小，而迷于‘下学上达’之途矣。”① 陈普自然是明白陆九渊“六经注我”之本意的，但仍旧对此提出了异议。二人的分歧既是治学目的之差异，也包括治学路径之不同。② 就治学目的而言，对陆九渊来说，道德实践是读书治学的首要目的和根本，故反对因读书而忘本；对陈普而言，道德实践固然重要，但绝不可因此而小觑了读书积累的必要性，不读书而只讲良心本心便有可能流于空疏狂傲之地。就治学路径而论，对陆九渊来说，读书治学之目的在于寻找天理良知，人如果能够直接发明本心，使良知得以呈现，那么读书注经便非必要之事；但陈普仍坚持“下学上达”之功夫，讲求“尊德性而道问学”，认为读书是寻找天理的必经之途。二人自然谁都无法说服谁，但这一争论也表明“我注六经”和“六经注我”起初并不是诠释经典的方法论问题，而是为学之目的以及注经之必要性的问题。作为诠释学方法论的“注经”问题，实际上乃是后世的引申。

实际上，在“我注六经”和“六经注我”之前，还有一对范畴更接近经典诠释的方法论意涵，那就是由郭象的《庄子注》所引起的“郭象注庄子”与“庄子注郭象”的问题。众所周知，郭象的《庄子注》虽然是按照注释体例对《庄子》所做的注释，但实际上却是郭象借由《庄子》一书来阐发自己的独化论思想体系，于是便有了“曾见郭象注庄子，识者曰，却是庄子注郭象”③ 之说。关于后世对“庄子注郭象”这一事实的态度，根据刘笑敢的考察④，大体分为两种情况。当古人用此语专指郭象注庄子本身时，主要是对郭象注的赞扬。如刘埙所言，“郭

① 陈普．答上饶游翁山书//黄宗羲全集：第 5 册．杭州：浙江古籍出版社，2005：480－481.

② 刘笑敢．诠释与定向：中国哲学研究方法之探究．北京：商务印书馆，2009：67.

③ 普济．五灯会元．北京：中华书局，1984：1348.

④ 同②72.

象注庄子，议论高简，殊有意味。凡庄生千百言不能了者，象以一语了之”[①]。当此语被用于对其他作品的评论时，“庄子注郭象”则通常被视为诠释者未能理解原作者或文本之本意的贬义语。如宋人批评王弼的易注说：“辅嗣注易，不但为玄虚语，又间出己意。一段易反晦而难明，故世谓郭象注庄子，反似庄子注郭象。”[②] 再后来，又有人超出郭象和庄子的语境，而将“郭象注庄子”和“庄子注郭象”视为一般性的两种不同注释方向，并承认二者此消彼长，各有难易高低，但难易高低之分的关键不在于注释本身，而在于能否避免“师心于一己”，从而努力追求“肖神于作者”[③]。“换言之，论者担心的是‘六经注我’的流弊，希望以‘我注六经’的方法再现原作之精神。”[④] 就此而言，我们也可以看出，虽然郭象的《庄子注》“议论高简”、思想超绝，以至于常常令古人望洋兴叹、诚心膺服，但在一般情况下，人们还是无法接受这种“借他人之酒杯浇心中之块垒”的“庄子注郭象”式的注释或诠释。一方面，这或许是因为这种诠释方法过于奇险，成功固然可以开宗立派，但更多的人往往是画虎不成反类犬，使诠释本身成了偏离作者原意的“师心自用”乃至“戏言”；另一方面，“庄子注郭象”式的诠释方法毕竟不如“郭象注庄子”那般基础和必要，纵然“庄子注郭象”取得了成功，也不意味着“郭象”真正理解“庄子”，如果因为一味追求“庄子注郭象”而导致不读书、不注书，甚至荒废、忘却了基本的注释和诠释之功，那就得不偿失了。总之，相比于通过单刀直入、剑走偏锋的“庄子注郭象”式的诠释方法来取得思想的创新，中国古人更重视以“下学上达”的“郭象注庄子”式的诠释方法来靠近与体认经典之原意和圣人之本心，即便能够产生思想的创新，也是在“我注六经”的基础上进行生发，作为创新性诠释方法的“六经注我”或“庄子注郭象”始终是中国哲学诠释系统中的奇葩和另类。

到了近代，中国哲学的注经诠释传统遭到了巨大冲击。随着大量西方哲学的概念、术语等流入中国思想界，以西方哲学的概念、体系来定义与解释中国传统哲学的术语和思想的做法一时蔚然成风，并迅速成为

---

① 刘埙. 隐居通议：卷十九. 北京：中华书局，1985：195.

② 刘笑敢. 诠释与定向：中国哲学研究方法之探究. 北京：商务印书馆，2009：70.

③ 同②71.

④ 同②71.

中国哲学研究的主流范式，就连“中国哲学”这一范畴和学科本身也是在这种范式下确立起来的，由此便形成了近代以来中国哲学研究中浩浩荡荡的“反向格义”现象。与之相应，通过传统的注经方式来进行哲学创新的做法几乎成为不可能，也很少有哲学家能够取得成功（也许牟宗三是个例外）。因此，中国哲学研究中的诠释传统，尤其是“六经注我”的诠释方法便不可避免地走向式微。

近代以来的“反向格义”是相对于魏晋时期的“格义”而言的。“格义”通常发生在不同文化相互交流的早期，是一种比较特殊的经典诠释方法和现象。魏晋时期中国本土文化与佛教文化之间的交流便属于这一现象。据现有文献，最早谈及“格义”这一概念的文献应当是南朝梁代释慧皎所著的《高僧传》第四卷《晋高邑竺法雅》，其中说到竺法雅“少善外学，长通佛义，衣冠士子，咸附咨禀，时依［雅］门徒，并世典有功，未善佛理。雅乃与康法朗等，以经中事数，拟配外书，为生解之例，谓之格义”①。所谓“外学”“世典”，都是佛家对佛经以外的学问、典籍等的称谓，“经中事数”主要是指佛经中的概念、术语，“拟配”就是类比、配对。从这段简短的记载来看，所谓的“格义”就是法雅以门徒们比较熟悉的“外学”“世典”类比佛经中的概念、术语，从而让门徒们理解、掌握佛经中的义理的一种具有普及性的解释方法，其最大的特点就是以本土的或者自己较为熟悉的文化、经典、术语比附与解释外来的思想和教义。按照汤用彤的理解，“格”在这里就是“比配”或“度量”的意思，而“义”就是“名称”、“项目”或“概念”的意思，“格义”就是“比配观念（或项目）的一种方法或方案，或者是［不同］观念［之间］的对等”②。此外，刘笑敢从这段文字中总结了“格义”的五个特点：一是“格义”者对中国本土经典有很好的掌握；二是“格义”者对佛学有相当之功力；三是“格义”主要用于对熟悉中国典籍但不熟悉佛典的门徒进行一种非常规的、暂时性的文化启蒙；四是“格义”侧重于重要概念和术语的解释；五是无论对于解释者还是对于听众，“格义”都是以大家熟悉的经典和概念解释大家不熟悉的思想理论和概念。③“简单地说，传统的‘格义’是以固有的、大家熟知的

① 释慧皎．高僧传．北京：中华书局，1992：152．

② 汤用彤．儒学·佛学·玄学．南京：江苏文艺出版社，2009：136．

③ 刘笑敢．诠释与定向：中国哲学研究方法之探究．北京：商务印书馆，2009：99．

文化经典中的概念解释尚未普及的、外来文化的基本概念的一种临时的权宜之计。”①

“格义”可以从广义和狭义两个方面来理解。广义的“格义”，泛指一切以中国本土或自己熟悉的传统经典中的概念、术语来理解与类比其他外来概念、思想，以达到理解和领会陌生文化中的概念、思想等的方法。狭义的“格义”，特指魏晋南北朝时期，在佛教传入中国的早期，佛家以中国原有经典中的概念、术语来比附与解释佛教典籍中的概念、思想的一种方法。实际上，在狭义的“格义”方法被提出和运用之前，魏晋时期的何晏和王弼等人便已开始用老庄术语来解释儒学；到了近代，也发生过类似的以中学来“格义”西学的现象。比如，在近代基督教的传播过程中，就出现过以中国的“上帝”“天”来解释基督教的“God”；而在西方哲学的输入过程中，也出现过以“格致”来翻译“物理”或“科学”，以“道”对应古希腊哲学的“逻各斯（logos）”等事例。“特别有意思的是梁启超曾以‘真如’解释康德之自由之我，以‘无明’解释康德之现象之我。显然，这时的佛教已经成为本土文化，可以转过来用以‘格’康德之‘义’。”② 传统的“格义”在佛教传入中国的过程中所取得的成功使人们不禁遐想，当初西学进入中国时，“格义”的方法如果依然能够奏效，中国哲学如今会有怎样的光景？但遗憾的是，传统“格义”在近代西学东渐交汇方面并不成功，或者准确地说，“格义”本身在当时乃至当下都没有那么重要。这一方面是由于西学的强势输入使当时的中国既没有时间也没有底气消化西方文化中的许多概念和术语，西学不是交流和解释的对象，而是学习和模仿的对象；另一方面，传统中学也没有能力消化西学，因为近代西方文化中的很多概念和术语在中国传统文化中根本找不到对应的词汇，中国只能通过翻译，更主要的是通过日本尤其是日文所对应的汉字来引进西学词汇。因此，相比于翻译和引介的速度与效率而言，“格义”的作用被大大削弱了。

当然，如果只是单纯地引介一些西学的概念、术语乃至理论，事情或许还能朝着有利于中学的方向发展。但问题在于，西学的概念、术语以及理论在进入中国后，反过来却成了“格义”中国本土经典和思想的方法与工具，而且这种“格义”工作还是中国近代思想家和学者们自觉

① 刘笑敢．诠释与定向：中国哲学研究方法之探究．北京：商务印书馆，2009：99．

② 同①100．

地、有意识地进行的。由于这种“格义”与传统“格义”的路径恰好相反，即不是以中（本土）“格”西（外来），而是以西“格”中，是以自己不熟悉的外来文化“格”自己熟悉的本土文化，“所以我们可以称近代自觉以西方哲学的概念和术语来研究、诠释中国哲学的方法为‘反向格义’”①。当然，“反向格义”也可以有广义和狭义之分。广义的“反向格义”可以泛指一切自觉地以西方的概念、术语、理论来解释和研究中国的文化、经典的做法，类似于“以西释中”；狭义的“反向格义”可以特指以西方哲学中的某些独特的概念、术语、理论来对应、解释和研究中国哲学的思想、观念的做法。“反向格义”并非这种“以西释中”式哲学研究的唯一称谓，还有人曾提出“洋格义”（林镇国语）、“逆格义”（林安梧语）等术语，但就其内涵而言，这些术语与“反向格义”并无本质差别。就近代以来的中国哲学研究而言，“反向格义”始终是最主流的一种研究范式，即便是“中国哲学”这一概念和学科，其本身也是“反向格义”的重要成果。

不可否认的是，“反向格义”确曾为中国哲学的研究和发展带来了巨大的利益。近代以来，传统的“注经解经”的诠释方法已经式微，近代哲人已经无法再通过这种方法开创新的哲学思想和体系。这既是中国传统哲学在近代西方先进文明面前的命运，也是中国传统哲学的事实。随着西方哲学范式的引入，胡适、冯友兰等人通过这种“反向格义”而写就的《中国哲学史大纲》和《中国哲学史》等著作，直接开启了中国哲学研究的新范式，中国哲学学科也终于以“近代”的方式建立起来，从而成为可以与西方哲学相媲美的一种独立的哲学范式。这对于现代中国，尤其是对于民族主义运动高涨的抗战时期而言，乃是一件极具民族文化意义的哲学事件。在这种范式的指引下，我们渡过了中西文化和哲学交流初期的尴尬与困难局面，而且出版了一系列哲学著作，并尝试以新的视角和概念重新审视中国传统哲学，从而不仅使中国传统哲学的思想和人物有了时代的新意、焕发出新的生命力，而且更重要的是，它使中国传统哲学逐渐进入现代思维，开始学会以西方乃至世界的眼光和视角来调动中国哲学的资源以回答具有全球化意义的时代问题，这一点在现代新儒家尤其是海外新儒家那里更为突出。

① 刘笑敢．诠释与定向：中国哲学研究方法之探究．北京：商务印书馆，2009：101．

然而，事情往往有不容我们忽视的另一面。“反向格义”在给我们的哲学研究带来巨大利益的同时，也使我们的哲学创新和发展步履维艰。第一，“反向格义”很容易造成对中国传统哲学的误解乃至穿凿附会。传统“格义”是以自己熟悉的本土哲学来消化与对应自己不熟悉的外来哲学，是以中国的方式来理解非中国的文化；而“反向格义”却是用自己不熟悉的西方哲学的概念、术语、理论来解读与诠释中国本土的哲学和思想①，这样固然有利于中国哲学与世界哲学之间的对话和交流，但更容易导致将西方哲学的范畴、框架、体系生搬硬套、牵强附会地运用到中国传统哲学的概念和术语上，从而致使西方哲学范畴和中国哲学思想之间的方枘圆凿，比如至今仍在中国哲学中被使用的本体论、存在论、唯物主义、唯心主义、物质、精神等概念，实际上都是以西方哲学（包括后来的马克思主义哲学）的话语透视中国哲学的结果。我们且不论中国哲学家对西方哲学的概念和范畴的把握到底能有多准确（毕竟，在某种意义上，“误解”和“偏见”几乎是不可能根除的），单就这些概念能够在多大程度上准确而全面地概括中国传统哲学这一点就是很值得怀疑的。中国哲学中真的有西方意义上的存在、本原、是、超验这些概念吗？如果有，为什么有那么多的西方哲学家都否定中国“哲学”？这里恐怕不只是西方哲学家对中国思想的误解问题。此外，物质和精神之间、唯物主义和唯心主义之间的区分真的那么确定而不可置疑吗？更有甚者，西方哲学的概念和范畴真的就比中国哲学的更完美、更适合言说中国思想吗？这些问题恐怕都没那么简单。

第二，从事“反向格义”的哲学家似乎对由此产生的哲学误解并没有足够的重视。我们说，从事传统“格义”的僧侣起初只是把“格义”作为讲解佛经以训门徒的一种方便法门，即便一开始他们可能并没有预

---

①　这里，刘笑敢提出的一个忧虑不无道理。他认为，在现代教育体制下，很多青年学者是先学习西方哲学，然后才研究中国哲学的，他们对西方哲学的了解和认识远比对中国哲学的了解和认识深刻，这和胡适、冯友兰那个时代的情况有着方向性的不同，因此，这种“反向格义”对他们而言似乎是不适用的。这种现象既值得注意，也值得忧虑。（刘笑敢. 诠释与定向：中国哲学研究方法之探究. 北京：商务印书馆，2009：105）但笔者以为，这种情况依然可以纳入“反向格义”的范畴。因为，一方面，虽然青年学者对西方哲学的了解更深，然而这并没有改变“以西释中”的“反向”性质，因而可以算作“反向格义”的一个特殊现象；另一方面，这种情况并没有改变以西方哲学的范畴来解释中国哲学思想时所产生的方枘圆凿的局面。

估到这种方法所导致的问题的严重性，但随后便有人进行了反思。比如，曾参与过石虎佛教王国运动的道安在离开后赵之后指出，“先旧‘格义’于理多违”①；等到后秦弘始三年（401 年），鸠摩罗什进入长安，开始领导中国的佛经翻译工作，此后，“格义”之类的权宜之策便逐渐销声匿迹。如果说，传统“格义”只是一种为了更好地理解和领会佛教教义、追求更高的知识体系和思想境界的权宜之策的话，那么近代的“反向格义”则俨然已经成为一种常规诠释路径，甚至“对许多人来说，似乎反向格义本身就是传播和引进先进的思想理论，或反向格义本身就是一种学术研究，而不是追求更高认识或学术水平或思想境界的手段”②。自 1919 年胡适的《中国哲学史大纲》出版以来，“反向格义”的研究范式已经差不多走过了整整一百年。在这一百年的时间里，很少有哲学家会把“反向格义”视为一种权宜之策，中国哲学界也少有关于“反向格义”的质疑和批评，关于“反向格义”的合法性、正当性以及必要性的论证也付之阙如。直到近些年，随着中国参与全球化运动的深入，中国哲学始终未能为世界哲学贡献新的思想和理论，中国哲学合法性问题才被重新提及，“反向格义”所引发的思想困难才逐渐受到重视，但尚未产生全面而系统的反思和批判。

总之，“反向格义”在中国已经诞生了一百年，时至今日，中国哲学不仅没有走出“反向格义”的窠臼，反而在这条道路上自觉不自觉地越走越远，以至于有人曾感慨：“曾几何时，当代中国人在理解本国传统哲学时，由于知识、语言的生态环境丕变，以至于居然要通过西方哲学的概念语言，这才能使传统的智慧稍稍为本国人理解。”③ 就当下的哲学创新而言，继续“反向格义”的范式几乎确定要失败，而再退回到“格义”的时代也已经不可能，毕竟以如今我们对西方乃至世界哲学的理解和认识程度而论（世界对中国哲学的认识也比一百年前深刻得多），“格义”即便不是多余，也差不多已经没有太大用武之地。回到“我注六经”和“六经注我”的“注经解经”时代更不可能，一方面，自近代以来，以注经的方式来实现哲学创新已经退出现代学术的历史舞台；另

---

① 陈寅恪．陈寅恪史学论文选集．上海：上海古籍出版社，1992：99.

② 刘笑敢．诠释与定向：中国哲学研究方法之探究．北京：商务印书馆，2009：101.

③ 袁宝新．从海德格尔、老子、孟子到当代新儒学．武汉：武汉大学出版社，2011：207.

一方面，无论是“我注六经”还是“六经注我”，都过多地受到了“经文”本身的限制，从而不利于思想的创新和言说。总之，世界各哲学之间俨然已经进入一个高层次密切对话的阶段，我们如今追求的不再是初级的单向度“格义”或“反向格义”，而是深层次融合与互镜。这就要求我们必须寻找新的哲学方法论，从而既能适应现代学术规范，让世界能够理解，同时又要适于中国哲学表达，使哲学呈现中国色调。

5.2 “大哲学”：方法论的革新

以西方哲学的概念、术语、理论来框定中国哲学思想的“反向格义”方法所带来的问题如今愈发明显。中国哲学之所以始终无法开创出新的思想和理论体系，原因固然是多样而复杂的，但方法论上的困难必然能够在其中占有重要一席。当我们无法通过一种适合而切近的方法来使中国哲学思考和发声的时候，我们又何谈中国哲学的创新？如前所述，研究中国哲学的传统方法，无论是“我注六经”还是“六经注我”，无论是“格义”还是“反向格义”，到了现代，都已经不适于中国哲学的承续与创新。因此，我们必须进行方法论的革新，并寻找到一种既符合世界哲学的时代特征，又适用于中国传统哲学的特性的哲学方法论。而这就是我们所要谈及的“大哲学”。不过在此之前，我们首先要弄清楚两个问题：一是未来哲学的时代走向问题，二是中国传统哲学的形式特征问题。当然，其中任何一个问题都可以衍生出一系列问题，从而需要一部大书才能回答，这显然不是本小节乃至本书所要做的工作。我们这里只是提出一些简要而概括性的思路，从而为哲学方法论的革新提供些许建设性指引。

关于第一个问题，即未来哲学的时代走向问题，我们曾在本书第二章大概描述了未来哲学将会是走向“求通”的世界哲学。世界哲学的基础当然是世界历史。我们说，随着人类社会生产和交往方式的巨大变革，人类社会在经济、政治、文化等方面的联系日益频繁而深入，现代化和全球化愈发使整个人类社会连接在一起，从而组成一个真正意义上的命运与共的生活共同体，人类历史也在此基础上从历史世界走向世界历史，由民族历史步入全球历史。历史由民族向世界的转变使世界上各个国家、地区和民族之间的文化不断遭遇、碰撞、冲突、对话以及融合，人们不仅分享着彼此的生活，而且分享着彼此的思想，以及这些生活和思想背后所内含的整个民族文化的历史，世界哲学正是在这种不断的冲突和分享中逐渐产生。从近代世界史中我们不难推知，世界哲学的产生过程注定不会如它的名字那般温柔。世界哲学的开端必然是以西学强势话语的入侵为起点的，或者从某种意义上说，伫立在世界哲学开端的那个哲学雏形无疑是近代西方哲学的模样。直到第二次世界大战结束，随着各殖民地民族主义运动的不断高涨和节节胜利，西方中心主义开始瓦解，第三世界民族国家的文化在“世界文化”的舞台上方才展露出自己那不为世人所熟知的历史面孔，这时，世界哲学才开始添上一抹带有异域风情的非西方色彩。随着第三世界的崛起，尤其是中国的经济崛起和文化复兴，东方文化不断进入西方并为西方哲学家所认识和了解，这时的世界哲学似乎才真正开始了它的世界性进程。因此，在某种意义上我们也可以说，世界哲学实际上“是西方哲学东渐与东方哲学西渐双重变奏的产物”①。世界哲学融东西方哲学于一体的思路和视野为哲学未来的发展与走向开拓了新的道路、前景。自此以后，任何民族国家的哲学如果背离这一趋势，自顾自盼、自说自话、孤芳自赏，便无异于同世界哲学相隔绝。任何拒绝参与世界哲学进程、拒绝同人类思想一道前进的哲学，必将为世界和哲学所抛弃。这不仅是未来哲学的预言，更是中国近代哲学和文化的惨痛教训。诚如鲁迅在《文化偏至论》中所言：“明哲之士，必洞达世界之大势，权衡校量，去其偏颇，得其神明，施之国中，翕合无间。外之既不后于世界之思潮，内之仍弗失固有之血脉，取今复古，别立新宗。”② 由此可见，哲学走向世界、走向融合乃是哲学发展的时代趋势，民族哲学只有在世界哲学的视野下工作才能真正有所作为。

但这里需要提醒注意的是，世界哲学并不是所谓的“一元哲学”或者世界各民族哲学的集合。第一，世界哲学并不是“一元哲学”。在黑格尔看来，真理是唯一的，故而作为有关真理之客观必然性的科学的哲学也是唯一的。但事实上，人类并没有“上帝之眼”，不可能看到真理的全部，因此也就很难说有所谓超时空的、普遍而绝对的真理，真理总

① 谭仲鹢．世界哲学与未来中国哲学．开放时代，1997（1）：10.

② 鲁迅．鲁迅全集：第1卷．北京：人民文学出版社，2005：57.

是具体而历史的。真理作为“一”并不是单一、一元，而应当是整全的、连续的、历史的“一”，所有具体的真理都是这个真理整体的内在构成部分。与此相应，哲学作为有关真理之客观必然性的科学，并不是“一元的”，前世界哲学不是，世界哲学也不是。哲学对真理的把握恰如盲人摸象，是对整体真理的部分认知或对部分真理的整体认知；这种把握又如月映万川，是对普遍真理的具体认知或对具体真理的普遍认知。哲学即便走向世界哲学，也不会改变这种多元和多样认知的可能性与必然性，这不仅是哲学的命运，更是人类的命运，因为人总是有限的，有限的人不可能把握无限的真理，而只能在无限延长的历史中具体地把握真理并因而无限靠近真理。所以，世界哲学不是一元哲学、一种哲学，而恰恰是多元哲学、多样哲学，是不同的民族国家在不同的历史和文化背景下依据各自的民族经验与智慧对时代精神的具体把握，是对同一个世界、同一个时代，甚至同一个问题和同一种命运的不同回答。这种因不同而多元、多样的哲学正是世界哲学的题中之义。中国古语所谓“和实生物，同则不继”在此也可作为辅证。

第二，世界哲学并不是世界各民族哲学的集合。哲学从民族走向世界并不意味着民族哲学的消亡或退化，而只是说从此以后，任何民族国家的哲学都要学会站在世界哲学的高度，用世界哲学的视野从事哲学研究。世界哲学不是要取代民族哲学而成为一种新的哲学形态，恰恰相反，它是要促成各民族哲学在同一个世界和同一时代的问题域下，凝聚世界各民族哲学的智慧和力量从事哲学研究，从而努力回应人类共同的难题和命运。如果世界哲学只是各民族哲学的集合，那么人类从哲学诞生之初便已经处在世界哲学之中，而这显然不是我们所要的答案。相比之下，所谓“人类视角，中国眼光”恰恰是有关世界哲学的一个绝佳注脚，它很好地化解了“世界哲学”这一概念在哲学的世界性和地方性之间的张力，虽然它的实现绝非易事。就此而言，我们可以自然推出，世界哲学并不等于某一种具体的哲学形态或哲学理论，它甚至也不是一个哲学现实；相反，它更像一个哲学理想和哲学运动，是人类哲学思考的目标和方向。因此，我们所要做的并不是争论或研究到底何种哲学形态才是世界哲学，而是要努力用“世界视角，民族眼光”来发展自己的哲学，从而使自己的哲学更具世界性和民族性，以便为世界哲学的时代发展和需要贡献民族的智慧与力量。

我们需要回答的第二个问题是中国传统哲学的形式特征问题。众所周知，中国古代并没有所谓的“哲学”，有的只是按照“经、史、子、集”四个部类划分的知识和学问，“文、史、哲不分家”。“经、史、子、集”四大部类中，每一部都有哲学，也都有文学和史学，甚至同一本书既可以是哲学著作，又可以是文学著作，如《论语》《孟子》《庄子》等大多数先秦典籍都是如此。被鲁迅赞誉为“史家之绝唱，无韵之离骚”的《史记》，虽是史学著作，但同时在文学史上有重要影响，而且也没有人会否认其中还包含着丰富的哲学思想。更不用说像《春秋》“三传”，《春秋繁露》这类文、史、哲、天文、历法等知识皆备于一体的著作了。即便到了唐宋明清之际，这种“文、史、哲不分家”的状况依然存在，对后世作文曾发生重要影响的韩愈的所谓“文以载道”的思想实际上佐证了这种“文”“道”一体的复杂现象。当然，学科分类不明确也并非中国传统独有的现象，西方文化早期同样如此。古希腊时期，柏拉图的哲学著作同时就是文学著作，《伯罗奔尼撒战争史》等史学著作同样是文学名篇，更不用说中世纪哲学与宗教合一的特殊时期了。虽然西方许多学科从亚里士多德那里便开始形成，如伦理学、逻辑学、物理学等，但实际上真正意义的学科分立到近代才出现。文艺复兴之后，近代西方社会的自然科学和人文艺术都得到了长足的发展和进步，随着科学研究的深入和细化，按研究领域和性质加以划分的各个学科自然也就产生了。学科的区分因科学研究深入的需要而产生，反过来，学科的独立又促进了这种学术研究的进一步推进，从而为近代西方的世界性崛起奠定了知识基础。学科的分类和细化随着西方国家的殖民扩张而走向世界，“中国哲学”学科的诞生便是其中一例。

当然，值得一提的是，中国传统哲学虽然“文、史、哲不分家”，但这并不意味着不应当“分家”或者我们没有“分家”的准备或努力。就前一方面而言，中国古代确实有很多哲学家在文学乃至史学方面有相当之造诣，比如“韩愈、王安石和朱熹三位先贤同被谥为‘文’，韩愈与王安石既是文学家也是哲学家，朱熹则更是在文、史、哲各方都有杰出的贡献”①。这一方面说明“文、史、哲不分家”这种现象在中国古代是有事实为证的，另一方面也说明三者兼备确有相得益彰之功效。但

① 向世陵．整体、本体、境界与世界——中国哲学如何走向未来．福建论坛（人文社会科学版），2008（1）：15.

这并不意味着三者不需要“分家”或者现代学科不需要设立，西方近现代因学术分科而带来的巨大社会进步尽人皆知，毋庸赘言。此外，中国古代实际上从汉代开始便已经开始尝试进行学术分科。如汉代所设立的“五经博士”，就是对《诗》《书》《礼》《易》《春秋》五部经典的专门研究，因而可以被视为中国古代学科分类的雏形。就文、史、哲三者的划分而言，南朝“刘宋元嘉十五年（公元438），儒学、玄学、史学、文学‘凡四学并建’，是国家设立的正式学科。‘儒学’具体指经学，玄学就是哲学，史学、文学不变，那么，文、史、哲的分科早在南朝时就开始了。在后来的朝代，如赵宋时的学科则分得更细”①。虽然这种学术分科并不具有近代意义，但这至少表明，随着学术研究的深入，由学术专业化而导致的学科分类乃是学术研究的一条必然之途。

然而吊诡的是，以近代西方知识分类为基础的现代学科划分到了当代突然发生了学术转变，这种转变的一个最大特点就是交叉学科和跨学科研究的出现与兴盛。之所以会出现交叉学科和跨学科研究，原因是多方面的，但主要得益于两个相互交织的因素，一是社会生活的复杂化，二是科学研究的深化。两次世界大战之后，科学技术迅猛发展（很多科技手段的发展与此前战争的需要有着重要的关联），在人类改变科技的同时，科技也在改变人类，在这种相互改变的过程中，人类不仅升级了生活方式，而且改变了社会存在方式，但与此同时，也引发了新的社会问题。人类比以往任何时代都更为紧密地联系在一起，也比以往任何时代都更为频繁而深刻地彼此影响，从而真正能够达到“牵一发而动全身”这样的“蝴蝶效应”。愈发复杂的社会生活和社会存在使人们无法再像以前那样仅凭单纯而单一的视角和眼光就敢于去把握与认知这个世界，社会生活虽然从来都不简单，但它如今却比从前更为复杂，即便一个简单的问题和现象，其背后的原因也很难仅靠某一个理论或一两句话就解释清楚（虽然人类常常希望通过更为简洁的理论来解释清楚这种复杂的生活），更何况理论的更新速度永远赶不上问题的出现速度，旧的问题还没解决，新的问题已经随之而来。但问题又不能不解决，于是，为了更好地解释与解决生活中的现象和问题，人类便不得不借助多学科的研究成果，从多元理论视角透视各种社会现象，以便解决生活问题，

① 向世陵．整体、本体、境界与世界——中国哲学如何走向未来．福建论坛（人文社会科学版），2008（1）：15-16.

跨学科研究便随之产生。也就是说，在面对新的社会现象和新的生活问题时，当单一的学科研究深入到如果没有其他学科的理论加以辅助便无法再进一步深入时，交叉学科和跨学科研究就诞生了。交叉学科的出现和跨学科研究的兴起标志着人类认识社会与改造社会的一个重大突破，它意味着人类社会的理论研究进入了一个更宏大的视野和更深入的场域。自此以后，人类只能朝着更宏大且更精微的方向发展，而没有退路。哲学的发展同样如此。哲学在古希腊作为科学之母，容纳各种学科于一身，这是哲学的初级状态。到了近代，随着科学理论研究的深入，各个学科从哲学母体中分离而单独发展，从而形成“百花齐放”的局面，这是哲学的必经之途。到了当代，科技和理论的发展使人们重新认识到各个学科之间的共通性、互补性，随着生活的复杂化，大时代、大数据、大问题成了时代的潮流和趋向，而人工智能、生物科学、量子力学、化学制药等科学技术的飞速发展，也使人类对宇宙、自然、世界、大脑、心灵等的哲学认识和反思开始进入一个需要更多学科进行内部参与的总体把握阶段，当代哲学走向“大哲学”成为哲学发展的应然趋势。中国古语所谓天下大势“合久必分，分久必合”，似乎也成了哲学发展历程的一个绝佳注脚。

所谓“大哲学”，就目前而言，与其说它是一种哲学形态或哲学体系，不如说它是一种哲学思路或哲学倾向。在这里，我们主要将其视为一种不同于以往哲学研究进路的哲学方法，并试图通过这种方法论革新来推动中国哲学的创新。“大哲学”（macro-philosophy），按照赵敦华的说法，是与“纯哲学”（pure philosophy）相比对的一个概念。所谓“纯哲学”，简单来说，就是纯粹地追求智慧的学问。亚里士多德认为，“智慧是关于某些本原和原因的科学”，而且，“在各门科学中，那为着自身，为知识而求取的科学比那为后果而求取的科学，更加是智慧”①。由此我们可以说，那些为着知识自身的缘故而被追求的智慧、那些“为知而知的智慧”，就是“纯哲学”，其形态就是西方哲学史上所描述的大部分哲学理论和哲学体系，而最典型的“纯哲学”就是“形而上学”。既然“纯哲学”常常见诸哲学史中，那么，与之相对的“大哲学”又身在何处？在赵敦华看来，一种哲学，无论它多么纯粹、多么高于现实，

① 亚里士多德．形而上学．苗力田，译．北京：中国人民大学出版社，2003：4.

它都必须而且必然有自己的“文化母体”（cultural matrix）[①]，即“纯哲学”得以孕育和产生的文化土壤，这就是“大哲学”的原初形态。

就西方哲学的发展历程而言，每一次“纯哲学”的突破都是从“大哲学”这一“文化母体”中产生的，但“文化母体”本身并不是一成不变的，而是随着历史和时代的发展不断变化的。古希腊时期，“纯哲学”的“文化母体”是古希腊人的世界观、宇宙观、人生观、价值观，它体现在古希腊文化的各个方面，如神话、宗教、诗歌、戏剧、绘画、音乐、数学、医学、历史等，并产生出自然哲学、形而上学和伦理学；中世纪的“文化母体”主要是基督教，它产生了基督教哲学；近代是以自然科学的繁荣为“文化母体”的时代，从中产生了知识论和认识论的哲学；到了20世纪，数学、语言学、心理学、生物学、社会学、政治学等的发展，又为哲学“文化母体”的繁荣贡献了不少新的元素。总之，“文化母体”的发展为“纯哲学”的繁荣奠定了重要基础。但一旦“纯哲学”与其“文化母体”之间的纽带和关联变得松弛、动摇，哲学的危机就出现了。比如，古希腊最初的哲学形态是自然哲学，它脱胎于古希腊神话世界式微后所出现的古希腊人的自然观和世界观，这种观念在公元前5世纪遭到了相对主义和怀疑派的挑战，从而引发了哲学的第一次危机。这次危机以柏拉图和亚里士多德创立的理性主义哲学体系的诞生而告终，从而迎来了古希腊哲学的黄金时代。古希腊哲学在罗马时期伦理化，其“文化母体”是古罗马人的道德世界观，当这种世界观遭到罗马贵族反道德行为的破坏时，哲学的第二次危机便出现了。这次危机最终在基督教文化和信仰那里得到了拯救，在其基础上，经院哲学统治了漫长的中世纪。“千年王国”衰落以后，哲学第三次陷入危机。这一次，哲学通过与新兴的自然科学的结盟来克服危机，从而在科学的“文化母体”上建立了新的哲学。到了19世纪末20世纪初，自然科学内部也出现了危机，“数学危机”“物理学危机”等纷至沓来，哲学相应进入第四次危机。在赵敦华看来，现代西方哲学至今未能走出这一危机。[②]

从西方哲学的发展历程看，“纯哲学”与“大哲学”实际上处于一

---

① 赵敦华．“大哲学”视野中的现代中国的哲学．云南大学学报（社会科学版），2005（3）：23.

② 同①.

种此消彼长的关系中。也就是说，“纯哲学”凸显之际，便是“大哲学”淡出之时；相反，“纯哲学”发生危机之时，便是各种思想文化彼此交锋、碰撞、融合之际，而此时，“大哲学”作为“文化母体”便走向了思想的前台。而今西方哲学危机四伏、困难重重，正是需要“大哲学”发挥作用的时候。另外，跨学科研究和应用研究的兴起，也为“大哲学”的繁荣增添了不少有力的思想色彩。正如赵敦华所言，“第四次危机也只是学院式哲学的危机，至于应用哲学、分支哲学和跨学科的哲学研究，都属于‘大哲学’的范畴。我们所处的时代，‘纯哲学’虽然没有摆脱危机，但‘大哲学’的形态之丰富、范围之广阔，更是前所未有”①。

“大哲学”和“纯哲学”的此消彼长并不意味着二者是对立的关系，恰恰相反，二者实际上乃是相辅相成的。第一，西方哲学本来就是以“大哲学”的形态呈现的，很多哲学家在其他领域也都有相当之造诣。古希腊哲学家自不必说，即便是近代的大哲学家，在各个领域也都是成绩斐然。如笛卡尔，除了哲学家身份外，还是数学家和物理学家；洛克在哲学之外，还进行了医学、教育学和政治学等方面的研究；莱布尼茨也具有哲学家、数学家等多种身份，涉及的领域包括法学、力学、光学、语言学等，是公认的通才，被誉为“十七世纪的亚里士多德”；康德不仅哲学成就突出，而且对天文学颇有研究，甚至是“星云说”的奠基者之一。凡此总总，都说明了传统哲学的“大哲学”特征。相比之下，“纯哲学”乃是随着近代自然科学的发展，在各门学科纷纷独立和专业化之后，才逐渐从“大哲学”中提取和抽象出来的。因此，“大哲学”更符合西方哲学史的历史状况，而且，它的发展不仅不会阻碍“纯哲学”的深化，反而会为“纯哲学”的突破奠定更雄厚的文化基础和思想基础。第二，虽然“纯哲学”的凸显往往会掩盖“大哲学”的本来面目，但“纯哲学”的发展也会推动“大哲学”向更深层次拓展和蓄力。“比如，现代西方的科学哲学、政治哲学和宗教哲学等等跨学科的哲学研究，都属于‘大哲学’的范畴，但从另一个角度看，这些又属于分支哲学的范畴，是以‘纯哲学’为基础和核心的。”② 也就是说，“大哲学”的深化和拓展是以“纯哲学”的发展为基础的，“纯哲学”的研究

① 赵敦华．“大哲学”视野中的现代中国的哲学．云南大学学报（社会科学版），2005（3）：24.

② 同①.

越深入，各分支哲学的研究就越细致，从而以分支哲学为基础的交叉学科哲学研究或“大哲学”研究的路径就越宽，思路就越广，研究的层次和水平也就相应得到了提升。正如江河入海，江河之水越多，海平面自然就会上升。而且，“从现在的发展趋势来看，各门‘分支哲学’，如政治哲学、经济哲学、社会哲学、法哲学、历史哲学、考古哲学、生物哲学、应用伦理学，以及哲学（Philosophy）、政治学（Politics）和经济学（Economics）的跨学科的PPE教学项目，是最有活力、最有发展前景的新的哲学形态，它们构成了从‘纯哲学’出发实现‘大哲学’的主要形式”①。总之，“纯哲学”和“大哲学”并非互相牵制，而是互相扶持。全球化时代的哲学发展虽然可能越发朝向“大哲学”的方向迈进，但这并不意味着“纯哲学”就没有了用武之地。相反，我们既要通过“纯哲学”的发展来推动“大哲学”以完成哲学的时代使命，也要用“大哲学”所积累的视野和成果来助力“纯哲学”的理论突破和思想创新。

除了“大哲学”以外，赵汀阳也曾提出“大模样伦理学”。他说他之所以“提出大模样伦理学是为了更好地理解和解决我们在伦理学中遇到的各种似乎难以解释和讨论的问题，即希望在一个大空间里理解各种伦理学问题的那些不容易看清楚的大背景和意义”②。我们说，伦理学所面对的问题只是生活问题的一个面向，生活中也很少有哪个问题只是纯道德问题，而与其他知识领域无涉。伦理学当然可以自说自话，制定出一套“完美”的伦理学规范和体系，但如果这套体系不能用以指导生活，那么它就什么都不是。伦理学一旦要指导生活，便会牵涉到生活的其他方方面面，比如政治、经济、军事、文化、科技、医疗、家庭、自然等一系列问题，而在每一个具体的问题域中，这些问题总有自己的倾向或重心，伦理学在思考和解决问题时，便不能不考虑到这些倾向和重心，否则便会回到一厢情愿地制定普遍伦理规范的尴尬境地。所以，解决伦理问题同样需要“大背景和意义”，而不能像普遍伦理规范主义这种“小伦理学”那样，“要求那种对任何事情都有效的规范”，因为这样的规范其实质“就是在要求把丰富立体的生活变成单薄平面的生活”。

---

① 赵敦华.“大哲学”视野中的现代中国的哲学.云南大学学报（社会科学版），2005（3）：24.

② 赵汀阳.论可能生活.北京：中国人民大学出版社，2009：284.

与之相反，“大模样伦理学”所要求的则是“恢复思想的复杂感觉，不要把事情想得太简单，要像一个成熟的思考者，在思考伦理学问题的同时”，想到其他学科、领域、阶层、民族、文化等不同背景和处境下的人会怎样思考，“而不能主观地想象所有事情、所有人都应该怎么怎么”①。因此，赵汀阳认为，“伦理学必须在其他学科的‘余地’里去思考”②。当然，之所以这么说最主要还是因为生活本身是以整体的方式存在的，理论研究就像视角观察，又像盲人摸象，或者绘制地图，我们无法一下子看到整个真理或生活的全部，于是便只能一点点地观察、触摸、描绘这个大而全的生活整体。但单枪匹马地战斗显然是不够的，于是我们就需要通力合作，把各种观察所看到的真理碎片收集起来，从而尽可能准确地把握生活的全部。“对于哲学思考来说，不懂文化的各个方面就任何一方面都不懂。哲学（当然包括伦理学）的思想只能是一种服从细节的整体思维。”③ 总之，“大模样伦理学”可以被视为“大哲学”在伦理学领域的具体展开，它把伦理学和生活整体结合起来，在真理散落人间之后，通过与其他学科和理论的合作来收集真理的碎片并予以“粘连”，从而尽力实现伦理思考所要达到的对于生活的“整体效果”。

此外，吴根友也曾提出“求通”的“世界哲学”。“世界哲学”的基础当然是“世界历史”，这一点我们在前文已经谈过。在地域文明时代也可以说“世界哲学”，只不过那个时期的“世界哲学”更像“世界中的哲学”（philosophy in the world）而非“世界哲学”（world philosophy），因而“仅是一种反映各特定地域的哲学思想的无机之整体”④。到了近代，随着资本主义生产方式的世界性扩张，各民族国家开始逐渐连为一体，真正意义上的早期“世界哲学”才“从欧洲人的哲学观出发而建构出了第一轮的‘世界哲学’的精神图景”⑤。当代则是一个多元民族和文化不仅共存而且联系愈发紧密的时代，各种意识形态和观念之间不仅交流日益增多，而且冲突日益升级，从而恰好印证了亨廷顿“文

① 赵汀阳. 论可能生活. 北京：中国人民大学出版社，2009：285.

② 同①284.

③ 同①286.

④ 吴根友. 对当代中国哲学创新的思考. 华中师范大学学报（人文社会科学版），2015（5）：60.

⑤ 同④.

明的冲突是当今世界最主要的冲突”这句著名的断言。因此，在“世界历史”的新阶段呼吁建立一种新的“世界哲学”，不仅在情理之中，而且是时代所趋。在吴根友看来，“‘世界哲学’不是一种形而上学的预设，即设想有一种现成的‘世界哲学’形态存在于某个地方，然后由少数思想的开矿者将它从某个神秘的地方开采出来。毋宁说，我们如何根据新的‘世界历史’的要求，去努力通达一种新的哲学形态，即一种能为‘世界历史’之中的人们相互交往、相互接受，同时又保持各民族独特性的生存方式提供一套新的哲学观念”①。关于“世界哲学”的理解是一个十分复杂的问题，黑格尔、马克思、雅斯贝尔斯甚至罗尔斯等都曾提出类似的问题。吴根友这里提到的“世界哲学”的一个最大特点就在于它的“求通性”。他说：“‘世界哲学’的诸问题其实就是一个‘求通’的问题，一是各民族文化、伦理、政治之间的沟通与理解问题，二是人与大自然之间的合乎自然法则又合乎人的目的性的沟通与利用的关系问题，三是科学与人文、人类男女两性之间的沟通与理解的问题。”② 关于这个“通”字，吴根友说他主要是取自谭嗣同“仁以通为第一义”的“仁通”哲学，它在哲学上主要有三层含义。其一，就是要求我们对“通性”也即“通”的可能性进行哲学追问。所谓“通性”，就是一种让不通变通、让已通继续通的势或力量。这种势或力量，就主观能动性而言，实际上就是人的一种“心力”，即包括意志、愿望、情感、理性等在内的一种混合的主观能量；就客体而言，主要是指材料、信息、能量之间的可交流性和可通性。因此，“‘通性’即是主体之人的‘心力’利用适当的材料、能量与信息编码，实现人与客观世界、人与人之间的无障碍交流，从而让人类始终保持与宇宙的无限相遨游的自由意志”③。其二，“通”“也是对作为主体的人类在宇宙中的自由活动、恒久延绵的一种渴望与活动本身的思想揭示”④。我们说，作为主体的人在与世界、他人乃至他物打交道时，并没有一个现成的具有“可通性”的道路等着我们去走，而是需要我们

① 吴根友．对当代中国哲学创新的思考．华中师范大学学报（人文社会科学版），2015（5）：61.

② 同①62.

③ 同①62.

④ 同①62.

在打交道的过程中自己开辟通道。因此，不是道路决定“通性”，而是“通性”开辟道路。“‘求通’的哲学要求我们学会通盘思考地球与人类的边界与可沟通性问题，从而来思考每个民族国家、种族、地区、单位、个人的生存、发展空间与可能性的问题。”① 其三，“求通”哲学的“通性”很像古汉字“術”的原意，即“邑中之道”。“所谓的‘通性’，即是在无限的宇宙与无限的人世之中的一条‘邑中之道’，因而它也是起点但不是唯一的起点，而是任何一个可以作为起点的‘起点’。”② 也就是说，“通性”需要一个起点，但这个起点并不唯一，可以是任何一个起点，然后从这个起点出发，并不断打开和拓展这一起点，从而使这个起点与其他可通之点沟通、连接起来，形成一个纵横交错、四通八达的有机整体。最初的起点作为“邑中之道”，虽然具有地方性和特殊性，但通过与外部其他的“邑中之道”进行沟通、连接，这个地方性便具有了全球性和世界性。就此而言，“‘通性’的哲学呼唤的是一种不断依靠主体的自由意志从事探索、开辟、游于无穷的实践性哲学。这一实践性的哲学甚至不以占有、拥有为自豪，而主要以开辟、探索为旨归”③。这里，“通”既不是“同”，更不是“统”，而是“主体的知、情、意、欲所形成人的目标在可控的条件下的实现、通达，以及相互之间的交流、沟通、理解、领悟、承认、接受、和谐共处”④。“通”没有完成时，只有进行时，因此，“求通”的哲学永远没有终结，只能不断地开辟新的通道、到达新的境界。

我们说，无论是“大模样伦理学”还是“求通”的“世界哲学”，实际上都在呼唤一种“大哲学”，即一种既立足哲学思考但又不限于哲学本身，而是集各种视角、思维、学科、理论、方法于一处，连各“邑中之道”于一体，以一种更宏大、更宽阔、更深层的思路来进行哲学思考的哲学方法论。“真正的‘大哲学’不在于其内容之包罗万象，而在于其理论根源之深度、理论面向之厚度及理论视野之广度。它既包括规模上的‘大’，即自觉地把哲学问题放在整个哲学历史发展上和哲学各

---

① 吴根友．对当代中国哲学创新的思考．华中师范大学学报（人文社会科学版），2015（5）：63.

② 同①.

③ 同①.

④ 同①.

学科互通的语境中理解哲学问题；也包括视角上的‘大’，即从全球意义上、从中国发展的长远需要来提出问题、解释问题和回答问题；更包含方法论上的‘大’，即不再把哲学当作独立于科学与社会科学之外的另类学科，而是作为渗透于其他学科并为之提供思维方式指导的宏观方法论。如果以‘大哲学’为发展方向，通过跨学科和跨文化的交融，使当代中国哲学能够从不同的文化土壤之中汲取丰富的思想资源，则必然能够使当代中国哲学跳出本土哲学、西方哲学的窠臼，在携带传统特色的同时拥有世界性的视野，从而更好地推动当代中国哲学的创新和发展。”① 因此，“大哲学”对于世界哲学的未来发展无疑具有重要的意义，尤其是在跨学科研究日益繁荣且必要的今天，“大哲学”的产生必然能够有效推动世界哲学朝着多元、广泛、深层一体化的方向发展。除此之外，我们还认为，“大哲学”的提出有利于中国哲学在与世界哲学进行接轨的同时，承续中国传统哲学的思想智慧和实践品格，从而有利于推进中国哲学的当代创新。

5.3　“大哲学”与中国哲学创新

如前所述，中国传统思想中并没有现代所谓的“哲学”，有的只是以“经、史、子、集”四大部类保存下来的各种典籍、文化和思想。因此，以近代分科意义上的“纯哲学”来反溯中国传统哲学思想，实际上并不能真正把握中国传统哲学的核心精神。一方面，这是由于“纯哲学”所生长的西方文化传统与中国哲学传统有着诸多的思想差异，以“纯哲学”的范式“格义”中国哲学，虽然在初期有利于中西哲学思想之间的互动和交流，并帮助中国思想建立起“哲学”范式，但西方哲学的概念、术语、理论等终究与中国哲学思想之间隔了一层世界观、人生观和价值观，强行以西方哲学话语表达中国哲学思想，始终有种隔靴搔痒之感。另一方面，中国传统文化典籍中“文、史、哲不分家”毕竟是一个事实，虽然以现代学科分类来对之加以观照有利于学科的独立和深化，但如果只是就哲学而言哲学，忽视中国哲学与其

① 姚新中，陆宽宽．当代中国哲学的结构困境．哲学研究，2016（3）：125．

他文史学科之间的内在关联，则必然会打破作为一个有机整体的中国思想，从而导致中国哲学研究进入一种狭隘境地，甚至会误解中国哲学原典思想之本意。比如，中国古典哲学的研究就离不开考古、训诂、语言、历史、宗教、文学等各方面研究的辅助和佐证。与之相反，西方文化中的“大哲学”传统倒是能够为中国哲学的创新性突破提供诸多新的视角和方法论。

首先，“大哲学”有利于中国传统哲学思想资源的全方位深度开发。我们说，“哲学”很难说得上有什么自己的问题，这一点从近代学科纷纷从哲学中独立出去这一现象中可以更清楚地看到。到了现代，关于世界的本原，人们更愿意相信物理学而非本体论；关于人的认识能力，人们更愿意看到现代心理学和生理学的最新发展，而不是回到近代认识论哲学那里寻求答案；关于语言问题，人们也更在乎语言学家们说了什么，而非语言哲学家们说了什么。对于人生的价值和意义，人们似乎还愿意听取哲学家们的高论，但这一点也迅速被市场化了，于是出现了大量和哲学抢饭碗的所谓“心灵鸡汤”。哲学，尤其是“纯哲学”，似乎真的走到了绝境。当哲学无法再提供知识和答案的时候，哲学就走到了尽头吗？也未必，因为哲学还能提供视角和方法。我们说，各门学科只是在努力探索未知，但这种探索本身是否合理以及边界何在的问题却超出了学科本身。因此，对学科本身的反思便需要哲学介入，由此形成了各学科与哲学之间的交叉学科，如政治哲学、科技哲学、管理哲学、数学哲学、医学伦理学等。这些交叉学科便是我们所谓的“大哲学”的研究领域。“大哲学”并不像传统哲学或“纯哲学”那样，只是在哲学的世界里以哲学的概念、术语和方式来思考哲学问题，而是以一种更广泛、更开阔的视角并借鉴多学科的理论资源来处理各种哲学问题。它不再拘泥于本原是什么、存在是什么、上帝是什么、语言是什么等这些“纯哲学”问题，而是同时研究其他学科的根本性问题，如政治的合法性根源问题、科技的边界与挑战问题、医疗的伦理问题等。因此，它不仅需要哲学思维能力，更需要其他领域的专业知识，要学会从各学科领域内部进行哲学思考；否则，如果只是用过去的哲学理论套不同境遇下的问题，那就仍是黑格尔所批评的“外部思维”。

这一点正好能够被借鉴到对中国传统哲学资源的开发上。从某种意义上说，中国古代文化中并没有西方意义上的“纯哲学”传统（即便冯友兰开创了这种意义上的中国哲学史范式），中国哲学也很少（虽然并不是全无）研究本原、存在、语言、认识等抽象的哲学问题。中国哲学更多关注的不是“在”，而是“生”（becoming），是生成，更是生活。也就是说，中国哲学把天地、生活是作为一个整体来对待的，而不是作为一个个独立的研究领域来看待的。“天地之大德曰生”“生生之谓易”“未知生焉知死”……中国哲学或中国文化的核心精神，便是显现与颂扬这种“生生不息”的精神和态度。中国哲学就是“生生”的哲学，《周易》也就成了中国哲学和文化的“群经之首”。正如赵汀阳在“大模样伦理学”中所指出的，“生活事实本来是以整体的方式存在的，思想把它分析为各种东西，但这样显然不够，因为既不准确也不能很好地发挥思想的创造性，所以，如何把各种思想收敛回去成为整体就是一个问题——按理说，哲学就是做这件事情的，但是，虽然哲学一直有整体地理解事情的要求，却错误地以为这种整体的思维是单独的一种思维，就好像我们可以分析地看到事情的各种‘现象’，然后又另外有一种整体的观点用来看总的‘本质’”①。于是，哲学总是想在各种“现象”背后寻找世界和生活的“本质”，由此产生了形而上学。但实际上，这只是哲学的错觉，或者思维的错觉，生活没有独立于现象的本质，本质不过是生活现象的整体效果，本质和现象是合一的。“各种现象绝不能生长出另一种叫作本质的东西，只不过构成了现象的整体效果。而哲学想思考的就是那种‘整体效果’。如果没有整体效果，就没有各种事情的存在，所以没有一种事情能够单独思考而又思考得正确。”② 中国哲学虽然也有形而上之概念，如天道、性命、天理等，但实际上这种“形而上”与西方的“形而上学”之间有着本质的不同。西方的“形而上学”与“形而下学”之间是一种超越与被超越的关系，现象与本体有着天壤之别，是“两个世界”。中国哲学的“形上之道”与“形下之器”之间并没有这种异质化的区隔，“道”“器”处在同“一个世界”，“器”可以显“道”，“道”也可以在“器”中。因此，中国哲学便是一体的哲学、整体的哲学，或者就是“大哲学”。了解中国哲学，便不能不了解中国人的世界观、文化观、宗教观、伦理观、性别观，甚至技艺、医药、天文、历史等都可以与哲学有关。凡此总总，都可以印证“一个问题即所

① 赵汀阳. 论可能生活. 北京：中国人民大学出版社，2009：286.

② 同①

有问题”这种整体思维。因此，“大哲学”时代的来临对中国传统哲学的发展既是机遇，更是挑战，中国传统哲学能否在这种新的哲学思维和范式下焕发出新的生命力，是我们每一个哲学工作者都需要认真反思的问题。

其次，“大哲学”的提倡有利于打破中国哲学学科中的二级学科壁垒现象。二级学科之间的壁垒实际上是一个由来已久的问题。长期以来，“由于受‘纯哲学’观念和苏联的学科分类法的影响，我国哲学界把马克思主义哲学、中国传统哲学和外国哲学当作独立的学科领域，在中国的哲学中形成了三足鼎立、以邻为壑的状况。这是不正常的，对中国的哲学的发展也是不利的”①。在教育部所规定的哲学 8 个二级学科中②，我们大体可以看到三种分类标准：一是按空间来划分，如中国哲学和外国哲学；二是按义理来划分，如伦理学、逻辑学、美学等；三是按流派来划分，如马克思主义哲学。此外，这些分类中还夹杂着古今的时间纠葛，于是整个哲学的 8 个二级学科之间，尤其是在具体的研究中，常常出现纵横交错的复杂局面。于是，“在教育部规定的 8 个哲学二级学科基础上形成的若干教研室中，我们可以看到三重组合：在时间层面，每个二级学科都（力图）包含传统哲学和现代哲学；在空间层面，大部分二级学科都或明或暗地存在着中、西、马的三维格局；在义理层面，马克思主义哲学既自成体系又渗透于其他二级学科之中。这些组合不可避免地产生了普遍存在的结构性困难：第一，哲学二级学科因追求完整而导致的扩张。大部分二级学科似乎都有充足的理由保持相对独立并力求无限扩展，由此而分出众多层次、时间段和研究方向，如中国 XX 史（先秦、宋明、当代）、西方 XX 史（在时间顺序上有古代、近代、现代、当代，而在区域及哲学体系上则又可以分为德国 XX 学、法国 XX 学、英美 XX 学等）、马克思主义 XX 思想及应用 XX 学，等等。这样的划分方式虽然也符合世界上哲学‘合久必分’的趋势，但无疑会在学科领域发生或多或少的重叠并相互争夺资源和空间。第二，二级学科因自成体系而形成的相互排斥。受学科建设与评估的行政化制

① 赵敦华．“大哲学”视野中的现代中国的哲学．云南大学学报（社会科学版），2005（3）：24-25．

② 即：中国哲学、外国哲学、马克思主义哲学、伦理学、逻辑学、科技哲学、宗教学、美学。中国人民大学哲学院在此基础上先后增设了管理哲学和政治哲学这两个二级学科。

约，哲学二级学科一旦形成，通常会产生排他性。过于强调二级学科的专门化，不但使哲学教师和研究者的眼界受到限制，而且极易使原本需要哲学基础训练的本科生和研究生陷于一隅，甚或一叶障目不见泰山。虽然近年来部分高校哲学院系已经开始尝试淡化哲学二级学科之间的分野，强调本科阶段哲学的通识教育，但当前通行的评价和考核压力以及在学生培养环节对以往传统路径的依赖，使哲学二级学科的相对独立意识依然浓厚，打破教研室之间的壁垒依然困难重重。第三，强化哲学学科的知识传递功能，淡化哲学教育中理性批判思维的培养、方法论的训练及选择能力的塑造。哲学教育和研究强调问题意识，强调通过思考、辩论、批评而达到对真理的认识和对生活本质的理解。但哲学在学科定位上所肩负的教化重负，致使哲学学科身份模糊、学生生源保障无定、[学生] 毕业去向不明。如果说当代中国哲学身处危机，可能有夸大其词之嫌，但当代中国哲学确实面临重重困境，则所言不虚”①。鉴于当代中国哲学学科中的二级学科壁垒现象以及由此引发的哲学学科的结构困境，我们说，“大哲学”的提出恰逢其时。原因在于，与以“纯哲学”研究为主要特征的传统二级学科不同，“大哲学”恰恰主张跨学科和多学科研究，即便同样以问题为导向，但“大哲学”的问题域以及用以思考与解决问题的理论视野和方法论资源远比“纯哲学”丰富。在“大哲学”的研究中，各个学科和理论的积极性都能得到调动，面对同一个问题域，各个学科能够发挥自己的理论优长，取长补短，它们之间的关系不再是以邻为壑，而是以邻为鉴和阶梯，通过吸收其他学科的理论成果来为我所用，从而更好地谋求彼此间的思想合作，以便促进该问题域的解题和深化。近年来，中国人民大学哲学院在国内所进行的一系列哲学学科的创造和实验，比如管理哲学、政治哲学、PPE 等学科的设置，以及包括英、美等许多著名高校所设置的 PPL（politics，philosophy & law）等学科，实际上都是在有意无意地为“大哲学”时代的来临做准备。总之，“大哲学”的来临乃是时代所趋。为此，我们必须努力打破乃至化解各学科之间以及各二级学科之间各自为战、互不相通的保守局面，恢复哲学对生活整体的敏锐感，集各学科之所长来回应“大哲学”时代向我们提出的哲学问题。

---

① 姚新中，陆宽宽. 当代中国哲学的结构困境. 哲学研究，2016（3）：121.

最后，“大哲学”的出现有利于中国哲学（乃至西方哲学）更好地走向世界哲学。我们说，中国哲学学科自近代经胡适、冯友兰等人的努力建成以来，便深受西方哲学范式的影响。这种影响虽然对中国哲学的后期发展和突破造成了一定的负面效果，但这对当时的中国哲学的发展而言还是有着积极的意义的。一方面，中国哲学在创立之初虽然采用的是一种“反向格义”的诠释方法，但这种方法在中国哲学发展的初期还是起到了促进中西文化交流的积极效果。中国哲学家开始有意识地以西方哲学范式来整理中国传统的哲学思想，虽然“全盘西化”在当时拥有一定的支持者，但这并不是哲学研究的主流，中国哲学基本上还是沿着一个大体合理的方向在逐步深化，中国传统哲学在西方哲学的影响下也逐渐意识到自身的许多不足，如缺乏严密的逻辑、论证不够充分、概念表达不够清晰等。此后，现代新儒家试图以西方哲学的理论来承续宋明理学，从而将中国传统哲学推向一个新的层次，这也就是为人所熟知的“现代新儒学”。尽管“现代新儒学”也存在着种种问题，但不可否认的是，就思想的创造性而言，这是现代中国哲学所达成的一个较高成就。这个成就正是西学影响下的重要成果。另一方面，中国哲学的建成，尤其是“现代新儒学”在当时的挺立，确实让中国哲学开始进入西方哲学的视野，从而为世界哲学的发展提供了一种新的参照系。这一参照系的确立，不仅对于我们重新审视西方哲学有着重要的意义，而且对于西方人重新认识中国哲学和文化也有着大为不同的效果。有了中国哲学这一参照系，对国人而言，西方哲学便不等于哲学的全部，而只是哲学的一个分支部门，除此之外，还有中国哲学、印度哲学、日本哲学等，由此，中国人对哲学的理解会更开阔；对西方哲学家而言，他们也会认识到哲学并非古希腊人的独创（虽然有很多哲学家仍固执地坚持这一点），而是具有世界普遍意义的思想存在，哲学不仅是形而上学，还可以有道学和佛学等形态，而且这些理论在它们各自的文化世界里同样是真理，其重要性绝不比哲学在西方文化中的重要性低。在此意义上，我们可以打个不恰当的比方，即如果说西方人比东方人更早地发现了世界，那么东方人则比西方人更早地发现了世界哲学。未来的世界哲学必然是能够容纳东西方哲学特色于一体的哲学。正如冯友兰当年所指出的：“未来世界哲学一定比中国传统哲学更理性主义一些，比西方传统哲学更神秘主义一些。只有理性主义和神秘主义的统一才能造成与整个未来世界相称的哲学。"[①] 这样的未来世界哲学，也就是我们所说的"大哲学"，是没有民族主义"偏见"和"前立场"的哲学，是视野更开阔、思想资源更丰富的哲学。"大哲学"既不是西方的哲学，也不是中国的哲学，但它却是西方哲学和中国哲学的出路与未来。西方哲学和中国哲学要并肩努力、互镜同构，尽量消除思维和文化上的偏见与歧视，以世界性带动地域间的普遍性，以地域性促进世界中的多样性，以"大哲学"为思想和方法论内核，推动中西哲学更好地走向世界哲学。

"大哲学"的提出对当代中国哲学的发展而言确实是一个难得的时代机遇，但更多的则是一种挑战和责任。中国传统文化中虽然有许多优秀的哲学传统，但也夹杂着大量的不合时宜。因此，辨别出不合时宜甚至已经丧失时代意义的思想糟粕，挖掘出仍然能够为未来世界哲学的发展贡献具有中国气象的精神力量的思想资源，是一项十分重要而伟大的事业。对此，站在"大哲学"的时代高度，我们认为中国哲学的思想创新在方法论层面首先要正确处理好以下几个方面的关系。[②]

1. 处理好"述"与"作"的辩证关系

尽管不同文化有着不同的起源和演进轨迹，但所有富有生命力的文化都要回答同一个问题，那就是如何在新的时代环境中继承与发展传统文化。就形式而言，文化创新发展有两种方法：一是通过传承间接创新，二是通过建构新的文化形态直接创新。用中国传统文化的术语来说，这两种方法可被分别称为"述"和"作"。自老子、孔子、释迦牟尼、苏格拉底、柏拉图等人奠定"轴心时代"的人类文明格局以来，一些中西学者所提出的问题和进行的论辩沿袭多于创造，总体上呈现"述而不作"的局面。"不作"可以从两个角度理解：一是受时代条件限制或由于文化本身的缺陷，没有能力"作"；二是因为"述"比"作"更重要，为了避免无源之水、无本之木式的"妄作"而有意识地"不作"。"述"又可以分为两种：第一种是单纯的"述"，即通过简单重复来接续文化；第二种是自觉的"述"，即通过回到以往的问题、通过对已有概念和理论重新进行诠释，来实现文化的传承与发展。第二种"述"可以带来比传统文化更丰富的内容。正如当年孔子的"述"是他对礼崩乐坏

① 冯友兰．中国哲学与未来世界哲学．涂又光，译．哲学研究，1987（6）：42.

② 姚新中．中华文化创新发展的方法论思考．人民日报，2017-06-12（16）.

的纠错，是阐述其“礼治”“仁政”思想的手段一样，每一代文化人的“述”都具有鲜明的问题意识和时代特色。从这个角度说，“述”的意义在于从新角度反思老问题，并通过创造性的重新诠释，为人们所面对的新问题提供解答。毫无疑问，这样的传承是文化创新发展的有效手段。

“述”中有“作”、以“述”为“作”，或者说，先“我注六经”后再“六经注我”，这既是中华文化传承与发展的特点，也同人类文明传承与发展的一般规律相契合。自“轴心时代”以来，人类文明在广度和深度上不断拓展对人生与世界的认识，同时又不断以不同的方式回到“原点”，思考什么是人、人为什么存在、人将走向何方、人与周围环境的关系、人在宇宙中的位置等重大问题。为回答这些问题，一代又一代思想家设计出种种理论、论辩和思想实验，从孔子关于“己所不欲，勿施于人”的训示、孟子关于“学问之道无他，求其放心而已矣”（《孟子·告子上》）的论断、苏格拉底对“认识你自己”和亚里士多德对“人是政治动物”的论证，到朱熹对“理一分殊”的理解、王阳明对“致良知”的追求、笛卡尔对“我思故我在”的执着、边沁对“最大多数人的最大幸福”的渴望、康德关于绝对命令的建构、黑格尔对绝对理念展开的辨析，再到20世纪存在主义、现象学、分析哲学、哲学诠释学、政治哲学、美德伦理学、新自由主义、社群主义的兴起，都是为了不断深化对人与世界的本质及其相互关系的认识。这些理论和思想融汇历史性与现实性，揭示了文化创新发展的基本规律和本质特征。马克思则从以德国古典哲学、英国古典政治经济学、法国空想社会主义等为代表的人类文明优秀成果中汲取丰富养分，建构了以实现人的自由全面发展为旨归的科学社会主义理论，这成为时代精神的精华，为人类文明的发展指明了方向。①

除了通过“述”即重新解释和传承来创新，文化创新的另一种方式是直接通过“作”即原创来回应特定时代提出的挑战，解析时代的特殊境遇和需要，构建新的理论体系和文化形态。历史经验表明，社会大变革的时代一定是思想文化大发展的时代。当代中国正在进行人类历史上从未有过的伟大实践，必将为理论创造、学术繁荣和文化发展提供强大

---

① 实际上，马克思创立的哲学体系可以被视为“大哲学”的一个经典形态，而这种哲学在社会解释和批判方面所具有的重大影响力乃世所共睹。就此而言，“大哲学”必然是一种富有生命力的哲学。

动力与广阔空间。如何在新条件、新境遇下实现对中华优秀传统文化的传承与弘扬，如何在经济全球化进程中创新发展中华文化，如何在历史与现实、中国与世界的交汇中形成新的话语体系，都需要对“述”与“作”做出新的解释，对它们之间的关系进行新的建构，进而为中华文化创新发展提供方法论支撑。

2. 处理好“损”与“益”的辩证关系

无论是“述”还是“作”，中华文化创新发展的必要条件都是：既不忘初心、接续传统，又积极回答时代问题、回应时代需求；既对传统有所割舍、敢于割舍，又立足当前勇于探索、善于探索，敢于走前人未走过的路，为古老的文化开创出一片新天地。

由此来看，促进中华文化创新发展，需要对传统文化有所“损”、有所“益”，有所“取”、有所“舍”。中华文化是在五千多年的历史演进中形成和不断发展的，既包含大量历久弥新、具有恒久价值与魅力的内容，又包含一些具有历史局限性、今天已不合时宜的内容。因此，对传统文化必须进行合理取舍。我们今天探讨中华文化创新发展，也有一个如何辨别精华与糟粕的问题。从一般意义上说，对于那些在专制、封建、僵化体制下制约人的主体性、限制人们自由思考的传统文化内容，必须予以抛弃。任何全盘接受传统文化并试图用其解决当代所有问题的做法，都不仅在实践上行不通，而且在方法论上无法自圆其说。

促进中华文化创新发展，除了自觉地“损”，还应对传统文化有所“益”。为传统文化“益”什么、如何“益”？在方法论上值得深入探究。中华文化创新发展必须与当今的时代精神相一致，但时代精神不完全等同于社会思潮与社会心理，文化创新发展也不是对社会需求的简单回应。因此，促进中华文化创新发展，需要充分发掘传统文化的时代内涵，同时彰显当代社会思潮与社会心理中蕴含的正能量，并实现二者的相互融合、相互促进。这样来看，中华文化创新发展既来源于现实，又必须高于现实。换句话说，中华文化创新发展既不是回到过去、重复“昨天的故事”，也不是随意发挥、一味迎合当前时尚。这两种做法都会割裂传统与现代的联系，是需要防范的极端。具体来说，前者是没有主体精神的复古和仿古，一切以过去的观念、礼仪、习俗为基准；后者则成了庸俗文化，认为一切现实都具有合理性，为庸俗、媚俗、恶俗的文化现象贴上合法性、合理性的标签。这两个极端在方法论上都是片面地理解“损”与“益”，要么否定“损”的批判性，要么曲解“益”的建设性，未能在“损”“益”之间找到一个平衡点。

中华文化创新发展绝不是脱离实践、远离时代的建构，而是在丰富多彩的社会实践基础上，把握社会发展规律，找到新的生长点。同时，文化创新发展不仅是思想层面的创新发展，而且是生活方式、实践方式的变革。使中华文化成为当代中国人的价值基础、思维方式和生活方式，是中华文化创新发展的基本价值取向，也是中华文化创新发展的主要标志。

3. 处理好“文”与“质”的辩证关系

任何文化的发展都涉及形式（“文”）、内容（“质”）及其相互关系问题。孔子曾说：“质胜文则野，文胜质则史。文质彬彬，然后君子。”（《论语·雍也》）这段话虽然是从内外兼修的角度讨论理想人格塑造问题，但也为我们思考中华文化创新发展的方法论提供了有益启示：中华文化的传承、创新、发展，必须兼顾“文”与“质”，不断丰富与发展中华文化的表现形式和内涵底蕴。

中华文化源远流长，从先秦子学、两汉经学、魏晋玄学到隋唐佛学、儒释道合流、宋明理学，经历了数个学术思想繁荣时期。在历史长河中，中华民族产生了儒、释、道、墨、名、法、阴阳、农、杂、兵等各家学说，涌现了老子、孔子、庄子、孟子、荀子、韩非子、董仲舒、王充、何晏、王弼、韩愈、周敦颐、程颢、程颐、朱熹、陆九渊、王守仁、李贽、黄宗羲、顾炎武、王夫之、康有为、梁启超、孙中山、鲁迅等一大批思想大家，留下了浩如烟海的文化遗产。在数千年的历史进程中，中华文化的主流发展趋势是以儒学为主干、以释道为两翼。从形式上说，儒、释、道三家各有自己的传承方式和路径，形成了不同的学派，从而使中华文化呈现丰富多彩的“文”。如何使这些形式在当代中国人的物质生活与精神生活中得到进一步发展，是中华文化创新发展的重要课题之一。

与形式的创新相比，内容的传承与发展更重要。无论采取哪种形式，中华传统文化的主流都具有强烈的实践性和时代性，具有鲜明的入世精神。我国古代的儒学宗师、道家大德和佛教高僧之所以能为后世所敬仰，就在于他们审时度势，把握时代需求和时代精神，通过概念、理论和意义体系的建构，汲取其他学派的优秀成分丰富自身。无论是“居庙堂之高”还是“处江湖之远”，儒、释、道三家都没有抱残守缺、自我封闭，而是不断加强彼此之间的互通、互融，从而形成了中华文化三位一体的“质”。这一坚强的文化内核，是中华文化生生不息、历久弥新的重要支柱。

促进中华文化创新发展，关键在于实现“文”与“质”的新的辩证统一。当前，有的人过分注重“文”而忽视“质”，把中华文化当作漂亮的外衣，注重文化包装而忽略文化内涵，这种“文化创新”是表象化的、浅层次的。同时，也有一些人片面强调文化的“质”而忽略“文”，使文化成为与民众生活割裂的高头讲章、阳春白雪。这是一种书本化而非生活化的创新发展，其生命力和实效性值得怀疑。总之，“文”与“质”如车之两轮、鸟之双翼，不可偏废，只有兼而有之，方能促进中华文化创新发展。

“周虽旧邦，其命维新。”中华文化不是僵死的传统，而是日新又日新的有机生命体。如何在新的历史条件下、新的发展进程中，通过“述”与“作”的结合、“损”与“益”的互补、“文”与“质”的相得益彰，使中华文化适应新的时代需求，在形式和内容上得到更新，这是中华文化创新发展在方法论上的重要课题。一旦在方法论上取得突破，开放、包容、创新的中华文化就必将为中华民族伟大复兴提供强劲动力，必将照亮构建人类命运共同体的历史进程。

第六章　中国哲学的可能生长点

“大哲学”为当代中国哲学创新提供了一个可供实践和作业的方法论，在此基础上，我们要根据世界哲学的未来发展动向以及中国哲学自身的实际情况来为中国哲学的创新寻找可能的生长方向。据此，我们提出了三个可能生长点。第一，就哲学自身的特性而言，作为立足生活实践的“爱智之学”，哲学对智慧的追求与对现实生活的观照是无法分开的，因此，中国哲学必须要实践与智慧并重。第二，当代中国哲学既然是中国的，就必然无法切断自己与传统中国哲学之间的种种纠葛，当代中国哲学的创新和发展就必须融合现代与传统之间的哲学脉络。第三，中国哲学是相对于世界哲学而言的哲学，哲学之间虽然存在思想的共通性，但哲学的地域性仍是未来哲学不可分割的一部分，未来哲学是世界哲学，中国哲学创新在某种意义上就是不断走向世界哲学的过程。因此，中国哲学必须要面对世界其他地域的哲学思想，并且要在哲学的中国性与世界性之间保持一种良好的张力。当代中国哲学只有处理好这三种关系，或者说把握住这三个可能生长点，才有望发展出一种既有中国底色又具世界意义的当代中国哲学。

6.1　实践与智慧并重

当代中国哲学创新的第一个可能生长点是哲学的智慧性与实践性并

重。这也是一切哲学得以发展的首要基础。众所周知，哲学的首要美德是追求智慧。这一理解自古希腊以来尤其是随着西方哲学的世界性推广，已经深入人心。历史上，虽然毕达哥拉斯据说是第一个把“哲学”界定为“爱智之学”的哲学家，但在古希腊，甚至整个西方哲学史上，苏格拉底却是那个更多地被视为能够代表哲学智慧的人。因此，当有人跑到德尔菲神庙问太阳神阿波罗有没有人比苏格拉底更有智慧时，阿波罗通过神庙的女祭司回答说：没有。苏格拉底对这一神谕充满了困惑，于是他遍访那些他认为比他更有智慧的人，希望通过这种方式来证明神谕的错误。但他的这种做法以及他最后在法庭上的申辩最终惹怒了众人，因为他审查的结果是，那些人都是自以为聪明，实际上并不见得聪明，更不见得比苏格拉底聪明。在《申辩篇》中，苏格拉底是这样陈述他的这一发现的：“我确实比这个人聪明。当然，很可能他和我都没有什么值得吹嘘的知识；可是他觉得他懂得一些事实上他并不懂得的东西，而我呢，却很意识到我自己的无知。不管怎样，看来我就是比他聪明了这么一丁点，那就是，我不觉得我知道事实上我不知道的事。”① 这最后一句就是哲学史上流传甚广的苏格拉底的那句名言即“我只知道自己一无所知”的原型。苏格拉底当然不会一无所知，但这句话的关键在于，无论是否有知，苏格拉底都清醒地意识到他的知识状态。正是这种“自知之明”才使苏格拉底获得了“整个希腊最有智慧之人”的美称。

那么，苏格拉底是不是有智慧的人？哲学的智慧又意味着什么？从德尔菲神庙的神谕以及苏格拉底的审查来看，所谓的哲学智慧有些类似王阳明所谓人的“意之灵明处”，但这种“灵明之知”并不等同于知识。因为，按照苏格拉底的说法，那些自作聪明的人并非毫无知识，尤其是在他们所熟悉和擅长的领域，但他们仍然算不上有智慧，因为他们的无知远远大于他们的有知，而且更要命的是，他们常常把自己有限的知识扩展到自己不擅长的领域，这种知识的冒险在苏格拉底看来本身就是一种无智慧的表现。不过这至少又向我们表明，知识和智慧之间的关系是十分复杂而微妙的，有知识未必就有智慧，而无知也未必就无智慧，甚至自觉认识到这种无知本身就能成为一种大智慧。知识和智慧之间的这

① 柏拉图．苏格拉底之死．谢善元，译．上海：上海译文出版社，2011：51.

种奇妙关系使苏格拉底相信，“真正的智慧是主神的所有物，我作［为］代言人的这个神谕是他告诉我们一个讯息的方法，那就是，人的智慧只有小小一点价值，甚或完全没有价值。”[①] 因此，在他看来，人类的有限智慧所努力追求的就是“认识你自己”，或者更准确地说就是认识到自己的无知：“知无知”。如果我们将第二个“知”理解为“知识”，那么第一个“知”，即反思意义上的自知，才能算得上智慧，或者说更靠近智慧的原意，而这也就是人的那点“灵明”。有趣的是，这与孔子的训导，即“知之为知之，不知为不知，是知（智）也”（《论语·为政》）似乎有着不谋而合的异曲同工之妙。对孔子而言，智慧虽然高深从而要求“知者不惑”，但真正做起来似乎也可以很简单，只要在知识上做到真诚无妄就已经算得上有智慧了（“知之为知之，不知为不知，是知也”）；同样，苏格拉底虽然把智慧视为神技，但人只要真诚地认识到并勇敢地承认自身的局限和不足，实际上也就是最大的智慧了。这里，智慧与否的核心不在于是否有知识，而在于如何对待自身有限的知识，智慧与其说是知识的集合，不如说是对待知识的一种真诚态度。最简单、最基本的智慧往往就是最根本、最大的智慧。总之，在苏格拉底那里，人类最大的智慧就是认识到：人的这点智慧在神的智慧面前是微不足道甚至毫无价值可言的，人类可以“爱智”并追求智慧，但人永远不能成为神，也不能狂妄地宣称自己拥有那真正的属于神的智慧。

苏格拉底对于人类能否获得智慧以及这种智慧到底有多大价值大体持一种怀疑和消极的态度，他的这种与常识相违背并最终导致自己被判死刑的观点肯定引发了柏拉图的巨大困惑并在无形中迫使柏拉图做出进一步的思考，柏拉图的“理念说”和“模仿说”实际上就相当于对苏格拉底难题的一种回应。对柏拉图而言，人类生活的这个世界只是一个现象世界，在现象世界的背后或之外还有一个更真实的理念世界，智慧就是对“本真”的把握，即认识到理念。神之所以比人类更有智慧是因为神能够直观到理念，而人类的灵魂在跌落尘世之前曾是观照过理念世界的，只是因为身体的干扰而使灵魂遗忘了以前本有的关于理念的知识，哲学思辨就是让灵魂逐渐涤除身体的干扰从而回到理念世界的过程。所以，哲学又被称为“死亡练习”。对柏拉图而言，人类虽然不能像神那

① 柏拉图. 苏格拉底之死. 谢善元，译. 上海：上海译文出版社，2011：54.

般智慧，但人类的智慧依然有价值，因为即便人类对理念的认识并不完全，但人类的智慧和神的智慧仍然分享着同样的理念，因而有着类比价值。现象世界是分有理念世界而来，所以，即便现象世界并不完善，但它依然有意义，因为它是对理念世界的模仿。人透过现象而回忆灵魂曾经观照过的理念，即便这种回忆不如灵魂的眼见真实，但它依然分有着那种真实，从而并非毫无价值。只不过，人类不应当满足和局限于这种分有性的真实，而应当通过自己的灵魂（理性）而非眼睛去认识到更高贵的真实，从而走出“洞穴”，获得真正的智慧。柏拉图的哲学虽然对尘世的评价并不高（这一点从理念与现象相分离，哲学被称为“死亡练习”就可以看出），但他的“模仿说”和“分有说”确实为肯定尘世埋下了理论可能性，从而为亚里士多德的现实主义哲学开辟了道路。

亚里士多德继承了柏拉图的某些关于真理和智慧的观点。他说，人在本性上就是求知的，而所谓智慧，就是“关于某些本原和原因的科学”①。亚里士多德比苏格拉底和柏拉图更重视大多数人的意见，因为他相信，真理散落在人间，普通人的意见和少数贤达人士的意见即便有不当之处，但他们的观点中也多少存在着真理的影子。他们的“每一种意见都不大可能全错。它们大概至少部分地或甚至在主要方面是对的”②。于是，为了解决苏格拉底难题，亚里士多德便综合地提出了关于智慧的五个重要判断：（1）有智慧的人应当尽量通晓一切而非个别知识；（2）有智慧的人还要知道那些不易为人所知的困难的事情；（3）在全部科学中，更善于确切地传授原因的人更有智慧；（4）在各门科学中，那些为知识自身而求取的科学比那些为后果而求取的科学更加是智慧；（5）有智慧的人应当是发布命令的人，而非服从他人的人。③ 就亚里士多德的这些判断而言，哲学（主要是研究万物之所“是”的形而上学）就是追问本原和原因的智慧之学，哲学家就是那最有智慧的人。

从毕达哥拉斯关于哲学的界定到苏格拉底难题再到柏拉图和亚里士多德关于理念与智慧的考察，我们会发现，哲学愈发从“爱智之学”转向“智慧之学”。虽然哲学始终没有放弃“爱智”的思想特征，但后苏

---

① 亚里士多德. 形而上学. 苗力田，译. 北京：中国人民大学出版社，2003：4.
② 亚里士多德. 尼各马可伦理学. 廖申白，译注. 北京：商务印书馆，2003：22.
③ 同①.

格拉底哲学已经不再如此谦卑，以至于哲学不再把智慧仅仅看作神物和神的专属，不仅人类可以拥有智慧（即便这种智慧仍然无法和神的智慧相媲美），而且这种智慧不再是毫无价值的，而是分有神性的。更重要的一个变化是，在亚里士多德笔下，智慧和知识虽然不能完全等同，但二者之间的差距开始逐渐缩小或者说二者愈发呈现出一种正相关性，智慧就意味着尽可能多、尽可能根本、尽可能纯粹的知识（如果不是全部知识的话）。当然，亚里士多德笔下的这种与智慧相关的知识，与我们现代所理解的知识并不完全相同。现代意义上的知识表达的是人类认识的成果，它更侧重于对一个事物自身是什么的事实性陈述（what it is），而亚里士多德意义上的知识则更侧重于对一个事情的原因尤其是根本原因的把握（why it is）。因此，人的感觉在现代意义上可以构成经验知识，但不是亚里士多德意义上的与原因相关的知识，因为人们虽然能感觉到火是热的，从而可以形成经验知识，但一般人通常并不能解释火为什么是热的，而这才意味着智慧。总之，到了亚里士多德那里，哲学智慧已经成为关于探索世界万物之本原和原因的科学，即形而上学，哲学在当时虽然也包括其他科学，如伦理学、政治学等，但形而上学始终是第一哲学，是最高智慧的象征。此后，无论是基督教哲学还是认识论哲学，在某种意义上都可以被看作在追问我们的知识—智慧是什么、从何而来以及是否可靠，等等。

哲学智慧和知识之间的关系如此复杂，以至于我们很难在这有限的篇幅中将二者之间的内在关联梳理清楚。如果抛开苏格拉底和亚里士多德等人的哲学语境，我们大体还是能够认同海德格尔有关二者之间关系的一个基本判断，那就是："学术之知（scholastic learning）在某种程度上与哲学无法分离，但它从不构成哲学的本质。"① 哲学的本质是什么，不同的哲学家见仁见智。对海德格尔而言，哲学就是一个面向思的事情，哲学就是思想的活动。维特根斯坦也指出："哲学的目的是从逻辑上澄清思想。哲学不是一门学说，而是一项活动。"② 但任何思想活动都不能单凭思想自身便得以展开，思想必须要有对象和素材，比如形而上学中的"是"、宗教哲学中的"上帝"、认识论中的"观念"等，关

① M. HEIDEGGER. What is a Thing?. Translated by W. B. Barton，Jr. and Vera Deutsch. Indiana：Gateway Edition，1967：3.

② 维特根斯坦. 逻辑哲学论. 贺绍甲，译. 北京：商务印书馆，1996：48.

于这些思想要素的基本认知即海德格尔意义上的“学术之知”。“学术之知”与哲学当然无法分离，它是哲学的重要构成要素，但它并不是哲学（智慧）的全部，更不是哲学（智慧）的核心。哲学是关于思的活动，而非思的结果，恰如哲学史只是哲学思想的历史（结果），而非哲学思想（活动）本身。哲学虽然在某种程度上也会产生知识，但这只是哲学活动的副产品，而非哲学的主要目的。哲学甚至不打算解决问题，相反，它还会不断制造问题，哲学家也由此成为“问题制造者”（problem-maker）。因为哲学就是在思的活动中不断靠近智慧和真理，但它永远不等于智慧和真理。哲学一旦开始提供知识、提供答案，就开始走向衰亡。正如施特劳斯所警告的那样，“屈从于解决之道的诱惑，是哲学面临的根本危险”①。哲学必须努力认清这一危险，并时时告诫自己万不可拿问题开玩笑。这就是苏格拉底始终把他的哲学对话视为“精神助产术”的一个重要原因。因为，对苏格拉底而言，他的对话并不是告诉对话者以知识，而只是让对话者通过严肃的对话本身来更清楚地认识到自己真正知道什么。苏格拉底曾说，未经省察的人生不值得一过，而哲学就是通过对我们的人生和周遭的世界加以彻底的反思，让我们的眼光和视角跳出常识的范围，从而恢复我们对生活的敏锐性，让生活成为我们愿意为之一过的生活。因此，哲学智慧的目的便不在于提供知识，而在于提供视角，即通过哲学的概念和视角让人们知道如何发现问题、反思问题，从而最终实现省察现象、让生活值得一过的目的。就此而言，哲学智慧就不能停留在观念领域，而必须走向实践、回到生活，从而发挥哲学作为“爱智之学”本有的功能和价值。

然而，西方哲学的发展一度背离了哲学智慧的内在实践要求。且不论中世纪基督教哲学的经院玄谈与现实生活之间的巨大鸿沟，即便到了近代，随着自然科学的迅速发展，作为第一哲学的形而上学的地位和势力范围在不断萎缩，形而上学努力想为自己建立起有关真理的知识大厦，但知识一旦成为科学便毫不犹豫地逃出哲学，成为一种独立于哲学的知识（真理）体系。于是，哲学（形而上学）便愈发成为思想自娱自乐的王国，它用与生活形同陌路的概念创造了一个又一个观念的体系，然后又把这些观念说成生活本身，从而不是生活决定观念，而是观念决

① 施特劳斯，等．论僭政．何地，译．北京：华夏出版社，2006：213.

定生活。观念的体系在黑格尔那里达到顶峰，使黑格尔的哲学既成为形而上学的最后荣光，也成为它最初的哀歌。于是，等到马克思哲学诞生以后，西方哲学便不可避免地发生了一场根本性变革。在《献给父亲的诗册》中，马克思以敏感而深沉的笔触写道："康德和费希特在太空飞翔，对未知世界在黑暗中探索；而我只求深入全面地领悟在地面上遇到的日常事物。"① 到了《关于费尔巴哈的提纲》中，马克思更是直接点明，"哲学家们只是用不同的方式**解释**世界，而问题在于**改变**世界"②。虽然马克思所针对与批判的哲学主要是包括费尔巴哈哲学在内的旧唯物主义和黑格尔等人的唯心主义，但哲学被当作解释世界的工具却早已不是不能言说的秘密，至少从亚里士多德把哲学智慧当作对事物之本原和原因的探索的科学开始，哲学便已成为解释世界的一种观念。而且，这种论点至今仍然有效（从某种意义上说，所有的理论，包括哲学理论，不都是在解释这个世界的各种现象吗）。那么，马克思是在否定哲学的解释功能吗？海德格尔对此表示怀疑，他说："马克思主义懂得这［双重］现实。然而他还提出了其他的任务：'哲学家们只是以不同的方式解释世界，而问题在于改变世界。'［让我们］来考察以下这个论题：解释世界与改变世界之间是否存在着真正的对立？难道对世界［的］每一个解释不都已经是对世界的改变了吗？对世界的每一个解释不都预设了解释是一种真正的思之事业吗？另一方面，对世界的每一个改变不都把一种理论前见（Vorblick）预设为工具吗？"③ 海德格尔显然不赞同仅从字面意义来理解马克思的这句话。对海德格尔而言，解释世界本身就是对世界的一种改变，即便这种改变在很多情况下并不容易被察觉，但观念的力量一旦成为现实，其对世界的改变就同样可以惊天动地，法国大革命就是一个绝佳注脚。马克思虽然强调"批判的武器"不能代替"武器的批判"，但这并不意味着前者不可以现实地转化为后者，"理论一经掌握群众，也会变成物质力量"④。如若不然，马克思本人也就不会孜孜不倦地高举"批判的武器"的大旗了。所以，我们有理由认为，当马

① 马克思恩格斯全集：第40卷. 北京：人民出版社，1982：651-652.

② 马克思恩格斯选集：第1卷. 北京：人民出版社，2012：140.

③ F. 费迪耶，等. 晚期海德格尔的三天讨论班纪要. 丁耘，译. 哲学译丛，2001（3）：53.

④ 同②9.

克思说“问题在于**改变**世界”的时候，他不是把“解释世界”和“改变世界”视作两个决然对立的面向，仿佛哲学只能在非此即彼之间进行命运的抉择，而是说，哲学虽然能够解释世界，但它仍需要另一种面向，一种更基础也更重要的面向，即“改造世界”的面向。这就是马克思在其新哲学中高度彰显的哲学的实践品格。

恩格斯曾经指出，“全部哲学，特别是近代哲学的重大的基本问题，是思维和存在的关系问题”①。更进一步地说，就是存在和意识何者第一性的问题。这是经典马克思主义哲学用以判别唯物主义和唯心主义的一个重要标准。近代机械唯物主义把存在和思维的关系统一于存在，认为存在是第一性的，意识是对存在的直接反映；而唯心主义则把意识放在第一位，认为存在是意识中的存在，没有意识就没有存在。高明如黑格尔，也只是把思维和存在的同一性归结到“绝对精神”，并通过“绝对精神”的自在和自为来完成对世界的整体把握。但问题在于这种把握始终只是运行在思想的内部，是从观念到观念的主观之路，它在自身的体系内建成了一个可以完美解释世界的思想大厦，并含一切知识于一体。“绝对精神”就是绝对理念，就是绝对智慧，可一旦这种智慧踏入实践半步，这个完美的体系就轰然倒塌了。在整个欧洲都把黑格尔视作一条“死狗”而予以唾弃之时，马克思勇敢地公开承认自己是“这位大思想家的学生”②，并在黑格尔的启发下开辟了新的哲学道路。在马克思看来，思维和存在统一的落脚点既不是存在也不是思维，而是二者的结合：“实践”。“实践”并非马克思创立的哲学词汇，在他之前，很多哲学家都用过，如黑格尔、费尔巴哈等，但黑格尔把自我意识视为人的本质，把劳动实践视为“绝对精神”展开的一个逻辑环节；费尔巴哈也只把理论的活动视为人的真正的活动。因此，他们都没有真正理解实践。马克思则赋予了这个词新的含义，他把实践视为人特有的存在方式，是人为了满足自身的需要而能动地改造世界的社会性物质活动，即主观见之于客观的活动。正是人类的物质实践活动，才使存在成为意识到了的存在，也使意识成为有着存在内容的意识；更重要的是，正是实践产生和创造了人的社会关系与社会本质，从而使人成为社会存在物。

---

① 马克思恩格斯选集：第 4 卷．北京：人民出版社，2012：229.

② 马克思恩格斯选集：第 2 卷．北京：人民出版社，2012：94.

哲学从“解释世界”到“改变世界”的转变构成了哲学史上的一次本体论革命。在此之前，哲学虽然也“改变”了世界，但这种改变并非哲学主动参与的结果，哲学更主要的功能还在于认识和解释世界的本真模样（如宇宙论、本体论、形而上学、宗教哲学等），或者反思人类能否以及如何认识到这种本质（如近代认识论、康德的先验哲学等），即便有所行动，也多半集中在观念和道德领域（如基督教哲学、康德的伦理学、黑格尔的精神哲学等）。但自从马克思的实践哲学诞生以后，哲学便从理念世界大踏步走向生活世界，走向人的实践活动，并参与到改变世界的历史进程中。对马克思而言，哲学已经不再是那个纯粹的形而上学思辨，而成了人类进行社会批判和自我解放的精神武器。“哲学把无产阶级当做自己的**物质**武器，同样，无产阶级也把哲学当做自己的**精神**武器”①。精神武器虽然也是武器，但毕竟是精神性的，从而它就有待于转入物质领域、走向现实，这就是哲学的实现。但吊诡的是，哲学的实现对马克思而言就意味着哲学的消灭，因为，既然哲学作为一种批判现实的武器，那么它的批判一旦得到实现，就意味着连同这种哲学得以产生的那个社会存在的消灭。也就是说，批判的主体（哲学）和批判的对象是处于同一个世界、同一个社会现实中的，哲学的实现不仅意味着哲学作为批判的武器得到了实现，而且意味着哲学自身的消灭。哲学是通过自我否定的方式实现它的批判功能的。

哲学的消灭在马克思那里并不意味着一种消极的结局，恰恰相反，哲学的消灭意味着哲学的实现，而这正是一种积极的结果。毕竟，哲学如同政治、道德、宗教、法律一样，是社会制度的上层建筑，在马克思的构想中，连社会制度和国家最终都是要消灭的，又何况哲学、政治、道德、宗教、法律？哲学的消灭意味着思辨的终止，而“思辨终止的地方，在现实生活面前，正是描述人们实践活动和实际发展过程的真正的实证科学开始的地方。关于意识的空话将终止，它们一定会被真正的知识所代替”②。哲学的思辨虽然终将让位于科学的实证，但马克思当时意欲埋葬的更主要地说还是那种“关于意识的空话”的旧哲学，那种只能在观念中解释世界而无法参与到实践中改造世界的旧哲学。哲学虽然

① 马克思恩格斯选集：第1卷. 北京：人民出版社，2012：16.

② 同①153.

终将得到实现，也终将消灭，但这毕竟是一个十分漫长的过程。“批判的武器”即便掌握了群众，也仍然需要物质力量才能转变为“武器的批判”，而物质力量的进步又需要生产力的发展和生产关系的解放才能得到最终实现。在此之前，哲学仍将继续存在，思辨也不可能就此终止。无论哲学是否消灭以及何时消灭，马克思的工作都至少为哲学开辟了一种新的道路和可能性，即使哲学从思辨回到生活，从观念走向实践，从解释世界转向改变世界。从此以后，任何经院式的玄谈和机械式的比附都将被视为对哲学的背叛而遭到生活的抛弃（20 世纪初期的语言哲学发展到后来便成为一种冷冰冰的哲学以至于最终被现实生活所抛弃便是一例，后期维特根斯坦也在深刻反思后开始回归日常生活世界）。哲学只有深入现实生活，参与到构建人类美好生活的实践中，才能实现自身的价值，发挥作为精神武器的功能。

因此，专注于哲学的智慧性和实践性，是包括中国哲学在内的所有哲学创新的首要品格。哲学离不开智慧，因为这是哲学的内在规定性。哲学如果不努力追寻并分有智慧的神性，那么便无异于常识，甚至连常识经验都不如。就此而言，我们可以亚里士多德的方式声称，人是哲学的存在。因为，动物单凭本能和经验便可以生存，但人之所以异于动物或者超越自然的生物性，就在于人拥有哲学，可以分有智慧；否则，力不若牛、跑不若马，又无利爪可以自卫的人，何以成为自然万物的管理者？哲学智慧不同于知识，尤其是不同于现代意义上的科学知识。知识总是面向过去的，是人类实践经验的总结和提升；但智慧却是面向未来的，它更注重看问题时的视角和方法。相比之下，知识侧重于一个事物是什么，而智慧更关心如何去看这个事物。智慧与知识之间虽然有着密切的关联（一般而言，无知本身就是一种“非智”的表现，而承认自己的无知也只有在特定情况下才与智慧有关，大多数时候，“知无知”仅仅是一种诚实的态度和品格，而非智慧），但二者并非决然一脉，毕竟，知识通常是面向过去的经验的，当面向未来的时候，人类通常处于一种“无知”的尴尬境地（比如面对人工智能的未来，没有人敢说自己有“知识”，因为未来是无法经验的，而无法经验也就无法形成知识），但智慧的特点就在于，即便没有关于未来的知识，我们仍然能够依据已有的知识对之加以观察、审视乃至预测。总之，哲学智慧不是知识，而是人们看待事物时的“眼睛”。孔子所谓“知者不惑”，不是说智者拥有所有的知识从而知晓一切（这种“上帝之眼”是超出人类的认知能力和范围的），而是说智者拥有看问题的“智慧之眼”，知道该从何种视角、以何种眼光看待事物，即便遇到了自己看不懂的事物，也能清醒地意识到自己缺乏与之相应的知识和视角，从而坦诚接受自己的无知，这才是“知之为知之，不知为不知，是知也”的“不惑”状态。

如果说对智慧的追寻是哲学的内在命运，那么对生活实践的关照便是哲学的外在诉求。哲学的实践品格虽然在马克思那里得到了极致性强调，但马克思并非强调哲学要关注实践的第一人。在哲学史上，苏格拉底通常被视为第一个把哲学从天上拉回人间的哲学家。苏格拉底早年曾醉心于自然哲学，结果却一无所获，于是得出结论说：“哲学不能单纯研究自然，而不知道有用处的人事问题……不研究这些人事问题而猜测天上的事物是不务正业，不通晓人事问题的人连奴隶都不如。”① 苏格拉底与人谈论的话题，如虔诚、正义、明智、勇敢以及治国的道理、统治者的品质等，都是与人的生活相关的实践问题。此后，无论是柏拉图的《理想国》、亚里士多德的《政治学》《尼各马可伦理学》，还是希腊化时期哲学的伦理学转向，都是哲学参与社会生活实践的实例。到了近代哲学，密尔的《功利主义》、洛克的《政府论》、卢梭的《社会契约论》、康德的《道德形而上学原理》乃至黑格尔的《法哲学原理》，也都试图以哲学的眼光和思路来审视现实生活中的种种问题与困境。20世纪上半叶虽然是语言哲学的世界，但逻辑的冰冷分析终究抵挡不住现实的温情诱惑，从而最终还是出现了生活转向。尤其是后现代以来，人愈发感到本体论的琐碎和存在论的孤独，从而愈发对哲学关注人的存在、关心人的生活和情感提出了实践要求。在此背景下，现象学—存在主义运动、法兰克福学派、新自由主义、社群主义、美德伦理学等具有社会责任感的哲学流派大量出现或复兴，从而为哲学的实践维度增添了不少砝码。因此，可以说，关注人的现实生活、注重思想的实践功能和维度乃是哲学自诞生之日起便一直具有的优点与品格。哲学不仅不能丢失这一特质，反而需要不断锤炼与加强自身的实践广度和深度。实践虽然是哲学的外在诉求，但它同智慧一

① 赵敦华. 西方哲学简史. 北京：北京大学出版社，2012：39.

样，是哲学不可或缺的构成部分。因为，哲学智慧并非来自神的传授和恩赐，而是对人的实践生活的馈赠，哲学智慧从实践中产生，也在实践中得到检验和提升，若离开实践，不仅哲学智慧成了无源之水，就连哲学本身也将不复存在。无论何种哲学概念、哲学视角、哲学思想，实际上都是在实践中产生的概念、实践、思想，离开实践，一切都将是无。人类在本质上也不过是实践的产物。这一点马克思已经为我们做出了充分而详细的论证。

总之，哲学的创新，尤其是中国哲学的创新，不仅要注重哲学的智慧性，而且要注重哲学的实践性。如果说，没有哲学智慧的实践不过是人在宇宙和自然面前的生物性自证，那么没有哲学实践的智慧便无异于人类的前文明幻想。面对中国哲学当前的思想困境，我们只能深入中国社会的历史深处，在实践中把握中国新时代的精神脉络，在中国历史的实践中提出新的哲学概念、发现新的哲学视角、创造新的哲学体系。只有将哲学的智慧性和实践性在中国新时代的具体历史时空中加以统一，我们才有望走出哲学困境，开创出中国哲学的新局面。

6.2　传统与现代并融①

当代中国哲学创新的第二个可能生长点是传统与现代并融。传统与现代之间是一种复杂关系。在西方文化背景下，这种关系具有双重性：一方面，现代是对传统的反抗与否定，从而是一种断裂；另一方面，现代从传统中生发出来，从而是一种连续。在中国历史上，这样的双重性在很长一段时间里并没有表现出来。原因在于，中国的现代化最初是从西方引进的，在一定意义上是一种“被现代化”的过程，也就是说现代化的实现是以对中国传统的否定为代价的。因此，在很长一段时间里现代和传统呈现着完全背离与对抗的关系，由此引发人们对同一问题呈现出相互冲突的理解和截然不同的立场。如今我们正在主动谋求和实现中国特色的现代化，这就必然引发出关于什么是现代化、现代化与中国传统之间有着怎样的关系、如何才能实现现代化的特殊性与普遍性的统一等

---

①　本小节以《传统与现代化的再思考》为题刊于《北京大学学报（社会科学版）》2015年第3期，作者姚新中，收录时有改动。

一系列问题。

讨论传统与现代化的关系，首先应当从所谓的“现代化理论”(modernisation theory) 开始。现代化理论的思想源头可以追溯到埃米尔·杜尔凯姆和马克斯·韦伯。许多现代化理论的拥护者从社会、经济、政治发展过程来理解现代化，指出现代化是一个广义的概念，是前工业化社会随着经济发展、技术革命而产生的全面社会变革，特征包括人们的主要工作场所由家庭转移到工场（工业化）、住所从农村转移到城市（城市化）和大规模正式社会组织的出现（官僚化）。他们认为现代化的这三种内涵必然使主要的社会单位和构成如家庭、宗教、教育发生根本性变化，而这样的变化又必然带来社会中人们之间权利结构的改变和意识形态方面的变革。在一般意义上，罗兹曼（Gilbert Rozman）与伯恩斯坦（Thomas Bernstein）将现代化定义为“在科技革命影响下社会已经发生或正在发生变化的过程”①，并指出现代化一定是综合性的，应该从社会、经济、政治、文化和个人生活等各个角度进行衡量，因为科学技术、生产力、经济的提升和扩展一定会带来所有这些领域的改变。巴尔克（Chris Barker）指出，现代化是一个后传统（post-tradition）、后中世纪（post-medieval）的历史时期，其标志是从封建制和农耕方式向资本主义、工业化、世俗化、理性化、民族国家及其相关的机构组织与监管形式的过渡。② 吉登斯则强调现代化的进步性，认为现代化指的是传统社会向现代社会或工业社会的发展和进步。现代化提供了比任何以前的社会秩序所能提供的更强的发展动力，现代社会更注重专业技术，其组织结构更复杂。与所有以前的文化形态都不同，现代文化指向未来而不是过去作为人类生活和社会的理想。③ 无论从哪个角度或立场定义现代化，现代化理论的多数拥护者都会认为，现代化过程必然产生与前现代完全不同的核心价值，主要表现在舍弃温情脉脉的人际关系和感情，而以批判的眼光评价一切的理性主义（rationalism）；拒斥否定个人利益、禁锢个人创造性的集体主义（collectivism），而代之以

---

① GILBERT ROZMAN，THOMAS P. BERNSTEIN. The Modernization of China. New York：Free Press，1981：3.

② CHRIS BARKER. Cultural Studies：Theory and Practice. London：Sage，2005：44.

③ ANTONY GIDDENS. Conversations with Anthony Giddens：Making Sense of Modernity. California：Stanford University Press，1998：94.

强调个人福祉、平等权利和独立人格的个人主义（individualism）；抛弃往后看和循环论的历史观，代之以向前看的价值取向和进步发展观（progressivism）。现代化理论不承认特殊性。在其倡导者看来，现代不仅仅区别于前现代而且要彻底改造前现代，现代化进程必然改变传统的基本价值和生活方式，任何文化和国度都不可能超脱这样的改变。现代化理论的核心主张就是，经济发展必然引发社会、文化、政治、价值等所有方面的根本变化，而这些变化是完全可以预测的。① 看到这样的独断在现实中的困难，英格尔哈特（Ronald Inglehart）和贝克（Wayne E. Baker）修正了现代化理论的核心主张，指出经济发展所带来的变化的方向是一致的，但变化的具体过程与途径则会受当地历史和文化方面因素的影响而各有不同。② 现代化理论的提出者或修正者有一个共同的倾向，那就是认为现代化的标志就是创造出"新"的价值观、信仰、思维方式来对抗传统和习惯。传统在现代化过程中将不可避免地越来越被排挤出人们的生活，因为传统信仰和价值观等已经不能再与新兴的生活方式和实践相适应了。换句话说，传统的核心价值对现代人而言已经不再是"价值"或起码不再具有工具价值，而现代化则是肩负着对抗、排斥、更替传统的使命来到这个世界的。

现代化理论对传统与现代之关系的理解有一定的历史根据，但其哲学思维却是单向度的，从而割裂了传统与现代之间的内在关联或过分强调了它们之间的不相容性。现代化理论所说的现代化，可以被称为"短现代化"（short modernisation），即现代化在某一时空中完成了对传统的背离、拒斥和替换。短现代化的典型表现是始于 16 世纪西欧的社会运动，它以文艺复兴、启蒙运动、宗教改革、民族国家为表现形式，以自由、民主、人权为旗帜，以科技化、工业化、城市化和官僚化为基本

---

① "Economic development is associated with shifts away from absolute norms and values toward values that are increasingly rational，tolerant，trusting，and participatory". [RONALD INGLEHART，WAYNE E. BAKER. Modernization，Cultural Change，and the Persistence of Traditional Values. American Sociological Review，2000 (1)：19]

② "Economic development tends to transform a given society in a predictable direction，but the process and path are not inevitable. Many factors are involved，so any prediction must be contingent on the historical and cultural context of the society in question." [RONALD INGLEHART，WAYNE E. BAKER. Modernization，Cultural Change，and the Persistence of Traditional Values. American Sociological Review，2000 (1)：49]

内涵。现代化理论的拥护者大都从狭隘的视角来看待传统价值与现代化的关系，认定现代化就是要不断地在根本上扬弃传统价值，并创造出一套与传统价值完全不同的全新价值体系。在传统与现代化的关系上，他们不仅认为从传统到现代的过渡是线性的，而且认为传统与现代化之间是不可避免地断裂性的、对抗性的关系。这种断裂性的、对抗性的关系就是传统与现代化之关系的第一种模式：

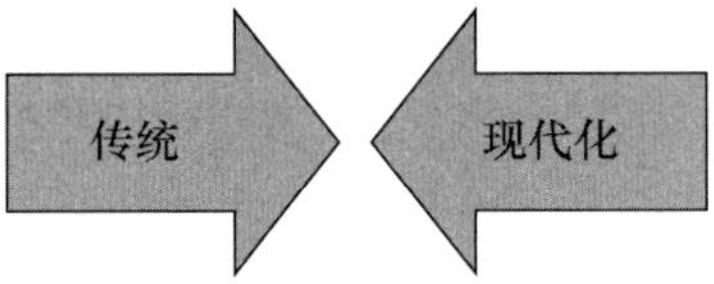

这种断裂和对抗模式在特定历史时期具有一定的合理性，因为作为新的体系，现代化只有在突破传统的束缚后才能凸显自己的价值并被人们认可和接受。然而，即使作为历史上的一个阶段，现代化也不可以被单纯视为"现代"现象来认识，而必须在与传统的关联中才能得到真正把握。当人类进入 20 世纪后半叶后，该模式的局限性越来越为人们所认识。在世界各个地区和国家，尽管现代化的浪潮风起云涌，在深度和广度上迅猛展开，但并没有出现（如有些人所预言的那样）传统价值被彻底清除出人们的生活和各个社会领域的现象。相反，各种各样的传统价值不仅存留了下来，发挥着重要作用，而且不断得到传播、繁殖、扩展和革新。面对这样的现实，一些学者看到了现代化理论对传统理解的片面性和局限性，开始重新认识传统、重新评价传统价值在现代化过程中的地位和作用。爱德华·希尔斯（Edward Shils）于 1971 年率先打响了传统保卫战，发表了《论传统》（"Tradition"）的长文，并明确提出，"所有现存的事物都有自己的过去，没有任何事物可以逃脱过去的掌控"①。现代化也不例外，而且现代化只有在传统价值中才能得到合理的解释和理解。戴维·格罗斯（David Gross）在其名著《废墟中的过去：传统及对现代性的批判》（*The Past in Ruins*：*Tradition and the Critique of Modernity*）中明确提出，在所有的现代化国家里，传统依然存在并发挥着不可替代的作

① EDWARD SHILS. Tradition. Comparative Studies in Society and History，1971（2）：122.

用。这一事实打破了现代化理论的独断，因为现代化进程并没有取代或排斥传统价值。传统价值存留下来并得以发扬光大的原因是多方面的，或者是因为传统在现代实践上仍十分有用，或者是因为传统可以像镜子一样映射出现代化中的缺失。① 不少学者也指出，传统的重要性还在于它能给予人们安全感和归属感。他们认为传统的重要性不仅在于可以为人们提供广阔的空间感和本体论上的安全感（ontological security），而且在于它是不可再生和不可重复的价值观的财富积聚，能使个人和集体体验更深厚、更丰富。② 传统价值的适应力和生命力证明了传统仍然是塑造现代的中坚力量。当然，任何传统都有“活”的部分与“死”的部分。对现代而言，具有生命力的传统不是指存在于过去的、考古遗迹中或博物馆内的僵化传统，而是在学术和实践中以思想、信念、规范和生活内容等方式延续下来并经过当代人重新解释与论证了的“活”传统，是与现代息息相关的、不断发展变化的传统。“活”传统乃不断累积而成，既是过去的延续，也是一种新的叠加和增生，其形式和内容都在不断得到新的解释。这种发展变化中的传统只能是现代化的一部分，不可能孤立地存在于现代化进程之外。

在重新认识传统对现代化的作用和价值的过程中，越来越多的人认识到传统与现代之间的联系是不可能被割断的，现代化虽然是对传统价值的变革，但同时也是从传统中发展而来的。现代化本身不是一个点、一个阶段，而是一个过程。这样的解释形成了“长现代化”（long modernisation）概念。“长现代化”概念意味着现代化以渐进和全面的方式将传统融入自身。据此而论，现代化贯穿于人类文明长河之中，我们无法用某个点来断定其之前是传统、之后是现代。从原始文明到“轴心文明”，到现代文明，到各自本土化的全球文明，是一个具有一致性和连续性的演进过程。各个阶段虽然在价值观上有性质上的区别，但它们都是一个链条中互相连贯的不同环节。根据这一观点，传统与现代之间不可能有明确的界限。现代是从传统中生长出来的，现代本身又是传统的合力推进。这样一个不断成长的过程展现给我们的是传统到现代的演进

---

① DAVID GROSS. Rethinking “Tradition”//The Past in Ruins：Tradition and the Critique of Modernity. Massachusetts：University of Massachusetts Press，1992：87. “治疗现代化疾病的唯一方式就是更现代化”，这样的偏执现代化观点已经受到广泛的批评。

② 同①83.

图，其内容只能是对人类共同关心的主题——例如人的本质、自由、价值等——的不断肯定，是在人的感性与理性、个人与群体、内在与外在的矛盾和统一运动中不断展开的：

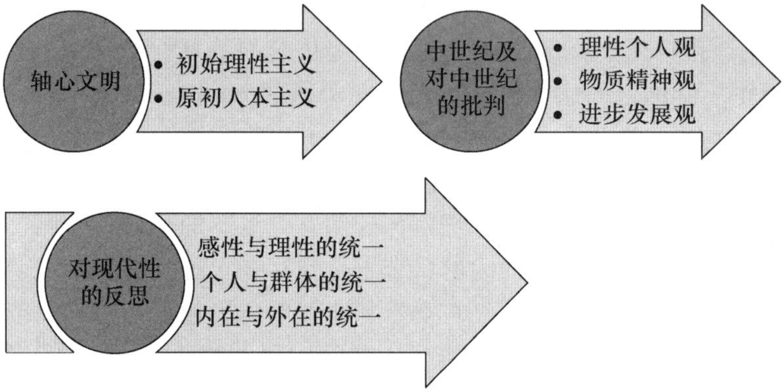

这样的演进过程在以欧洲为代表的西方世界里，具体表现为从古希腊文明与古希伯来文明中生发出中世纪文化—神学性的教会—国家—社会一体化，这样的中世纪文化一方面压抑了理性的发展，但另一方面又保存和承续着古代文化、鼓励了对上帝创造物之规律的研究和理解。但由于单方面发展宗教精神性而压制物质性，中世纪后期产生了对严格神权主义的反抗和向重新解释的古代文化的回归，由此出现了文艺复兴、宗教改革、启蒙运动。在科技革命的推动下，欧洲率先成就了以理性主义、个人主义、进步主义为导向，以工业革命、技术创新、城市化等为手段的现代化运动；这一运动改变了世界，也改变了人类社会，使人类在与自然的搏斗中第一次成为真正的主人，实现了物质的丰富、个性的张扬与社会的进步。但它同时也带来了严重的后果，引发出所谓后现代的各种思潮如解放神学、关怀伦理、生态哲学等，对狭隘理解的现代性进行着修正和批判，寻求感性与理性、个人与群体、内在与外在的统一。后现代并非与现代截然分开的另一个阶段，而是现代的延续和发展，在承接现代价值的同时形成对现代化中极端价值的批判和修正。

"长现代化"理论否定现代化是对传统的隔断，把传统纳入现代化进程；现代化不再是一个时间点，也不是一个固定的空间，而是一个绵延的扩展，是一个不断演化、不断修正同时又不断提高的过程。这就是传统与现代化之关系的第二种模式：

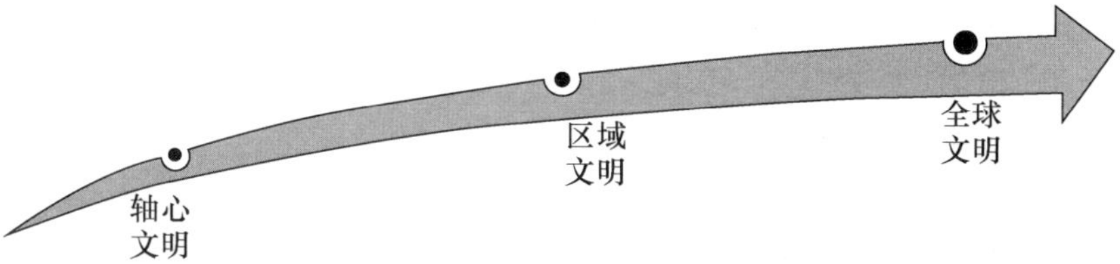

“长现代化”理论的提出对我们具有特殊的意义。这对于那些把传统与现代对立起来的极端观点是一个批判。而且，与“短现代化”模式相比，“长现代化”模式更适合中国的历史和现实国情。中国传统虽然受到西方现代化的根本否定（典型表现为“打倒孔家店”和“破四旧”），但并没有完全消失。相反，“文化大革命”之后，很多传统的东西得到了迅速的恢复。“中国是一个完全现代化的社会，但其现代性所展现的方式又深深地为其前现代传统所塑造。”① 由此而言，中国传统并非与现代化完全对立，也并非没有对“长现代化”做出任何贡献。早在两千多年前，百家争鸣就开创了理性思考，儒家倡导的道德主体性成为社会架构的价值基石，大都市在规模和内涵上都居世界前列，强大的中央政府和由科举考试形成的官僚体制也远远早于欧洲而得以确立与盛行。

中国传统与现代之间的关系不可能由“短现代化”模式来解释。同时，中国传统与现代之间的关系也远比“长现代化”模式所能包容的复杂，因为中国的现代化除了从传统中汲取养分之外，到现在为止主要还是在西方现代观念和价值的主导下进行的。自从西方在 19 世纪中叶开始把自己的现代化理念和价值强加给中国以来，中国被迫接受了西方的现代化，并以此来重新思考、评价、改造、解释中国传统。由于特殊的历史和生活经历，大多数知识分子往往从对立的视角来审视现代与传统的不兼容性，批判传统中压抑个性、以义务压制权利、以集体否定个人的价值取向等方面，认为这些是中国落后的根源，只有彻底根除，方能完全实现现代化。因此，在很长一段时间内，反传统成为现代化的价值导向，而“西方化”则被看作现代化的基本内容。另外，也有许多人厌恶西方的现代化对中国文化的入侵，提出要恢复中国

① RANA MITTER. Modern China：A Very Short Introduction. Oxford：Oxford University Press，2008：12.

文化的传统，就必须驱逐以现代化为代表的外来文化。他们把现代化等同于单纯的科学与民主，进而等同于西方化，并由此认定现代化是对中国文化的戕害。

这两种殊途同归的文化倾向以不同的方式割裂了传统与现代化之间的连贯性。如果我们换一个视角来看待传统与现代化的关系，不一味地强调其中的一个方面，那么传统与现代化是可以形成良性循环的。这样一个循环模式为传统与现代化的关系释放出更大的空间，允许更多的可能性，也准备了更多的可操作性。它可以有效地融合传统和现代，让不同的发展模型共存，让具有与中国同样经历的民族和国家可以按照自己的方式实现现代化。一方面，“借来的”现代价值作用于传统，依此对传统进行反思和改造；另一方面，经反思而“过滤”了的传统反过来又施加于现代化进程，形成了一种循环往复的关系：

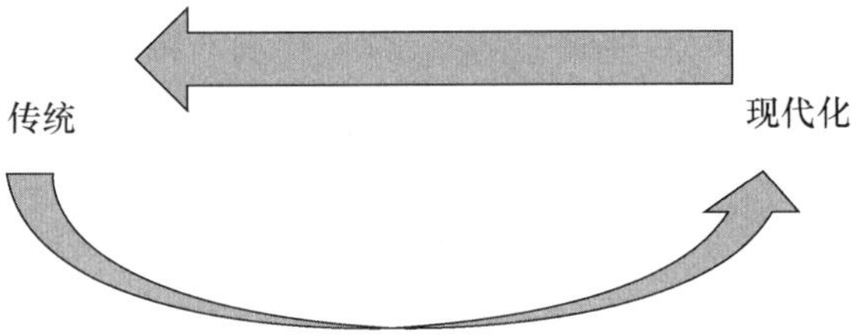

这可以说是传统与现代化之关系的第三种模式。与“短现代化”模式和“长现代化”模式相比，传统与现代化的“循环”模式更加肯定了传统与现代之间的无法割裂的关系，从而使现代化既具有特殊性又具有普遍性。传统与现代化之间不仅互相联系，而且更重要的是互相包含、互相影响和互相改变，从而呈现出一种动态的、全方位整合的关系。一方面，传统不断为现代化所改变，真正的现代化本身是一个继承和发展传统，在整合传统与现代基本价值的基础上不断“创造”和“再创造”传统、“改变”和“再改变”传统的过程。虚假的现代化对传统，或抛弃或与其抽象对立，或否定其根本价值而用一些边缘价值充当核心价值，从而达到否定传统整体的目的。这样的所谓现代化是对文明的破坏，是价值传承的中断，是无法维系、无法长久的。现代化的程序和过程只有在特定文化与文明中才能展开，所以现代化在一定程度上、在一定发展阶段必须转化为“传统化”和“本土化”。本土化的现代化是与传统结合起来的现代化，展现了现代化的多样性。传统与现代化的循环模式又一次证明，传统是现代生活中不可或缺的一部分。所有现代化的形式都或多或少运用了传统的内容，用希尔斯的话来说，“所有新的东西都不过是对之前已经存在的某种修正而已”①。与此同时，传统也不总是单一被动地接受现代化的改变，而总是积极主动地参与改变自己的过程，从而修正和影响现代化的价值导向。传统与现代化的相互改变，造就了一个特定文明的生命力和一种特定生活方式得以维系与发生改变的语境和内容。

“长现代化”概念和传统与现代化的循环模式，也改变了我们对中国哲学尤其是对儒家传统的评价以及对传统儒家如何能够应对迅速全球化的世界的看法。在此新观点的指引下，我们可以说儒家价值不仅仅是过去传统哲学和文化的主体，也是或应当是当代中国现代化和改革的一部分。

儒家思想的独特性使其在现代世界中同时保留传统价值和形成新的生活方式成为可能。除了时间维度，我们还可以从空间维度来看这个问题。在表现中国文明的独特精神和参与全球文明的塑造上，儒家思想既是地方的，也是全球的。全球化的现代化不是也不可能是单一现代化模型普遍化的过程。它只能是不同文化的新元素和旧元素的大熔炉。现代化的实现预示着全球化和文化多样性的兼容与妥协。加里·汉密尔顿（Gary Hamilton）认为，我们在全球经济发展中所见证的不是以西方文化普遍化为形式的统一性提高，而是通过非西方文明模式积极的、再创造和再融合的文明多样化的延续。② 文明多样性给现代化增加了一个全新的维度，同时也为儒家思想在传统与现代化的相互转化中发挥作用提供了新的平台。陈寅恪在对冯友兰《中国哲学史》的“审查报告”中指出，“二千年来华夏民族所受儒家学说之影响最深最巨者，实在制度法律公私生活之方面”③。这样的影响不仅在过去，而且对现在和将来仍不可忽视。除了这些制度层面的东西，更重要的是儒家思想中所体现的

① “All novelty is a modification of what has existed previously”. ［EDWARD SHILS. Tradition. Comparative Studies in Society and History，1971（2）：122］

② GARY G. HAMILTON. Civilizations and Organization of Economies//The Handbook of Economic Sociology. Edited by N. J. Smelser and R. Swedberg. New Jersey：Princeton University Press，1994：184.

③ 陈寅恪. 审查报告三//冯友兰. 中国哲学史：下册. 上海：华东师范大学出版社，2010：336.

核心价值，如高度的道德主体性，强调自觉觉人的道德活动，论证个人—家庭—国家一体化的伦理合理性，要求“自天子以至于庶人，壹是皆以修身为本”（《大学》），倡导理论上和实践中的理性思考，强调道德自律和履行责任，关注有效的国家治理等，都应该是中国现代化的合理内涵。这些价值既是传统的基本要素，又包含了向现代转化的基质。

对于儒家传统与现代化之间的关系，中国知识分子经历了一个长期而痛苦、曲折而反复的认识过程，并且，在很长一段时间内，主流思想或者顽固地以僵化的儒家规范来对抗现代化，或者把儒家价值当作现代化的阻碍，甚至将其完全排斥在现代化之外。① 后者尽管有历史的理由，但其片面性显而易见，是没有“现代化理论”形式的简单和极端现代化理论，是对传统与现代化之关系的片面理解，也是近现代以来中国现代化过程曲折而缓慢的原因之一。随着中国的改革开放，人们对传统与现代化的关系有了新的认识。割裂、对立儒家传统与现代化的倾向在20世纪80年代末和90年代以后得到了根本性的扭转。出于不同的目的和动机，海内外儒家学者和有远见的政治领导人逐渐引领儒学，使之处于文化发展中的显著地位，把儒学或儒家传统看作中国文化的核心和中华文明复兴的一部分。复兴的儒学是现代与传统相互作用的一部分，必须放到传统的现代化转换和创造性发展的大语境中才能得到真正的实现。作为传统，儒家思想包含着有价值的、无价值的不同方面，需要对其内容进一步甄别，区分出什么是好的或卓越的、什么是坏的或过时的。这样的理性甄别和批判可以使人们进一步看清哪些传统价值应该继续抵制，哪些传统价值应该予以保留和发扬，如何使传统更好地用于弥补现代化和全球化的不足，服务于国家现代化建设和国家整体文化的发展战略。复兴的儒家思想不仅仅是过去传统的一部分，也是或应当是当代中国现代化和改革的一部分。从古老的传统中寻求当今中国核心价值的优秀资源正在成为新的“时尚”，因为当代中国需要以传统价值来批判各种各样的现代道德弊病。我们期望，重新理解的儒家传统能成为创造新价值观的动力之一，并有助于回答当今人类面对的共同问题：如何在现代化过程中实现一个更平等、更和谐的世界，促进人类与自然和谐统一，逐渐缩小而不是扩大贫富之间的差距，等等。

---

① XINZHONG YAO. An Introduction to Confucianism. Combridge：Cambridge University Press，2000：266-279.

此外，我们还可以根据儒家思想的基本价值提炼出其对传统与现代之关系的理解：传统与现代的关系不是单一维度的，而是全方位的。这种理解反对把政治、经济、文化、道德、教育、宗教等割裂为互不关联的部分，坚持所有这些方面只不过是一个整体的不同侧面，它们只有集合起来才能共同构造生活的内容。儒家并不反对经济和技术的现代化，但它特别强调现代化的文化和价值内涵。[①] 对现代化的这种理解，在文化重塑方面有着显著意义，而且，这对于以自我反思的方式定义什么是传统、怎么评价传统以及如何才能重建传统，也会发挥积极作用。可以说，作为理性和自我反思的传统，儒家思想已经在新的语境中开始了全方位的创造性转换和创新性发展，这既表明了传统再生的巨大活力，也为传统与现代的统一奠定了牢固的基础，更为传统与现代化的循环模式做了一个典型的中国注释。

儒家传统和现代力量的相互作用构成当代中国现代化的主旋律，而这样的相互作用又全方位地影响着当代中国人的观念和价值。在这一相互作用中，儒家传统得以再现代化并进而融入现代价值。这之所以可能，一方面是因为真正的现代化是一个包容并蓄的过程，既不排外也不拒内，是在中外融合、古今交融中实现的；另一方面是因为儒家传统本身，儒家传统从来就不是固定不变的，而是一个不断自我更新的传统，无论是汲取先秦百家而形成的西汉儒学，援道入儒的魏晋儒学，批判地借鉴佛教、道家哲学的宋明理学，还是自觉以西方哲学来重新诠释传统的现代新儒学，都可以被看作儒家持续“现代化”的成功范例。经过重新诠释的儒家价值正在成为建设一个全新社会和政治秩序的推动力。道德建设、文明复兴、创新性发展等概念已经成为官方和民间话语中的常用词汇。这些术语的出现，反映了在社会主义市场经济进程中法治与德治、理想与现实、传统与现代价值统一的需要。中国道路、中国特色、中国精神等对于中国的现代化至关重要，因为它们所寻求的是植根于中国传统的现代化，而不是纯粹“借来的”或“植入的”现代化。当然，界定它们并非易事，单靠政治口号和宣传并不能使它们深入人心。因此，我们必须把意识形态的导向和

---

① 早在20世纪初，梁启超就已指出：“中国学术，以研究人类现世生活之理法为中心，古今思想家皆集中精力于此方面之各种问题。以今语道之，即人生哲学及政治哲学所包含之诸问题也。”（梁启超．先秦政治思想史．上海：上海古籍出版社，2014：3）

现实生活的需求结合起来，在中国传统中发掘现代化的资源，同时又自觉地把中国传统置于世界文化之中，通过比较和鉴别，汲取所有的优秀成分，实现儒家传统的再现代化。

提出儒家传统的现代价值就是要表明儒家传统与现代化在终极价值上的一致性。从传统与现代统一的立场来看待儒家传统，一是要反对片面的现代化理论，反对以现代否定传统，从现代化出发来割裂传统与现代的关联；二是要反对极端的传统主义，反对以传统否定现代，从传统出发来对抗现代。儒家传统是现代的传统，而它的现代是传统的现代。这样的解读不仅是为文化更生、行政运作和治理构建寻找合法性，而且是为了建立一个基于传统儒家与现代文明互动的文化秩序，实现传统儒家价值和现代普遍价值之间的良性转换。重新解读的儒家传统旨在团结人们，纠正在经济、政治、文化和社会运作中出现的各种弊端，引领人们建设一个共同富裕的美好社会，以公开且严谨的方式渗透到教育体系中，通过各种各样的学习方式，把传统文化和传统价值观传授给广大受众，运用现代媒体手段重新创建社会道德网络，让个体和群体都拥有安全感、归属感。

儒家传统是现代化的一部分，包含着现代化的可能和潜质。但要实现这样的可能、发挥这样的潜质，儒家传统与现代化要求必须实现价值上的统一。这样一个过程也可以说是儒家传统的再现代化过程。儒家传统与当代实践的价值统一可能会与当今政治有着某种或高度的一致和契合，但我们绝不应该把它仅仅作为一种政治工具，否则再现代化的儒家就会失去自身的魅力，不能持久、全面地影响中国的现代化进程。① 再现代化的儒家也不是对传统的简单复归，而是儒家的传统性与现代性的价值结合，是对传统的新诠释和新解读。因此，它不同于简单的、极端的民粹主义。以现代否定传统，并把西方的现代化直接嵌入中国文化土壤，这样的做法不可能取得现代化的成功。孤立于世界潮流的现代化或过于强调中国特色而重起炉灶式的现代化既不可能也不现实，历史已经证明了它的失败。以完全复古为特征的保守主义是以传统对抗现代化的又一种尝试，也是注定不会有成效的。与这些极端观点相反，再现代化的儒家是传统与现代的再平衡、再创造，是一种基于传统的新价值形

① 余英时特别强调儒家知识分子“士”的文化担当，承载着文化使命并且积极参与政治批评。（余英时．士与中国文化．上海：上海人民出版社，2003）

态，所以可以为我们在急剧全球化和深度现代化过程中保持传统提供全方位的价值支持。

再现代化的儒家价值强调传统特殊性与现代普遍性的“和而不同”。起源于西方的现代化具有很强的自我扩张力，要寻求同一性就必须清除异质文化和异质价值，从而引起民族之间、文化之间、传统与现代之间的巨大张力。儒家传统支持全球化的现代化，但也重视民族认同感和文化归属感，以实现具有传统意义的现代化文明特质。属于全球的首先是而且必须是属于地方的。再现代化的儒家价值提倡传统与现代、部分与整体的全方位融合，强调不同之中的和合。① 不同国度学者开展的全球价值观调查都发现，全球化是否成功取决于能否重建把不同价值观融合在一起的价值体系。为了实现这一点，我们不能完全无视特定的文化价值观，相反，我们应该保留和转化中国的“固有价值观”，比如和谐的价值观取向、高度的责任心、孝敬长辈、讲信修睦、仁者爱人、待人以礼等。在现代化过程中重新树立中国人的核心价值观，就意味着一方面要使儒家传统作为中华民族的文化基因、遗传结构继续发挥作用，另一方面要使中国的价值观与全球价值观相互影响、相互融合。当然，再现代化的儒家也强调“和中有异”“异中有和”，以实现过去与现在、内在与外在、特殊与普遍的对立统一。既在差异中张扬共性，又在共性中提升差异。在儒家语境里，“人的素质”被认为是实现具备完美秩序的现代社会的力量，因为它可以创造深植于过去集体记忆中的以和谐为核心价值的现代化。② 传统与现代的统一、全球化与地域化的互补、个人与群体的和谐共荣、权利与义务的良好平衡，是衡量现代生活质量的尺度，决定着我们能否真正实现在经济、政治、教育、价值和沟通等各方面健康、良性循环的现代化。再现代化的儒家传统可以使我们在繁复杂乱的现代生活中反思自己，在激发个人创造性、保护每一个人的福祉中倡导高度道德责任感，在对物质幸福的追求中保存内心的一片净土。因此，它是用于平衡植根于西方文化的强烈权利意识、个人主义的重要思

① 儒家的独特世界观、政治观使这样的国际包容成为可能。牟宗三指出：“中国以往不是一个国家单位，而是一个文化单位，只有天下观念，而无国家观念。……人民可以成为一个伦常上的‘道德的存在’（moral being），而不能成为一个‘政治的存在’（political being）。”（牟宗三．历史哲学．长春：吉林出版集团有限责任公司，2010：180）

② BØRGE BAKKEN. The Exemplary Society：Human Improvement，Social Control，and the Dangers of Modernity in China. Oxford：Oxford University Press，2000：1.

想源泉，也是全球现代化中不可或缺的中国元素，可以成为中国文化对现代化的特殊贡献。

6.3 中国性与世界性并立

当代中国哲学创新的第三个可能生长点是中国性与世界性并立。在李泽厚与刘绪源的对谈中，李泽厚说："海德格尔之后，该是中国哲学登场出手的时候了。"① "后现代到德里达，已经到头了；应该是中国哲学登场的时候了。"② 虽然学界对此番"登场"的方式与时机仍有争议，而且李泽厚之所以会做出这种判断主要是就海德格尔的存在主义哲学与他本人的"情本体"哲学之间存在着内在亲缘性而言的，但不管怎样，中国哲学经过百余年的发展，如今准备以一种文化大国的面貌和担当走向世界的这种立场与姿态已经摆在世人眼前。这种文化输出的自信心也为学界所共有，人们乐观地相信，未来世界哲学的发展必然离不开中国哲学的积极参与，问题仅仅在于中国哲学应如何参与。我们对中国哲学走向世界的发展趋势同样抱有信心，但这并不意味着一种盲目的乐观和单纯的自信，中国哲学需要世界，这是没有问题的，毕竟一百多年前的历史让我们对此有了沉重的记忆（如果我们还不至于如此健忘的话）；世界哲学也需要中国，这一基本判断也是没有问题的，关键在于，中国哲学能够为世界哲学贡献什么？是"礼乐"，是"天道"，是"心性"，抑或"情理"？答案或许并不像我们想象的那样容易给出。在 20 世纪我们还在努力西化，接受西方文明的"洗礼"，而中国的现代化进程至今尚未结束，甚至远未成熟；转眼我们便需要把自己推向世界，让世界倾听中国的故事和声音，甚至打算为欧洲病开出中国药方，从"自救"到"救世"，转换的难度之大可想而知。好在中国哲学并不打算以一种道德救世主的方式走向世界，其登场的方式也不会是集万众瞩目于一身。它只是世界哲学中的一元，带着几千年来形成的具有世界普遍意义的"地方性的知识和经验"走向世界哲学舞台，与其他地方性哲学经验一道探

---

① 李泽厚，刘绪源．该中国哲学登场了？李泽厚 2010 年谈话录．上海：上海译文出版社，2011：5.

② 同①7.

讨人类共同的命运。因此，所谓中国哲学的中国性与世界性并立，实际上就是在保持中国元素的基础上让中国哲学尽可能地参与到未来世界哲学的发展宏图中，中国性是中国哲学的基本底色，世界性是中国哲学的未来趋向，缺其一便无法构成一个完整意义上的具有生长力的中国哲学。在当代中国哲学史上，最具世界眼光并首先自觉承担起将中国哲学推向世界的学派应当是海外新儒家，而其中具有代表性的观点就是杜维明的“儒学三期说”。古人所谓“鉴诸往而知来”，虽然我们未必真能从过去拷问出未来，但至少我们需要对学界已有的工作和成绩进行考察，从而才能在此基础上更好地推进中国哲学的世界登场。

在谈及杜维明的“儒学三期说”之前，我们首先需要了解该说的直接理论源头，即牟宗三的“儒学三期说”。在牟宗三看来，儒学的第一期从孔子、孟子、荀子至董仲舒，为儒学的铸造期，这一时期“孔子以人格之实践与天合一而为大圣，其功效则为汉帝国之建构”，其特点是“积极的，丰富的，建设的，综合的”①。儒学的第二期在形态上表现为“彰显绝对主体性”的宋明理学，这一时期儒学的特点是“较为消极的，分解的，空灵的，其功效见于移风易俗”②。儒学的第三期则为进行时或将来时。清朝以来，儒学精神丧失，礼俗崩坏，世道危亡，牟宗三等人遂以救世扶道自居，而有志于开出儒学的第三期。此第三期之内容，“一，自纯学术言，名数之学之吸收以充实最高之原理；二，自历史文化言，民族国家之自觉的建立以丰富普遍之理性。由道德形式转进至国家形式，由普遍理性之纯主体性发展出客观精神”③。前者即由道统开出学统，后者实为以道统开政统，总括而言，则是“从（旧）内圣开出新外王”。在牟宗三看来，儒学的第三期经过对第二期的“反显”，将会类似于第一期的形态，“将为积极的，建构的，综合的，充实饱满的”④。但类似并不等于相同，牟宗三这里受黑格尔辩证法的影响，实际上把儒学的三期发展对应为正、反、合的辩证模型，第三期虽然在形态上类似第一期，但实际上则是对当时处于强势话语的西学的一种理论回应，从而也就是一种能够容纳西学（尤其是民主和科学）的更高层次

① 牟宗三. 道德的理想主义. 长春：吉林出版集团有限责任公司，2010：12-13.

② 同①13.

③ 同①13.

④ 同①13.

的综合。

牟宗三等港台新儒家在当时处于民族危亡的历史关键期，作为一个有民族责任和历史担当的知识分子，他们不可能不对当时的历史现实做出时代回应。牟宗三的“儒学三期说”实际上便是这种回应的一种理论呈现。对牟宗三等人而言，近代中国的危机实质上就是民族文化的危机，但与自由主义西化派不同，现代新儒家对中国传统文化有着十分自觉的“敬意”和“同情”。因此，于他们而言，实现中国的复兴就等于实现中华文化的复兴，而要复兴中华文化就必须复兴作为中华文化主干的儒学。但牟宗三等人也十分清楚，复兴不等于复古，更重要的是创造，即从已有之中逼出未有。“所谓创造，亦必为历史自身发展所必然逼迫其出现之创造。是以今日之创造，必有自家之根据，而不能纯为外铄者。所谓自家之根据，普泛言之即儒家之传统，亦即儒家必有其第三期之发扬也。”① 创造不是另起炉灶，而是在继承传统的基础上开新，这种开新也就是儒学第三期之发扬。牟宗三对儒学第三期有一个整体规划，即道统、学统和政统“三统并建”。所谓道统，是由孔子、孟子开辟的“道的统绪”，对应的是“道德宗教”；所谓学统，是“知识之学”的统绪，对应的是西方的科学知识；所谓政统，是“政治形态”的统绪，对应的是民主政治。中国传统文化恰恰是道统发达，但学统和政统都十分欠缺，有“为道之学”而无“知识之学”，“有治道而无政道”。因此，中国传统文化复兴或者说创新的关键便在于，在肯定道统的基础上，取西学之长而补中学之短，从而开出中国的学统和政统。“一、道统之肯定，此即肯定道德宗教之价值，护住孔孟所开辟之人生宇宙之本源。二、学统之开出，此即转出‘知性主体’以容纳希腊传统，开出学术之独立性。三、政统之继续，此即由认识政体之发展而肯定民主政治为必然。”②

牟宗三之所以坚持从道统开出学统和政统，原因是多重的。一方面，牟宗三当时已经见识到现代化的诸种弊端：民主国家可能发展为帝国侵略；科技发展可能遮蔽人心，使人忽视道德价值；自由、民主的泛化也会导致本真人性的丧失而使人趋于庸俗和自私自利。因此，牟宗三真诚地相信，如果能够以儒家的道德理想主义为西方的自由、民主和科

① 牟宗三. 道德的理想主义. 长春：吉林出版集团有限责任公司，2010：4.

② 同①序 3.

学奠基，那么便能治疗这种现代化疾病。另一方面，以道统开学统、续政统虽然是将儒家“藏天下于天下”的理想通过民主和科学的方式加以实现，从而完成儒学第三期的“民主建国”和“政治现代化”的使命，但其背后的根本性诉求则是维持中华文化的主体性地位。在牟宗三看来，如果没有中华文化的主体性地位，那么民主和科学能否在中国实现就是不确定的。中华文化的主体性不仅是中国文化发展的动源，而且是中华文化生命的方向。但实际上，牟宗三这种“以内圣开外王”的儒学第三期理论本身是存在很多问题的，尤其是它在“内圣”和“外王”之间始终缺乏有效的贯通，这一点即便是牟宗三本人也无法突破。牟宗三“早期研究政治儒学，出版了外王三书（《道德的理想主义》《政道与治道》《历史哲学》），但因为此路难通，故而后来完全转向心性儒学研究”①。但尴尬的是，由于牟宗三对心性儒学的建构取得了极高的造诣，以至于后来的新儒家不仅同样无法“从内圣开出新外王”，甚至连继续推进心性儒学的可能性也变得很小。

牟宗三之后，对“儒学三期说”做出最大理论贡献的便是杜维明了。但二人对“儒学三期说”的思考有着不同的进路。牟宗三等港台新儒家处于中华民族内外交困、危在旦夕之际，其复兴儒学是为了拯救中华文化，实现救亡图存，因此带有浓烈的儒学自救色彩。杜维明等海外新儒家由于常年生活于海外，对于上一代儒家知识分子的那种爱国救亡情怀缺乏同情性理解，他们生活于其中的文化环境和面临的时代任务都与上一代有着重大的差异。杜维明的“儒学三期说”更多的是沿着“三期说”的思路，在全球化时代“进一步考虑儒家在‘文明对话’和‘文化中国’等论题中的意义。通过对启蒙思潮的反思，进一步认定儒家对于世界文明发展的意义”②。就此而言，“杜维明为儒学所提出的根本任务并非如他的前辈牟宗三等人一样，将视野集中于中国本土的文化主体性和民主建国的问题，而是如何在一个全球的视野内应对西方文化特别是现代西方文化挑战的问题。而近代以来，中国人所念兹在兹的由天下体系向民族国家的转变的过程中，儒家所应担负的责任，则被轻轻地放下了”③。

---

①　任剑涛. 重提儒学第三期发展：现代性儒学建构的进路问题. 江苏行政学院学报，2011（4）：36.

②　干春松. 康有为与儒学的“新世”. 上海：华东师范大学出版社，2015：28-29.

③　同②29.

从杜维明的论述来看，其对“儒学三期说”的理解有着明显的空间和地域指向，即儒学是如何由地方知识扩展成中华文化，随后又走出中国，走向东亚乃至世界的过程。“所谓三期儒学，一般的理解是，从大的趋势来讲，从先秦源流到儒学发展成为中国思想的主流之一，这是第一期；儒学在宋代复兴以后逐渐成为东亚文明的体现，这是第二期（这一期一直延续到19世纪末叶）；所谓第三期，就是从甲午战争、五四运动以后。”① 具体来说，儒学的第一期是发端期，它创成于孔子，“带有曲阜地方知识的特色，但它本身是孔子对唐虞三代文明因革损益的结果，终不可避免地发展成为‘具有全球意义的地方知识’”②。儒学的第二期是宋明理学的发展，这一时期，中华文化的朱子学和阳明学已经影响到整个东亚，“儒学从中原文化发展成了东亚文明。日本学者岛田虔次认为，朱子学不仅是中国文化特有的思想传统，也是东亚文明的体现”③。如今的儒学应当进入第三期的发展，“由于东亚社群已遍布世界不同角落，也可以说，儒学的第三期发展是面向整个世界的”④。从曲阜到中国，从中国到东亚，再从东亚到世界，我们可以看出，杜维明的“儒学三期说”实际上是把儒学逐步推向更广阔的空间。虽然杜维明强调儒学第三期的发展目前仍只是一种可能性，是“一个对未来的期待，一个展望的前景”⑤，而不是对一个历史现象的描述。但在他眼中，“儒学是否能够有第三期，实际上是需要看未来能否有儒学之复兴与成熟，要看儒学能否给人类社会提供有价值的东西”⑥。也就是说，儒学第三期能否出现关键不在于它能否回应中国在面临现代化挑战时所产生的一些特殊问题，而在于儒家的思想资源能否回应由现代化所造成的对于整个人类具有普遍意义的问题。儒学不能停留在中国，也不能局限于东亚，而应当在全球化时代走向世界，面对和回应具有普遍性的现代化问题。这才是儒学第三期的本真要义。“儒学第三期发展的核心问题已经不是中国本土文化中儒学传统自身如何进行现代化转换与更新的问题了，而是如何使儒学进入汉文化圈以外的全球世界，如何与以西方文明

① 杜维明. 现代精神与儒家传统. 北京：三联书店，2013：473.

② 杜维明. 二十一世纪的儒学. 北京：中华书局，2014：31.

③ 同②31-32.

④ 同②32.

⑤ 同②34.

⑥ 同②35.

为代表的各种文明进行对话与沟通的问题了。”① 但这同时也就意味着另一个可能性，即儒学第三期未必一定要在中国大陆甚至港台地区产生和发展，它既然面向的是全球性问题，也就有可能在世界的任何一个地方取得成功。儒学进一步发展所需要的知识分子群体也未必都要属于中国或东亚，知识分子可以来自东方或西方，他们的终极关怀也可以来自世界不同的精神文明，如基督教、佛教、伊斯兰教等，但他们所遇到的问题则是儒家的。儒家也不必成为和其他几大宗教并列的一个宗教领域（这不大可能），“但应该成为知识分子对各种问题进行理解和反思的一个基础、一个原则、一个资源。因此，可以有儒家式的基督教，可以有儒家式的伊斯兰教，可以有儒家式的犹太教，可以有儒家式的佛教”②。

相比于牟宗三等港台新儒家而言，杜维明等海外新儒家的学术视野确实更胜一筹。美国学者郝大维和安乐哲就曾指出，“哈佛大学的杜维明就是向西方世界解说儒家意识方面很杰出的一位。杜维明以一种世界哲学展示了其‘新儒学’（New Confucianism），这个新儒学能以平等的态度对待西方知识界的各种声音”③。努力使儒学在全球化时代对西方文化的挑战做出回应并进行创造性建设，可谓杜维明“新儒学”的核心关注之一，杜维明在儒学世界化方面确实做了出色的工作，但他并不是唯一具有这种视野和眼光的学者，从宏观意义上说，整个海外新儒家群体都在朝这方面努力，也正是他们才真正开启了儒学的国际面向。正如另一位海外新儒家刘述先所描述的那样，由于第三代（即海外）新儒家所面对的脉络与港台新儒家相比有着重大的差异和不同，因而“其思想的走向也就有了很大的差别。他们习惯于西方开放多元的方式，担负远没有上一代那么沉重，以其只需［要］说明，在世界诸多精神传统之中，儒家能够占一席地，便已经足够了”④。海外新儒家不必像港台新儒家在存亡继倾的危机面前那般护教心切，而只需要在新的脉络和问题面前做出适当的回应与调整即可。这也是为何虽然同为“三期说”，但

① 干春松．康有为与儒学的“新世”．上海：华东师范大学出版社，2015：30-31.

② 杜维明．现代精神与儒家传统．北京：三联书店，2013：496.

③ 郝大维，安乐哲．先贤的民主：杜威、孔子与中国民主之希望．何刚强，译．南京：江苏人民出版社，2004：33.

④ 刘述先．儒家哲学研究：问题、方法与未来开展．上海：上海古籍出版社，2010：277.

牟宗三的“儒学三期说”更偏向于义理层面的“一心开二门”，而杜维明的“儒学三期说”则更偏重于空间层面的“东亚到世界”。

对杜维明而言，继承儒学发展的课题，至少要面对西方文化提出的四个挑战。儒家面临的第一个挑战就是儒家的道德理性、人文思想与西方的科学精神的问题。杜维明说，儒家传统有着强烈的道德理性和很大的人文思想，它在面对西方科学主义的挑战时会暴露出很多缺陷。虽然很多人对于唐君毅以良知和道德理性来发展科学精神以及牟宗三有关良知“自我坎陷”的观点表示怀疑，并主张对“道德理性及其运作的实际范畴和层次予以严格的规定”①，但杜维明也表示，“如果自觉地要求在某种领域中让道德理性不发生作用，还算不算儒家？这是一个有趣而严肃的问题”②。儒家的道德理性未能产生出西方式的科学精神确实是儒家的一个缺失，但这未必就意味着“仅仅接受从韦伯以来的现代精神所谓的专业分工的理论，把我们的价值领域很清楚地分为几个不同的范畴”③。在杜维明看来，这种解决途径很有可能是一厢情愿的，最终会把人格的整体性彻底分裂。因此，儒家传统在新的人文世界中应当扮演何种角色并发挥怎样的价值功用，便是一个十分值得探讨的话题。

儒学面临的第二个挑战就是民主运动的问题。通常而言，民主运动是建构在一个敌对抗衡的价值意识上的，它的哲学基础是怀疑主义，即怀疑权威，怀疑人性的光辉，怀疑一切利他的倾向和动机，于是它不谈动机，而只看重程序，看重法律，并在抗争和妥协的斗争中探寻新的秩序。儒家道德理性的一个基本点是信赖，它信赖社会，并期待贤人政治也即以身作则的儒家型政治家的出现。也就是说，这些政治家不仅能对权力进行自我约束，而且对人民的福祉抱有一定的承诺，就像上古传说中的尧、舜那样。然而，这种贤人政治始终没有出现，而古代那些能够体现儒家精神的知识分子又常常在政治斗争中牺牲了，“这意味着儒家道德理性的说服力越来越弱。这是很大的问题”④。

儒家面临的第三个挑战是宗教情操问题。在杜维明看来，中华文化中没有出现欧美解放神学那种革命性运动，这与儒家的特殊性有关。基

① 杜维明. 现代精神与儒家传统. 北京：三联书店，2013：486-487.

② 同①487.

③ 同①487.

④ 同①489.

督教代表的是一种革命精神，从超越的、外在的上帝来看，任何现存的秩序和结构都是“不合法”的因而都是可以毁灭的；但儒家传统则对于人类所创的一切人文价值都给予平实的历史地位，而且对权威主义也很宽容，也正因为宽容，所以一旦造起反来也相当彻底。但这不是民主的传统。在受儒家影响的社会里，往往都存在着权威主义、男性沙文主义、家族封闭性等问题，比较全面的妇女解放运动很少出现。这是否与儒家的君权、父权、男权的长期压制有关？值得考虑。有人指出儒家传统虽有终极关怀，但对宗教情操并不重视，而且对民主政治的基础如程序、法律也认识不足。杜维明指出，“儒家传统最健康的是它的涵盖性很强的人文主义。它不要形式的宗教，而居然能发挥宗教的功能，这是它的优越性”①。但从现代宗教的角度看，这种优越性的说服力已经不够，圣王的观念也需要被消除。

儒家面临的第四个挑战是心理学上有关人性的理解。犹太教和基督教相信人性本恶，弗洛伊德又用心理学的观点对人性的幽暗面加以揭示，这些都提示着对人的有限性的一种醒悟和了解，“怀疑主义以及各种不同的客观制度的设置，都和人的幽暗面有关”②。如果我们相信儒家所认定的人性本善，“人可以通过自觉奋斗来体现完美的价值”，并且相信“政治的领导基本上是好的，只要相互礼让就可能把我们这个社会带到更进一步的世界。面对复杂的现代文明，这种设想当然很幼稚”③。

总之，在杜维明看来，无论是科学的精神、民主的运动、宗教的情操还是人性的幽暗，这些都是西方文明所体现的价值，在儒家传统中并不存在。如果儒家不能对这些价值做出建设性的回应，那么不仅儒学不能进一步发展，甚至连健康的传统价值都有可能因此而变质。就此而言，我们当然不否认全球化时代的儒学应尽可能回应由西方文化所带来的一些具有普遍性的挑战和问题，毕竟这是人类未来共同的命运，但我们仍然需要强调的是，儒学虽然必然走向世界，但它的前提是儒学仍应属于中国，这是儒学得以延续和立身的根基之所在。这意味着，新时代的儒学首先需要回应的是当代中国人的物质和精神生活，并以此为基

---

① 杜维明．现代精神与儒家传统．北京：三联书店，2013：490．

② 同①．

③ 同①．

准，进而将这种“地方性的知识和经验”逐步提升、扩展为具有普遍意义的全球性知识。或者说，儒学如果有第三期，那么它的生长脉络也未必就是单线的从地方到中国、从东亚到世界，而更可能是从中国到东亚、从中国到世界。儒学的发扬虽然未必完全依靠具有“中国身份”的知识分子（海外新儒家便是一例），但它赖以成长和壮大的基础一定是具有“中国性”的知识分子，无论是儒家式的基督徒还是儒家式的佛教徒，其在最根本意义上仍应是儒家的。也就是说，当儒家和基督教之间产生信仰上的冲突时，他们在内心深处一定是宗教性地认同儒家。“所以，如果说在牟宗三的儒学第三期发展的历史叙述中，有对于西方现代政治模式和科学精神过多的迁就的话，那么，杜维明所提出儒学三期发展的方向，则更为模糊，杜维明的问题在于其‘世界眼光’遮蔽了‘中国问题’，从而使儒家成为多元性维度中的一元，其价值的独立性和终极性被虚无化。最终，儒家在由东亚走向世界的过程中不得不消失在‘世界’中。”①

在批判和回应“儒学三期说”的所有声音中，李泽厚的“儒学四期说”应当是最具代表性也最具影响力的一种了。由于深受马克思哲学的影响，李泽厚坚信物质经济的发展是人类历史前进的基础和保障，甚至不惜以“吃饭哲学”来标示自己的立场，并批评那些认为只有心性伦理才有价值、才是根本的哲学观点是本末倒置。李泽厚对牟宗三、杜维明等人的“儒学三期说”的批判主要是“针对他们将儒学史‘窄化’为‘心性伦理史’”②。李泽厚认为他的“儒学四期说”有“直接源起”和“间接源起”。其中“直接源起”就是针对牟宗三、杜维明等人“以心性论作‘道统’来概括和了解儒学，认为这是儒学的‘神髓’‘命脉’”③的“儒学三期说”。李泽厚认为，“儒学三期说”在表层存在两大偏误，在深层存在两点困难。表层的两大偏误：“一是以心性—道德理论来概括儒学，失之片面”，因为“心”“性”在先秦都不是唯一重要与核心的论题；二是“‘三期说’抹杀荀学，特别抹杀以董仲舒为代表的汉代儒学”④。深层的两点困难：一是“内圣开外王”的问题，一是“超越而

① 干春松．康有为与儒学的“新世”．上海：华东师范大学出版社，2015：35.

② 同①36.

③ 李泽厚．历史本体论·己卯五说（增订本）．北京：三联书店，2008：130.

④ 同③131.

内在”的问题。前者的问题在于，“道德良知既然如此圆善、完满，‘达到了完满状态的本心性体、道德良知，何以又要坎陷自身而下开知性呢’？这种‘坎陷’的动力和可能何在？”① 而后者的矛盾在于，“内在超越”一方面否定上帝神明，以心性为本体，另一方面又模拟西方“两个世界”的架构，将此“心”“性”说成超越的。② 但问题在于，中国的“心”“性”不离感性经验世界，而西方的“超越”却要超越此经验世界，二者之间始终存在着无法调和的矛盾。因此，李泽厚认为，“‘现代新儒家’无论在理论框架上、思辨深度上还是在创造水平上，都没有越出宋明理学多少，也没有真正突破的新解释”，“它只是宋明理学在现代的某种回光返照，并不会有太好的前程”③。于是，李泽厚也称其为“现代宋明理学”④。

“儒学四期说”还有它的“间接起源”，在李泽厚看来，这就是儒学另辟蹊径进行发展所必须面对的“问题”。“必须面对当代现实问题的挑战，这才是儒学发展的真正动力。”⑤ 这些问题主要就是西方的现代化所带来的问题。现代化所带来的个人主义（如个人的权利、利益以及独立、自由、平等、民主等）与传统儒学对个体本质的社会性认定（人生活在各种角色和关系中）之间存在着根本的差异和严重的冲突。“现代化的政治、经济的体制、观念和方式，如社会契约、人权宣言等等，与传统儒学扞格难通，凿枘不入。”⑥ 与此同时，各种宗教神学、现代派哲学伦理学以及后现代主义所造成的散文时代和碎片化生活、没有革命和激情的无聊与颓废，也对传统儒学引以为傲的“内圣”之学形成了多方面的挑战。传统儒学究竟应当如何发掘自身的潜力和资源，应对挑战，从而“既保持重视心性道德的‘内圣’精神，又同时‘开出’现代化所必需的自由、民主的中国式的‘外王’功业呢？”⑦ 在李泽厚看来，这就是儒学第四期所要回答的问题。李泽厚并不同意“儒学三期说”认为儒学传统已经丧亡的观点。因为，如果儒学

① 李泽厚．历史本体论·己卯五说（增订本）．北京：三联书店，2008：132．
② 同①133．
③ 李泽厚．杂著集．北京：三联书店，2008：276．
④ 同③273．
⑤ 同①140．
⑥ 同①141．
⑦ 同①141．

传统已经死去，那么仅靠书斋中的知识分子是无论如何都不可能救活的。正因为这个传统还活着，“还活在尚未完全进入现代化的中国亿万老百姓的心里，发掘、认识这种经千年积淀的深层文化心理，将其明确化、意识化，并提升到理论高度以重释资源、弥补欠缺，也许，这才是吸取、同化上述欧风美雨进行‘转化性创造’的基础”①。

“儒学四期说”表面上看不过是在“儒学三期说”的基础上增加了汉代儒学这一历史向度，因而只是一个历史分期问题。但实际上，李泽厚并不同意杜维明所谓“分十期都可以”的断语。对李泽厚而言，儒学的分期并不是简单的学术分期，而是一个关涉到“如何理解中国文化特别是儒学传统，从而涉及下一步如何发展这个传统的根本问题”②。由于哲学基础的不同，“三期说”重视的是儒学的心性论，并渴望通过继承和恢复以“心性之学”为主干的“道统”，继而“由内圣开出新外王”，以实现儒学的复兴。但“四期说”之所以要突出汉代儒学这一期，正是为了解构心性道统的儒学观，以突出原典儒学的丰富意蕴和复杂内涵。因为，儒学如果只是“心性道德的形而上学”，那么就只能“发展为某种相当窄隘的宗教性的教义”；但儒学如果有着更丰富的资源，那么“在吸收、消化现代某些思想、理论后，可以有一个更为广阔的前景”③。因此，李泽厚“并不是将儒学分期视为简单的历史编纂的过程，而是要通过叙事来重新理解儒家传统，为儒学的发展提供方向”④。

李泽厚指出，儒学第四期的风貌是，期待一种更为多元和多样的发展。具体而言，第一期儒学即原典儒学（孔子、孟子、荀子）的主题是“礼乐论”，它以礼、仁、忠、恕、敬、义、诚等为基本范畴，奠定了“生为贵”的中国人本主义根基。第二期儒学即汉代儒学的主题是“天人论”，它以阴阳、五行、感应等为基本范畴，“极大［地］开拓了人的外在视野和生存途径。但个人屈从、困促在这人造系统的封闭图式

① 李泽厚．历史本体论·己卯五说（增订本）．北京：三联书店，2008：145.
② 同①131-132.
③ 同①132.
④ 干春松．康有为与儒学的“新世”．上海：华东师范大学出版社，2015：39.

中”①。第三期儒学即宋明理学的主题是“心性论”，它以理、气、心、性、天理、人欲、道心、人心等为基本范畴，虽极大地提升了人的道德意识，但由于内心道德律令的强力束缚，人的自然性并不能得到全面彰显。至于第四期儒学，按照李泽厚的设想，其主题就是“情欲论”，即“人类学历史本体论”的全面展开，它以“情”为“本体”，以自然人化、人自然化、积淀、情感、文化心理结构、两种道德、历史与伦理的二律背反等为基本范畴，“仔细探究现代人生各种不同层次和种类的情感和欲望及其复杂的结构关系”②，从而第一次将个人塑造为“多元发展、充分实现自己的自由人”③。

我们说，无论是“三期说”还是“四期说”，无论是“心性论”还是“情欲论”，实际上都是希望能在新的历史时期延续中国传统儒学的基本精神和思想脉络，在深入发掘和探究中国传统儒学潜力的基础上努力开出中国哲学的世界性局面。在杜维明那里，未来的儒学不应当只是对中国现代化过程中所遇到的问题的特殊性回应，更应当是对传统现代化的世界性回应。因为中国现代化过程中所遇到的问题很可能并不是中国自己的问题，而是具有全球性的共同问题，在东亚国家出现的问题也可能在非东亚国家出现。因此，他希望儒学能真正走向世界，将中国和东亚的地方性经验上升为具有全球性的普遍知识和智慧，从而为世界共同面对现代化的一系列问题提供新的视角和资源，即便这一任务不由具有中国身份的学者来完成也是值得的。同时，他也希望儒学能与世界其他宗教共融，甚至产生交叉式的宗教信仰（如儒家式的基督徒）。总之，“如果儒家传统第三期发展的话，要从中国文化和东亚文明走向世界。这意味着它的资源、它的养分来自中国文化，也来自东方文明。这是它的历史因缘，也是它的社会基础，但它一定要有勇气走向世界。为此，它要克服自身的缺陷，并面对历史发展的多样性和现代西方文明所碰到的各种挑战、难题，创造崭新的、有深刻宗教含义和广泛政治实效的人文精神”④。同样，对李泽厚而言，儒学第四期与前三期之间的关系是内在的精神特征的延续，而非只是概念和话语的沿袭，儒学未来的发展

① 李泽厚．历史本体论·己卯五说（增订本）．北京：三联书店，2008：154.

② 同①．

③ 同①155.

④ 杜维明．现代精神与儒家传统．北京：三联书店，2013：496.

可以有不同的主题、范畴和研究，他虽然不同意“儒学三期说”对儒学未来的定位，但仍然可以包容它作为宗教哲学发展的一个分支并与其展开论辩（在这种意义上，“四期说”认为“三期说”对现代人有关终极关怀和安身立命等方面的精神探索也是有重要价值与意义的）。更重要的是，李泽厚认为他的儒学第四期或者说情本体哲学也即人类学历史本体论“是一种世界的视角，人类的视角，不是一个民族的视角，不只是中国视角。但又是以中国的传统为基础来看世界”，因此乃是一种具有“人类视角，中国眼光”①的哲学。

就此而言，我们认为，无论是“从东亚到世界”还是“人类视角，中国眼光”，儒学的“三期说”和“四期说”实质上都是想为中国哲学尤其是儒学的未来发展寻找更广阔的前景，都是希望在保持哲学的中国性和世界性之间良好张力的前提下，实现中国哲学的时代创新。这当然是一个十分漫长的历史过程，但却是一个颇有前途和希望的方向。抛开儒学分期之间的义理辩驳，“三期说”和“四期说”给我们的最大启示就是，以儒学为主干的中国传统哲学仍就有着十分丰富的理论潜力，有待进一步发掘，但问题的关键和前提在于，我们需要弄清楚我们这个时代真正需要的是什么。始于西方的现代化运动所带来的挑战当然是我们不得不面对的难题，但我们需要明白的地方在于，现代化并不仅仅意味着西方化，西方走过的道路未必就是指引我们前进的唯一方向或可能。但更重要的是，我们还需要知道自己传统的优长和缺失。面对西方文明，我们不必自卑到认为自己的一切都不如人，从而一切都需要他人的指引和“启蒙”，但更不能自大到仿佛西学中所有的一切，我们的传统中都有了先见之明。中国哲学要想走向世界，首先要认清自身的局限，并努力找到与世界接轨的前提和基础（如科技、工业、经济、政治等方面的现代化），然后才能在此基础上发掘那些与我们的现代生活相适应或者能够更好地改进这种现代化状况的精神和文化资源（如天地国亲师、合情合理、诗意栖居、“达则兼济天下，穷则独善其身”，等等）。所谓“人类视角，中国眼光”，首先是说“人类视角”或“世界视角”，是要求中国哲学能够“大其心”，只有视角、视野、胸怀打开了，哲学的境界才能打开。在此背景下，我们的“中国眼光”才能得到彰显，为

① 李泽厚．中国哲学登场．北京：中华书局，2014：86.

世界所关注。世界性与中国性之间可以有一种历史和逻辑的先后，但这未必是一种时间的先后。也就是说，在逻辑上，中国首先要学会说能让世界听懂的话，然后再说中国话、讲中国故事。总之，用世界眼光，关注中国问题，并且讲能让世界听懂的中国故事，这些才是中国哲学未来发展的希望之所在。

第七章 哲学创新与哲学教育

李泽厚曾说，21 世纪将会是教育学的世纪。在这样的时代，教育不应当只是实现其他事务的手段，而应当成为“研究人的全面生长和发展、形成和塑造的科学”①，“以塑造人性本身、以充分实现个体潜能和身心健康本身为目的、为目标”② 的科学。刘再复也表示，“教育不应以培育‘生存技能’为目的，而应当以提高‘生命质量’和培育‘生存意义’为目的。至少可以说，生存技能与职业技能是第二目的，只有塑造人、塑造优秀人性本身，才是教育的第一目的、根本目的”③。李泽厚和刘再复有关教育的对谈当然有着特定的前提与背景（即李泽厚的有关塑造人性的哲学思想），但这至少表明，教育尤其是哲学教育应当回到“学为人”这一以塑造人性为根本的古典之途。2018 年世界哲学大会之所以选择“学以成人”（Learning To Be Human）作为大会的主题，其间的哲学教育特色是不言而喻的。“成人”当然是一个开放和多元的话题，不同的文化对于何谓“人”有着不同的要求和规定，但无论如何，“成人”都是一个不断学习、不断受教育的过程，而非自然天成。恰如李泽厚所言，人之所以为人的人性心理结构正是通由历史（就人类而言）和教育（就个体而言）积淀而成的。《论语》开篇第一句即是“学而时习之，不亦说乎”，虽然这样的编排很有可能完全是偶然和巧

① 李泽厚. 与刘再复对谈. 北京：中华书局，2014：216.

② 同①214.

③ 同①214.

合，但考虑到儒家对“成人”问题的格外钟情，这种偶然也未必就毫无深意。

教育终归是一个十分庞大的历史话语，即便在现代学科体制下，教育（学）也仍然算得上一个极为复杂的学科门类。其中，不仅所有的人类知识体系需要通过教育来传承和创新，而且教育活动本身构成了一门独立的学科。就此而言，哲学教育仅仅是教育门类下的一个甚至不算起眼的分支。但如果我们将哲学的特性与教育的旨归统合而论的话，那么哲学教育不仅在教育体系中占有核心地位，而且可以称得上一切教育的根基。原因在于，教育的首要目的是使人成为人，是培养人之为人的可能性，所有的技能、知识都是在人成为人之后附加于人身上的，是为了丰富人之为人的具体性、多样性和现实性。但现实性必须以可能性为逻辑前提，而哲学教育所指向的恰恰就是这种可能性，就是说它不是为了使人获得具体的知识和技能（虽然哲学教育必然离不开知识，但这毕竟不是哲学教育的最终要义），而是为了使人学会慎思，学会省察自己的人生，为自己的生活不断开辟可能性，从而让自己的生活值得一过。因此，哲学教育不仅仅是教育的问题，它更主要的是哲学的问题。哲学教育的发展与推进既离不开教育理念和方法的创新，更离不开哲学的创新。哲学教育虽然不全然是为了培养哲学家，但哲学的创新却离不开哲学教育所培养出来的人。没有哲学的创新便不可能有哲学教育的创新，反之，没有创新的哲学教育，也很难成就创新的哲学。就此而言，哲学创新与哲学教育不仅相辅相成，而且荣辱与共。在本章，我们主要围绕哲学创新与哲学教育谈论三个相关问题：首先，哲学教育如何可能？或者说，哲学教育能在多大程度上影响一个人的生活？其次，现时代的哲学教育为什么无法孕育出具有时代精神的哲学？或者说，哲学教育出了什么问题？最后，“大哲学”如何能够回应哲学教育的这种时代困局？

7.1　哲学与哲学教育

在西方哲学教育史上，苏格拉底绝对是一个值得一再探讨的师者与案例。他认为自己一无所知，只有对话才能接近真理，因此整日在雅典城邦的街头巷尾与人进行哲学交谈，并通过对话的方式让智慧和真理在人心中缓缓升起。苏格拉底将他的这种方式视为“精神助产术”。这种方法的特点在于，提问者并不直接宣布问题的正确答案，而是通过对话的方式逐渐去除对话者心中原有的偏见，从而使对话者在自己心中发现真理。虽然苏格拉底在对话中绝少以师者自居，也不收费办学，因而算不上严格意义上的教师，但在他周围还是聚集起了一批年轻人，跟随他学习哲学。在此意义上，苏格拉底与他们之间构成了一种松散的师生关系，他们的对话构成了哲学教育的一种原初形态。在苏格拉底的众多弟子中，柏拉图绝对是最重要的一位，这不仅因为柏拉图日后成为古希腊哲学的一个高峰，更因为柏拉图成为苏格拉底实际上的记录者和塑造者，后世有关苏格拉底人格形象和哲学思想的研究绝大部分是通过柏拉图的笔触展开的。正如柏拉图所说：“过去和将来都不会有柏拉图写的著作，现在以他署名的作品都属于苏格拉底，被美化与恢复了本来面目的苏格拉底。”[①] 无论柏拉图此番言语是出于伟大哲学家的谦逊还是出于对先师的尊敬，我们都可以从中看出苏格拉底对柏拉图等青年人的影响之深。然而，这种影响同时也可以为别有用心的政客所利用，成为政治打击和报复的一种蹩脚说辞。因此，当西西里远征失败后，雅典城邦便将曾经作为叛逃将领阿尔喀比亚德（Alcibiades）的老师苏格拉底送上了法庭，并最终以败坏青年、不敬城邦之神等罪名鸩杀了这位伟大的哲学家。从此种意义上说，苏格拉底的一生是既成于哲学教育，又败于哲学教育，他既因柏拉图等学生而名留千古，也最终因哲学教育在阿尔喀比亚德那里的失败而葬送了自己的生命。就此而言，哲学教育能在多大程度上影响一个人便是一件十分值得追问的事情。如果我们将这一问题更加具体化，那么我们首先需要探讨的就是：苏格拉底的哲学教育在阿尔喀比亚德那里为什么会失败？

阿尔喀比亚德是雅典著名的政治家和将领。他的家族与雅典著名政治家伯利克里是近亲，当他的父亲于他 3 岁时战死沙场后，伯利克里便成为他的监护人。据说阿尔喀比亚德长相俊美，但为人任性、反复无常又充满热情，曾从学于普罗泰戈拉和普罗底库斯（Prodicus of Ceos），学会了蔑视常人所认可的看法，如正义、节制、爱国等德性，后又作为情人和学童跟随苏格拉底多年。他虽然尊重苏氏的节制生活，但他自己

---

① 赵敦华. 西方哲学简史. 北京：北京大学出版社，2012：45.

并不实践这种生活，也不遵从苏氏的教导。他虽然因生活放荡而声名狼藉，但在政治和军事上也确有过人之处，曾被视为雅典复兴的希望。他是远征西西里战争的主要鼓吹者，也是主战派的领袖，但诡异的是，在远征之前，他莫名其妙地卷入了一场关于捣毁神庙的官司，被雅典城邦判了死刑，但他并没有选择为自己辩白，而是逃到对手斯巴达人那里为其出谋划策，并最终导致雅典输掉了远征。阿尔喀比亚德的政治结局并不理想，他先因与斯巴达王生隙而流亡，后返回雅典并带领雅典取得了短暂的辉煌，在被斯巴达新的军事领袖鲁散德（Lysander）击败后又被迫流亡，最后死于谋杀。① 据普鲁塔克的记载，阿尔喀比亚德由于家世显赫、财产庞大、长相俊美，再加上有伯利克里的保护，仕途顺利，因此吸引了大批的追求者和拥趸，其本人也因此自视甚高，对他周围那些献殷勤者的态度极为傲慢，长久浸淫于被众人谄媚的生活中，使他无法接受逆耳之言，也听不进名师的指导。但他唯独对苏格拉底青睐有加，并由衷地表示出自己的景仰和钦佩。② 作为苏格拉底的情人和学生，阿尔喀比亚德和苏格拉底之间有过几年的亲密生活，甚至在战场上生死相护。在关于对阿尔喀比亚德的教导方面，苏格拉底不仅确实付出了心血和努力，而且他的言辞确实会让阿尔喀比亚德的内心为之激动，甚至流下感动的泪水。但在大部分时间里，阿尔喀比亚德仍会任凭自己落在奉承者的手中，听从他们的诱惑去寻欢作乐。“后来哲学家克利底斯（Cleanthes）曾经对追随他的门人谈起，苏格拉底只能控制亚西比德（即阿尔喀比亚德——引者注）的耳朵，他的对手占有他的身体的其他部分；亚西比德很容易沉溺于声色犬马之中，这是毫无问题的事。”③ 鉴于苏格拉底和阿尔喀比亚德之间的这种亲密关系以及阿尔喀比亚德在西西里远征时期的叛逃行为，雅典人当然有理由将阿尔喀比亚德的所作所为和苏格拉底的教导关联起来，并以败坏青年的罪名将苏格拉底送上法庭（虽然这只不过是一场政治阴谋的弥彰之计），但问题是：阿尔喀比亚德的劣迹真的是苏格拉底之罪吗？或者说，这能证明哲学教育无用吗？

---

① 柏拉图．阿尔喀比亚德．梁中和，译．北京：华夏出版社，2009：15-16．

② 普鲁塔克．希腊罗马英豪列传：第2册．席代岳，译．合肥：安徽人民出版社，2012：188．

③ 同②191．

柏拉图显然不这么认为。对柏拉图而言，“与其说是哲学教育败坏了阿尔喀比亚德，不如说是阿尔喀比亚德根本上错过了苏格拉底的哲学教育”①。在《会饮篇》中，柏拉图以一种极为委婉甚至近乎隐喻的方式呈现了这一原因。在一场赞颂爱神的宴会上，在场的嘉宾轮流发表自己的见解，苏格拉底最后发言，他借女巫狄欧蒂玛（Diotima，又译狄奥提玛）之口道出了小爱神厄洛斯（Eros，又译爱若斯）与哲学最高智慧之间的内在关联，并提示我们应在厄洛斯的推动下不断追求最真实的善和美。然而，阿尔喀比亚德的出场却被安排在苏格拉底的发言之后，而且是以一种醉醺醺的方式出场的。如此一来，便很难说阿尔喀比亚德得到了苏格拉底的什么哲学教导。更重要的是，即便在苏格拉底和阿尔喀比亚德两人的私密生活中，也很难说阿尔喀比亚德从苏格拉底那里学到了什么哲学智慧。这一点则是从阿尔喀比亚德本人的话语中得到印证的。他当着苏格拉底和众人的面回忆他们两人的交往秘事，但其中基本上没有什么富有哲学智慧的对话和交流，即便曾经出现了一次，也被阿尔喀比亚德有意浪费了。② 总之，在柏拉图看来，无论是公开场合还是私下交往，阿尔喀比亚德都错失了苏格拉底的哲学教导，苏格拉底不应当为阿尔喀比亚德教育的失败负责，更不能说是他的教导败坏了青年。

我们当然不能据此就认为阿尔喀比亚德没有从苏格拉底那里学到任何东西或者苏格拉底的教导对阿尔喀比亚德毫无作用。正如阿尔喀比亚德本人所承认的，苏格拉底的言论对他确实有着十分重要的影响，“我一听到他的讲话就心跳不已，眼泪夺眶而出”③，其他人的演讲虽然也会让阿尔喀比亚德觉得精彩，但不会有那种神魂颠倒、不能自已的感觉。而且，苏格拉底也确实使阿尔喀比亚德承认了自身的缺点，由于关心城邦事务而放松了自身修养。阿尔喀比亚德甚至想逃避苏格拉底，“因为我完全明白，当着他的面我不能违反他，必须照他的教导做，可是一离开他，听到人家花言巧语，我就打熬不住，被名缰利锁拖跑了”④。色诺芬也指出，苏格拉底以自己的高尚人格为那些和他交往的

---

① 樊黎．哲学教育为什么失败．湖南师范大学教育科学学报，2016（4）：42.

② 柏拉图．会饮篇．王太庆，译．北京：商务印书馆，2013：78．樊黎．哲学教育为什么失败．湖南师范大学教育科学学报，2016（4）：42.

③ 柏拉图．会饮篇．王太庆，译．北京：商务印书馆，2013：73.

④ 同③74.

人做出了足够好的榜样，而且就德行和与人世有关的问题发表了值得钦佩的演讲，那些人在与苏格拉底交往期间确实是节制的，这并不是因为他们害怕受到处罚，“而是由于他们当时深信，这种行为是最好的行为”①。但是，当这些人一旦认为自己超过了他们周围的同伴时，他们就会离开苏格拉底，于是故事的结局便会超出可控的范围。因为知识并非一旦获得便永不丧失，心灵和身体一样，如果不锻炼，便无法执行相应的功能。恰如一位诗人所说，“跟好人在一起你会学会好的事情；但如与坏人厮混，你就要丧失你的辨识力”②。因此，对苏格拉底的学生和追随者而言，阿尔喀比亚德教育的失败并不是苏格拉底的过错，而是阿尔喀比亚德本人的问题。阿尔喀比亚德本来就是野心勃勃的政客，他和苏格拉底交往并不是为了获得关于真理的智慧，而是为了实现他的政治生活。正如色诺芬所说，“如果神明让他们在一辈子度苏格拉底那样的生活或死亡之间做一抉择的话，他们是会宁愿选择死亡也不愿度苏格拉底那样生活的”③。所以，当阿尔喀比亚德选择离开苏格拉底，放弃高尚而节制的生活之后，他便不可避免地一步步走向堕落。由此可见，（苏格拉底的）哲学教育并没有败坏青年，放荡、傲慢的阿尔喀比亚德在与苏格拉底交往期间是在往好的方向发展，只是因为他受到了过多的诱惑，后来又因为热衷于政治生活而离开了苏格拉底，所以最终导致了这场教育的失败。在《阿尔喀比亚德前篇》的结尾处，柏拉图甚至将这场教育失败的原因提升到一种哲学的高度。当阿尔喀比亚德说他首先就要关心正义时，苏格拉底隐隐道出了心中的不安：“我愿意你继续下去：尽管也担心，倒不是不信任你的本性，而是担心城邦的实力，比你我的更强大。”④

苏格拉底的担忧不无道理，实际情况正是如此。在《理想国》第六章中，苏格拉底明确指出，城邦的力量是十分强大的，在城邦生活中，哲学家们不仅要经受各种各样的所谓生活福利如财富、家族等的诱惑，而且要在一切公共场合经受大众好恶的影响，“大众在集会、法庭、剧院、兵营和其他公共场合主宰了善恶的判断，甚至将他们的判断通过法

---

① 色诺芬．回忆苏格拉底．吴永泉，译．北京：商务印书馆，1984：10．

② 同①．

③ 同①9．

④ 柏拉图．阿尔喀比亚德．梁中和，译．北京：华夏出版社，2009：178．

律凝结为城邦的意志，用惩罚的威胁来逼迫人们就范”①。因此，苏格拉底悲观地认为，大多数哲学家的变坏都是不可避免的，哲学家要么为了能够为城邦所用而不得不顺从大众的意志和城邦的力量，要么秉持热爱智慧的天性，追求真理的生活，不媚俗从众，但这又必须承担成为对城邦无用之人的风险和境遇。当然，在苏格拉底（也即柏拉图）看来：“最优秀哲学家的无用其责任不在哲学本身，而在别人不用哲学家。”②二者相比之下，选择后一条道路的人必然只是少数，而城邦的悲剧正由此而生。因为，那些适合做哲学家的天赋必然是品质卓越的天赋，而这样的天赋一旦被败坏，将比那些平庸的天赋带来更多的灾难。正如苏格拉底所说，“如果得到的是不合适的培养，那么最好的天赋就会比差的天赋所得到的结果更坏”③。这种城邦的悲剧曾被柏拉图以“洞穴喻”的方式生动地呈现出来。在这个比喻中，被解放的囚徒看到太阳底下的世界，认识到太阳是光明之源，他为自己庆幸，也为仍身处洞穴中的同伴感到遗憾。于是，为了解救同伴，他毅然决然地返回洞穴，但却由于眼睛已不适应黑暗而最终被同伴所抛弃。

柏拉图以解放囚徒的失败隐喻苏格拉底的失败，但这种悲剧事实上已经超出了苏格拉底个人悲剧经历的意义和范围。对柏拉图而言，哲学当然是有用的，也是可以传授的，否则他便不可能跟从苏格拉底学哲学，也不可能开创雅典学园，更不可能为了实现自己的哲学理想而一生三赴西西里岛。因此，对苏格拉底或柏拉图而言，哲学教育是可能的，它能使人爱智慧甚至变得有智慧，能使人走出洞穴，看到太阳底下最真实的世界。但哲学教育的最大问题在于：哲学教育应如何面对大众意见？正如解救囚徒失败的例子那样，见过太阳的人只有两种选择：一是停留在太阳下，永远不再返回洞穴，但这样一来，哲学家便成了“无用”之人；二是返回洞穴，劝说更多的人走出洞穴，但这是一项风险极大的工作，努力并不意味着能收到好的结果，甚至有可能搭上自己的生命。柏拉图的最终解决方案是：哲学家王。但遗憾的是，他并没有实现自己的理想，而后世所有想实现哲学家王这一理想的人或社会统统都失败了。于是，现在的问题依旧是：没有权力的哲学家如何让哲学教育走

---

① 樊黎．哲学教育为什么失败．湖南师范大学教育科学学报，2016（4）：43.

② 柏拉图．理想国．郭斌和，张竹明，译．北京：商务印书馆，1986：236.

③ 同②240.

向大众？或者如柏拉图所表明的那样，如果知识所知道的东西不同于意见所知道的东西，知识和意见分属于两个不同的领域，那么哲学教育应当如何处理这二者之间的关系？

也许我们这里可以将眼光暂时转向中国，看看中国古代的哲学教育中是否存在类似问题。同苏格拉底一样，孔子是中国古代哲学教育史上的一个具有开创性意义的标志性人物。他兴办私学，突破了官学的教育垄断；有教无类，扩大了教育对象的范围；创立儒学，成为中国两千多年封建文化之正统。无论在何种意义上，他都无愧于“至圣先师”“万世师表”的称誉。孔子一生仕途并不得意，55 岁时还不得不周游列国，14 年后才最终返回鲁国，但幸运的是，正是仕途的不得意才使孔子能在教育上付出更多的时间和精力。据说孔子弟子 3 000，贤者 72 人，其中最优秀的 10 人被称为“孔门十哲”。如果说历史条件的差异使与苏格拉底交往之人多为自由民或贵族，所以苏格拉底认为那些适合做哲学家的天赋都是最优秀的天赋的话，那么孔子及其弟子的现实情况则与苏格拉底的这一概括有着重大出入。不仅孔子的弟子多出身卑微甚至贫困潦倒，就连孔子也说自己“少也贱，故多能鄙事”（《论语·子罕》）。而且，孔子的弟子并非都是天性聪颖之辈，其中也有一些愚钝鲁莽之人，比如性格鲁莽的子路、办事犹豫的冉有以及迟钝的曾参等，但这并不影响他们成为孔子门下十分优秀的弟子。综合这两方面的现象我们似乎可以说，如果成为优秀的哲学家确实需要极优秀的天赋的话，那么接受哲学教育所需要的天赋门槛相比之下就要低很多。虽然不是每一个人都能成为哲学家，但我们确实有理由相信，绝大多数人（如果不能说每一个人的话）都有足够的天赋接受哲学教育。这一点不仅被古代哲学家的哲学教育所证实，而且为现代哲学教育理念所普遍接受和承认。

孔子的教学方法通常可以被称为“启发式教学”。孔子说：“不愤不启，不悱不发。举一隅不以三隅反，则不复也。”（《论语·述而》）愤者，心求通而未得；悱者，口欲言而未能。就是说，在孔子看来，只有当受教者心中有了问题和困惑，在百思不得其解之后再去启发他，这样才能取得更好的教育效果。一旦这种反思和启发不能达到举一反三的功效，那么这种启发便会中止，不再进一步深入。《礼记·曲礼上》有曰：“礼闻来学，不闻往教。”如果没有充分的意识自觉和思想准备，无论对施教者还是对受教者都会是一种伤害。总之就是，不要对没有问题准备的头脑进行哲学教育。孔子的这一观念想必是能得到苏格拉底的赞同的。在《理想国》中，苏格拉底也认为，“一个自由人是不应该被迫地进行任何学习的……被迫进行的学习却是不能在心灵上生根的”①。因此，解救囚徒的任务之所以失败，很大程度上就是因为第一个走出去的囚徒是自愿出去的，而剩下的囚徒则是“被”解救的，他们根本没有这方面的自觉自愿，也没有做好把自己直接暴露在阳光下的准备。现在的问题是：如果他们不愿意被解救（如故事中发生的那样），那么哲学教育是否应当解救他们，又如何解救他们？面对这样的情况，哲学教育如何走向大众，又如何处理与大众意见的关系？

也许我们可以通过启蒙的方式来化解哲学与大众意见之间的张力，也就是说，使大众意见通过启蒙而上升到哲学的高度。所谓启蒙，按照康德的理解，就是“人类脱离自己所加之于自己的不成熟状态。不成熟状态就是不经别人的引导，就对运用自己的理智无能为力”②。近代启蒙运动的最大成就当然就是对人类理性的高扬，在启蒙运动看来，理性是人之为人的根据，也是人类唯一能够信赖和依靠的东西。通过理性，人类不仅可以认识自然规律、为自然立法，而且能够实现自由、为自身立法。总之，在理性的指引和带领下，人类不仅可以获得真理，而且能够实现自身的解放。但遗憾的是，启蒙理性并没有带给人类渴望的真理，反而是在理性的偏颇中走向了现代化深渊。更棘手的是，如果人类需要启蒙，那么谁有资格成为这种启蒙者？又有谁能够对这种资格做出权威的评判？在启蒙的名义下，人类本想通过自己的理性求得真理，但结果却不断错失真理；人类本想通过理性求得解放，但结果却不断被理性所奴役。结果就是，启蒙并没有将人类带向人类自己所希望的天堂，却使人类不断认识到自身理性的局限性，理性虽然渴望真理，但却不能像上帝那样永远占有真理。人类的理性只能在追逐真理的过程中逐渐成熟、逐步深入，使启蒙不断深化。

如果启蒙并不是“囚徒解放难题”的答案，而哲学与大众意见之间的张力又始终无法化解，那么便只剩下两种答案：一是哲学本来就应当远离大众意见，囚徒也不应当被解救；二是我们有可能对哲学教

---

① 柏拉图. 理想国. 郭斌和，张竹明，译. 北京：商务印书馆，1986：304.

② 康德. 历史理性批判文集. 何兆武，译. 北京：商务印书馆，1990：23.

育存在某种误会。如果答案是前者，也就意味着哲学只能如苏格拉底或柏拉图所说的那样，对城邦是“无用”的，哲学家的兴趣不在于尘世，而在于沉思，那个自我解放的囚徒不必也无须回到洞穴，因为那是对哲学的误解。或者如亚里士多德所言，最高的幸福就是沉思，真正的哲学家几乎一无所需，不需要金钱、朋友甚至家人，因为他最大的兴趣都在纯粹的沉思中了。但如果哲学真正成为不问世事的“屠龙之技”，成为与人世无关的最高智慧，那么人类为什么需要这种智慧？即便哲学能够获得最后的真理，但既然这种“真理”对人类社会毫无帮助（柏拉图可能会坚持说哲学家无用不是哲学家的过错，但既然哲学的纯粹沉思不关涉人世，那么城邦也就没有必要非要请教哲学家的意见，不过这是一种恶循环），那么我们又有什么理由非要把哲学家留在我们的“城邦”（除了满足我们的好奇心）？如此一来，哲学与大众意见之间的张力就自然而然地被消解了。但这显然不是我们想要的结果。那么，还剩下一种答案，那就是我们对哲学教育存在某种不易觉察的误会。

当柏拉图通过解救囚徒失败的故事引出哲学与大众意见之间存在张力、哲学需要让大众意见接受哲学的领导的时候，我们或许会发现，这种观念的一个前提就是，哲学是好的、对的，而大众意见是错的，或者至少不像哲学那般好和对。因此，当二者之间存在张力或冲突的时候，大众意见就需要向哲学让步，囚徒需要被解放，大众需要被启蒙。但事情真的是这样吗？当我们把哲学理解为“爱智之学”的时候，我们是以真理为指针和方向的，智慧就意味着对真理的窥测，我们希望哲学能够告诉我们有关这个世界、有关我们的生活的一些真理，从而使我们既能安全地生活在这个世界，也能审慎地度过自己的一生。就前者而言，对真理的眷恋属于哲学的前现代形态，那时的自然科学和社会科学还没有完全从哲学这个大门类中分离出去，因此哲学依然能够被寄予认识世界的厚望。但到了近代以来，哲学的认识论功能已经逐渐被认知科学所取代，“到维特根斯坦止，哲学似乎大体完成了它在认识论方面的使命”①。这就意味着，对真理问题的探索基本上已经由哲学领域转向科学领域。至于后一个问题，即关于生活的真理，事情的真相是，生活的

① 李泽厚. 历史本体论·己卯五说（增订本）. 北京：三联书店，2008：248-249.

价值总是多元的，并不存在一个关于生活的真理等着我们去发现，然后任何获得它的人便可以过好自己的一生。哲学虽然参与生活，但从来不会也不能给生活提供统一的真理和标准的答案，关于生活的真理即便可能，也会是多种多样的甚至无穷无尽的。因此，作为“爱智之学”的哲学虽然是朝向真理的探险，但从来不提供有关真理的答案。如果说“有一千个读者就有一千个哈姆雷特”的话，那么“有一千种哲学教育便可能有一万种生活方式”。正如康德所说，理性的本真意义是批判，启蒙的精神也应当是批判的精神。哲学作为运用理性追逐智慧之学，它的本真精神正在于这种批判和反思，即敢于挑战一切固有的套路和陈规，对于一切未经理性慎思的生活统统予以悬置。我所选择的生活将是那些我的理性予以彻底反思过的生活，这才是哲学应有的态度。哲学教育的实质便是恢复人们理性的敏锐性，使人们敢于运用自己的理性对自己的生活予以批判，敢于深刻剖析自己习以为常的事物，只有这样我们才能说自己所过的生活是值得一过的。

但我们需要注意的是，我们对习俗和固有生活方式的反思并不意味着这些习俗和生活方式是错误的或者不好的。习俗之所以成为习俗，恰恰是因为它具有强大的历史合理性，是被人类历史经验所证明的。一个顺从习俗的人即便不对生活加以反思也依然能够顺利过完自己的一生，原因就在于习俗的这种历史合理性。但哲学教育要提醒人们注意的是，历史的合理性并不意味着个体的合理性，经验的正确并不能证明未来的正确，生活总是复杂多样的，只有经过反思的生活才是自己的生活，只有慎思后的生活才是值得一过的生活。就此而言，哲学教育的目的不是在哲学与大众意见之间挑起争端，更不是让哲学征服大众意见，因为真理散落于人间，大众意见未必不合理，哲学也并不是真理在握。哲学教育的目的是让大众自觉地以哲学的方式反思和批判大众意见，使我们每一个人都能从“常人”“通人”中“绽放”出来。毕竟，生活是人类社会的，更是每个人自己的，所有人的生活都只有一次，无论好坏，这都是人们自己的生活。哲学教育也许并不能帮助我们改善我们的物质生活境遇，但它能提醒我们对生活保有敬畏和慎重，我们只有通过理性的反思和批判，才能把“我们”的生活变成“我”的生活，把“自在”的生活变成“自为”的生活，把集体无意识的生活变成自律自觉的生活。

7.2　哲学教育的时代反思

自 1977 年底恢复高考以来，中国的哲学教育迄今走过了四十个春秋。在这四十年的时间里，中国的哲学教育在师资队伍、学生规模、教学内容、科研成果等方面，都取得了不少的成绩和进步。相比于四十年前甚至二三十年前而言，如今的中国哲学教育不仅课程安排更加丰富，授课方式更加灵活多样，而且对于古今中外的哲学思想也有了更准确和深入的理解与研究。此外，我们不仅同国外许多著名高校的哲学院系和哲学教授建立了频繁而长效的学术联系，而且对于本土的哲学思想进行了世界性的宣传和推广，并成功地引起了许多西方哲学家的注意和兴趣。

但瑜不掩瑕，我们的哲学教育也存在许多亟待解决的问题。正如赵敦华所指出的，中国高校的哲学系相比于西方国家的哲学系而言，具有“一全三多”的特点，即“学科齐全，教师多，中文研究成果多，培养的学生也多”。但这么多的教师、科研成果、学生却并没有给中国哲学带来相应的世界地位，“中国学者的学术研究成果很少有国际影响的，国际学术界公认的突破性的创新成果更是微乎其微”①。1999 年，《哲学动态》编辑部筹划了一个有关“学生眼里的 20 世纪中国哲学”的问卷调查，问卷调查主要在武汉大学哲学系和南开大学哲学系进行，对象则是哲学系的高年级学生和硕士研究生，收回有效问卷 167 份。其中，在问到相比于 20 年前，哲学研究的水准时，82 人认为提高了，48 人认为下降了，48 人认为没变化；而对于研究者的素质，相比之下，67 人认为降低了，66 人认为提高了，33 人认为没什么变化。（记者怀疑这组数据有矛盾，因为它有可能意味着素质更低的研究者创造了更高水平的研究成果。）还有一组比较有意思的数据是，虽然学界普遍认为哲学工作者人数过多，但调查结果却是，有 81 人认为目前哲学工作者人数太少，49 人认为不多不少，只有 47 人认为人数太多。与此同时，虽然大部分被调查的学生都认为哲学工作者人数太少，但他们

① 赵敦华．“哲学二级学科”刍议．中山大学学报（社会科学版），2008（2）：121．

中的多数人并无意加入其中。“在被调查者中有 130 人进入哲学系学习是被分配的，而只有 35 人是自愿的。有 124 人毕业后不愿意继续从事哲学研究，只有 39 人愿意继续从事哲学研究。”①《中国青年报》1999 年 1 月 23 日的一篇报道指出，虽然当年硕士招考和报考人数都居历史新高，但哲学却是最冷门的。大学里被调剂进哲学系的学生，他们进入哲学系之后往往不安心学习，而是忙于选修第二专业，以便为毕业后找工作做准备。许多人本科毕业后之所以继续报考研究生，也是因为就业不理想而不得不如此。长此以往，如果未来的哲学工作者大都是被迫而非自愿在这一领域从事教学、研究的人，那么这对中国哲学的发展而言绝不是什么好消息。②

在《当代我国哲学教育的错位》一文中，刘大椿将当前中国哲学教育方法中的刻板性和独断性概括为“三种幻象和三种缺失”。第一种幻象是真理化身的幻象，“即哲学教师在哲学教育活动中仅将哲学简单地视为真理，把自己看成真理的代言人”③。如此一来，哲学教育便被等同于宣布真理的活动，学生只能无条件地接受关于哲学真理的命题。第二种幻象是人生导师的幻象，在此幻象中，“哲学教师自以为是掌握了人生智慧的人，试图通过哲学课为学生指点人生的迷津”④。事实上，人生导师的幻象应当是哲学教育在日常生活中最常见的一种幻象，出现这种幻象的原因不仅在于哲学教师，而且在于学生，甚至在于整个社会对哲学的一种误会和偏见。比如在上述调查问卷中，对“哲学最应该做的工作”这一问题的回答，“有 80 个同学选择了‘将智慧运用于生活各个领域’，62 个同学选择的是‘认识人自身的存在’”；而对于“你希望哲学能够帮人解决哪些问题（可选多项）”这一问题，“有 131 位同学选择的是‘更加理性地思考和行动’，120 位同学的选择的是‘追求智慧的生活境界’，106 位同学选择的是‘明确人生的目的与意义’，72 位同学选择的是‘提供一般的世界观和方法论的指导’，71 位同学选择的是‘掌握为人处世的方法与技巧’”⑤。社会大众对哲学的这种人生指导的

① 学生眼里的 20 世纪中国哲学．哲学动态，2000（4）：11.

② 同①.

③ 刘大椿．当代我国哲学教育的错位．中国高等教育，2004（2）：21.

④ 同③.

⑤ 同①10.

期待就更加明显乃至急切了，这一点从图书市场和网络上流行的各种有关人生哲学、幸福哲学乃至鸡汤哲学的书籍、文字、音频、视频等便可窥见一斑。当然，从某种意义上说，哲学作为关涉人间事务的“爱智之学”，为人生提供一些审慎的考量从而使人生值得一过是应当的，但问题在于，哲学对人生的反思并不是提供有关好生活的现成答案，人生的问题也不是单纯依靠知晓历史上那些伟大的哲学思想便能解决的。恰如黑格尔所说：“真理不是一种铸成了的硬币，可以现成地拿过来就用。”① 当哲学教育把哲学当作真理，把哲学课堂视为传递有关真理知识的活动时，哲学教育便沦为叫卖通往幸福人生指南的行当。虽然很多哲学道理我们确实无法反驳，但这些道理往往是对人生经验的普遍性概括，而非应对一切情况的灵丹妙药。正如网络上流行的一句话所说的那样：“为什么你懂得那么多道理，却依旧过不好这一生？”这从侧面反映了，真正的哲学教育并不是给人灌输各种大道理，而是教会人学会思考，学会“于无声处听惊雷”，在习以为常之处提出问题，并给出一种适合自己人生的回答。但如果哲学教育错误地把自己看作给他人的人生提供指导的宣讲和布道，那么这种哲学教育最终不仅会败坏学生，而且会败坏哲学自身。“第三是知识大全的幻象，即视哲学教育为最高层次的知识教育，哲学教师为无所不晓的万事通。”② 刘大椿认为，知识大全幻象有三种表现：一是以哲学来解释和评判知识（即视哲学为评判知识的法庭）；二是以哲学代替知识（即认为所有的知识，哪怕是尚不清楚的新科学、新知识，也能够从中“上升”或“总结”出哲学）；三是把哲学视为最高的知识。③ 总之，当代中国的哲学教育把哲学智慧混同于哲学理论（真理），把哲学思想混同于哲学事实（知识），甚至把哲学混同于哲学史，以至于产生了以上种种幻象。这些幻象把哲学思想简化、降解为有关真理的知识，突出了哲学教育的知识传递功能和实用工具色彩，从而对哲学思想和哲学教育都产生了严重伤害。

与三种幻象相对应，刘大椿指出了哲学教育中的三种缺失，即主动性的缺失、针对性的缺失和适应性的缺失。所谓主动性的缺失，即学生

---

① 黑格尔．精神现象学：上卷．贺麟，王玖兴，译．北京：商务印书馆，1979：28.

② 刘大椿．当代我国哲学教育的错位．中国高等教育，2004（2）：21.

③ 同②.

主动思考和提问的积极性的缺失。这种缺失表面上看是由于哲学教育成了照本宣科的知识传递，学生被动接受，因而没有必要提问；但深层次的原因则在于哲学教育中的讨论课既无趣味也缺乏深度，故而既激不起学生的兴趣，也无法对学生的智力提出合适的挑战。所谓针对性的缺失，是说哲学教育无法有效针对学生的现实需要。其表现有二：一是哲学教育所提供的抽象答案无法回应学生多样的现实需要，二是哲学教育所提供的刻板训练使学生在面临实际问题时无法将理论有效地应用于现实问题的解决上。所谓适应性的缺失，是指刻板而独断的哲学教育已愈发难以适应社会转型时期加速变迁的新时代。它也有两种表现："一是普及性哲学教育未能行使其应有的人文教育或博雅教育的功能，二是专业性哲学教育所培养出的学生缺乏广泛的社会适应性。"① 总之，哲学教育痼弊积重，已经到了不得不改的紧要关头。

哲学教育的"三种幻象"和"三种缺失"虽然并不能概括当前我国哲学教育中的所有问题，但却是极具代表性的反思性总结。事实上，很多学者指出的哲学教育中存在的问题都或多或少可以纳入其中加以考量。比如：哲学教育方法中的教条主义（把哲学教科书神圣化、真理化）和形式主义（把哲学教育知识化）；哲学教育过分重视知识教育（忽视哲学思维的训练和哲学意识的养成）、哲学教育过分强调意识形态功能（把哲学教育等同于思想政治教育）、哲学教育的生活化（即庸俗化、媚俗化）；哲学教材体系的陈旧、重复；等等。② 所有这些都充分说明了，当前中国哲学教育无论在理念上、方法上还是在教材上，都存在着很多问题。对此，我们有理由认为，哲学教育的创新主要应当集中在三个方面，即理念的创新、方法的革新和教材的更新。

1. 理念的创新：哲学教育中的"史"与"论"

哲学教育的创新首先在于哲学教育理念的创新。对哲学教育的理念而言，我们首先要做的就是融通哲学教育中的"史"与"论"，即澄明：哲学教育不只是哲学史的教育，更是哲学的教育。就前者而言，哲学教育当然具有不容忽视的知识传递功能，通过哲学教育，我们能够让学生

---

① 刘大椿．当代我国哲学教育的错位．中国高等教育，2004（2）：22.

② 鲁力．关于哲学教育研究的述评．青岛科技大学学报（社会科学版），2014（3）：90-91.

知道历史上的哲学家们都问了哪些问题，又做了哪些回答；但更主要的是，它能带领学生进入一种哲学的话语体系，使学生了解哲学家们为什么要提出这些问题，以及他们在回答这些问题时有着怎样的致思过程。如果不学习哲学史，不了解哲学史上出现过哪些问题、概念和思想，那么学生在学习哲学时便很容易陷入盲目，甚至出现那种以为自己发现了新的哲学问题的幻觉。正如（据说）一位哲学教师在回复一位自以为发现了新哲学的学生的信件时所提醒的，人类社会并不是从你学会思考的那一刻才出现哲学的。

知识的传递虽然是哲学教育的必要前提，但并不是哲学教育的全部，更不是哲学教育的目的和重心。哲学教育的重心应当是哲学的教育，而不仅仅是哲学史的教授。美国哲学家奎因（Quine）曾说："世界上有两种哲学家，一种对哲学史感兴趣，一种对哲学感兴趣。"[①] 虽然我们偶尔会借用奎因的这句话来批评一些哲学家把哲学做成了哲学史，从而也就意味着把哲学家做成了哲学教师，但实际上，如果一个人只是局限于对哲学史的兴趣而对哲学思考没有兴趣，那么这样的人绝不会是好的哲学教师。因为知识意义上的哲学史并不是哲学思想，它最多只是哲学精神的静态呈现，无法完整展现哲学精神的思想之流，它所把握的只是"哲学者"（哲学之事），从而便与真正的"哲学"（哲学之思）相差甚远。相比之下，真正的哲学的精神内核不在于知，而在于思。更重要的是，这种思不是胡"思"乱"想"，而是遵循一定的逻辑规则和方法的思，即理性地思。哲学教育所要培养的就是学生的这种理性地思的能力和精神。在中国哲学教育中，逻辑思维一直不太受重视，逻辑学也几乎一直是哲学教育中的软肋并长期处于哲学教育的边缘地位，很多哲学院系甚至根本就没有开设逻辑学的相关课程。而且，不仅是学生，即便很多哲学系的教师也从未系统地学习过逻辑学，甚至没有接受过专门的逻辑训练。虽然没有学过逻辑学并不意味着中国学者说话不讲理性或没有逻辑，但哲学教育中逻辑训练的缺失无疑不利于学生理性思维能力的培养。逻辑学在中国哲学教育中不受重视当然有历史和文化传统的复杂原因，但这并不意味着重"实用理性"的中国人对逻辑毫无天赋和兴趣，更不意味着中国哲学学者不必学习逻辑学。据说，20 世纪初期严

① 坎伯. 哲学的未来. 吴万伟，编译. 社会科学报，2009-12-10（7）.

复在中国首讲逻辑学的时候，当时的士大夫们虽然是闻所未闻，但都争相去听，盛况空前。[①] 金岳霖、沈有鼎、王浩等哲学家在逻辑学界享有世界性的声誉。这些都说明中国哲人并非不擅长逻辑，而只是中国的哲学教育忽视了对逻辑思维的培养和训练。纵观整个西方哲学界，哲学自康德之后已然成为一门专业化的学科，非专业哲学家已经很难染指。随着 20 世纪数理逻辑和语言哲学的发展，哲学思考和表达中的逻辑性愈发严密，如果缺乏相应的逻辑思维和表达能力，可以说就很难与西方哲学家进行深入的对话和交流。因此，哲学教育中的逻辑思维训练不仅不应当被边缘化，反而应当被基础化和普及化。只有逻辑思维能力得到了提升，学生在进行哲学思考时才能真正做到深入而深刻地理性反思和批判。

当然，逻辑思维能力的培养只是哲学教育的基础和手段。逻辑思维并不等同于哲学思维，哲学思维与逻辑思维的最大区别就在于前者较之于后者所具有的辩证性、批判性和彻底性。哲学思维并不是单向的正向思维或逆向思维，甚至不是简单的双向思维，而是一种辩证的多向思维。哲学思维不仅在于寻找答案，更在于不断地发现问题、提出疑问，因而就需要思维的批判性和彻底性。哲学教育虽然有助于学生树立正确的世界观、人生观和价值观，但哲学从不迷信任何固定的观念，而只是通过哲学的思维方式对这些观念加以理性的审视，使它们从自在的观念变成自为的观念，并在根本上成为人的生活观念。综上，我们可以说哲学教育是有关哲学的教育，它虽然以哲学史为基本内容，从而涉及知识的教育和传递，但它在根本上则是通过理性的思维来拷问人们的生活世界，从而使人们能够更好地认识自己（包括自己的生活世界）。哲学是人们沟通自我和生活世界的桥梁，正是在哲学中，人们才不断发现和重新理解自己与生活世界之间的新的关联，人们在解释中引起不安，又在不安中寻求新的解释，从而最终达到自我与生活世界之间的一种动态平衡。在此意义上，哲学教育实际上是一种有关人生境界的教育。人生的境界越高，就越能靠近哲学，越能在真、善、美中实现自我与生活世界的统一。这便是“从心所欲不逾矩”的自由境界、天地境界。但天地境界并非一蹴而就的，在达到这种境界之前，哲学教育更主要的是一种人

① 李泽厚．实用理性与乐感文化．北京：三联书店，2008：13.

文教育和素质教育，在培养自由人格之前，首先要培养人的道德人格和审美人格。因此，哲学教育不等于哲学教化，它是通过“教”来实现“育”，在教学相长的过程中实现人的自由全面发展。

2. 方法的革新：阅读经典与讨论启发

哲学教育既然是以“教”来实现“育”，那么如何“教”便是一个十分重大的问题。无论是苏格拉底的经验还是孔子的经验都提示我们，对话讨论乃是哲学教育的一个最古典的范式，但任何讨论都不是凭空而起的，而是需要有前提和对象的。虽然黑格尔认为历史上哲学体系间的更迭如同沙滩上的城堡，总是建了便塌、塌了又建，似乎总无进展，而历史上也确实从来没有哪个哲学问题得到了真正的解决，但正是这一个个坍塌的城堡构成了哲学史的勋章，它们虽然从未完成，但却永远闪耀着智慧的光芒。时至今日，我们的哲学教育很难再像苏格拉底那样通过街头巷尾的交谈来完成，这不是说我们如今不需要讨论，讨论是必要的，但讨论需要前提和对象。在哲学愈发专业化的今天，我们虽然能够同未受过任何哲学教育和逻辑训练的人讨论哲学，但这种讨论很可能难以深入，因为在讨论者之间没有共同的话语体系作为前提支撑。因此，哲学教育首先就是要把学生带入这种语境，让他们学会哲学地思考和表达，只有在此基础上才能进行进一步讨论。将他们带入哲学语境的最好办法，莫过于阅读和学习经典文本。

我们说，经典之所以成为经典就在于它具有恒久的价值和魅力。经者，道之常也，即恒久之意；典者，五帝之书也，即重要文献。因此，所谓经典，即具有恒久意义的重要文献。南非作家库切（Coetzee）曾说“经典就是得以存活之物”，是“经历过最糟糕的野蛮攻击而得以劫后余生的作品，因为一代一代的人们都无法舍弃它，因而不惜一切代价紧紧地拽住它，从而得以劫后余生的作品”①。在此意义上，经典正是通过长久存活来证明自己的价值的。据说库切还有一个关于经典的定义：“经典就是古今中外各知识领域中，最具原创性、奠基性、指导性、权威性的著作。”② 这一界定恰好印证了经典为何会有如此恒久之价值

---

① 库切．何谓经典//周慧华，毛艳敏．大学人文教程．杭州：浙江大学出版社，2006：370.

② 王充闾．文学书简．北京：现代出版社，2016：284.

和魅力，为何能够历经劫难而余生。所谓“常读为经，常数为典”，不仅说明经典是常读常新的，而且说明经典正是在常常诵读中完成它的经典化的。

哲学教育要从阅读经典做起，这可谓很多教师的基本共识，即便刚入哲学系的学生也能从不同的老师那里听到类似的谆谆教导。但纵然如此，阅读经典在学生中间产生的效果仍旧有限，究其原因，大体来说可以归为三点：一是重视程度不够，二是阅读方法不当，三是理解水平有限。首先，就重视程度而言，恰如黑格尔所说，“一般说来，熟知的东西所以不是真正知道了的东西，正因为它是熟知的”①。哲学教师纵然对阅读经典的积极作用有着真知，但对受教育的学生尤其是刚入哲学之门的学生而言，他们在未能深入体会经典的价值和魅力之前，对这种教导最多只是达到熟知的程度，从而很难真正注意和重视对经典的阅读。再加上学业、课程乃至生活、工作等方面的压力，在时间相对有限的情况下，阅读经典远没有阅读二手文献来得方便、实惠、有效率，所以，他们熟知古今中外的经典书目，甚至可能动辄就引用经典文本中的经典话语，但实际上他们仍旧不熟悉经典，甚至根本没有仔细翻阅过经典，他们所“熟知”的那些高深思想和经典话语往往都是从二手文献那里截取而来的成果。如此一来，阅读经典的教导就始终是他们所熟知的套路，而远非经验体会和理性反思后的真知。其次，就阅读方法而言，我们通常采用的阅读方法主要是精读和泛读。但由于对经典的重视程度有限，再加上经典书目繁多（随着历史的发展，经典的数量会逐渐升级），所以想对经典逐一精读几乎是不可能的。因此，为了在有限的时间里尽可能多地阅读经典②，泛读就比精读更容易为学生所接受和采纳。我们说，泛读经典虽然也会有一定的收获和道理，但这无疑会降低经典的价值和意义，因为哲学经典往往比较晦涩，泛读虽然缩短了阅读的时间，但对理解经典而言，无疑是一个不容乐观的方法。如果再考虑到有些学生一旦泛读过某些经典（如无必要）就基本上很难再重新翻开这些经典，那么这些经典对这些学生而言就可能最终连熟知都算不上。总之，

① 黑格尔．精神现象学：上卷．贺麟，王玖兴，译．北京：商务印书馆，1979：22-23.

② 当然，尽可能多地阅读经典的理由也是多种多样的，有的是为了求知，有的是为了完成任务，有的是为了装点门面等，不一而足。

虽然精读能让学生更好地体会经典的魅力，培养学生的思想敏锐度，甚至达到与前人进行思想交流和视域融合的效果，但如果只看重精读而忽视泛读，那么这不仅会影响学生的阅读积极性，而且不利于学生思想视野的开阔。因此，如何协调哲学教育中的精读和泛读，便是哲学教育方法论创新需要认真考量的问题。最后，制约学生阅读经典的第三点原因就是理解水平的问题。哲学著作多半比较晦涩难懂，经典著作更是如此。学生在阅读经典著作时，且不论理解的层次，光是理解本身都可能存在很大的问题，比如德国古典哲学的经典著作，即便是专业哲学教师读起来恐怕也不那么简单，更不必说刚进入哲学系的学生了。正因如此，阅读二手文献便成为哲学系学生的阅读常态。实际上，以上三点的区分并不是那么截然有别，它们往往是相互关联的。哲学经典是如此晦涩难懂，学生读起来既费时又费力，收获或许还不如阅读二手文献来得大，再加上还要应对日常的学业和考试乃至就业压力，也就难怪他们不愿意花时间读经典，而更愿意投机取巧，从课堂和二手文献中获取相关的哲学知识。

但无论如何，阅读经典始终是哲学教育的最根本方式之一。哲学经典作为人类思想史上最富有创造性和思想性的历史文化成果，作为时代精神的历史印记，是值得我们反复阅读、研究和阐释的。这些伟大的著作和理论中不仅埋藏着人类思想文明的精神图谱，而且为人类面对未知的前程提供着无限可能的思考坐标。哲学著作虽然抽象、晦涩，但并不是不可理解。我们一旦进入经典文本的思想语境，便会发现，它们提出的问题、采用的方法甚至想要达致的目的都是亘古常新的。人类历史发展了几千年，很少有哪个哲学问题被真正解决了，这就充分说明哲学思考的问题通常都带有普遍终极性，都与人类的命运息息相关。有学者甚至认为，哲学就是关于人类命运的思考。就此而言，哲学教育一定不能放弃阅读经典，相反应当极力强化阅读经典的重要性，让学生不仅真正明白为何要阅读经典，而且知道如何阅读经典以及阅读哪些经典。至于其中所涉及的对阅读经典的重视、对精读和泛读之间张力的灵活处理，乃至如何稳步提升学生阅读经典的能力和水平等具体的教学方法（比如通过课堂示范、课后训练、教师领读、共同探讨、精读泛读相结合等），便是哲学教育的理论和实践创新所要面对与解决的问题了。

当然，阅读经典虽然能够拉近学生和经典哲学家之间的思想距离，并有助于学生形塑自己的思维范式，但哲学教育的终极目的仍旧是哲学思考，而非哲学阅读。从该意义上说，阅读经典仍旧是哲学教育的一种工具和方法，阅读经典最终是为了走出经典，乃至超越经典。在哲学教育中，为了更好地培养学生的哲学思维，就需要哲学教师在引导和帮助学生阅读并理解哲学经典的基础上，通过对话和讨论对学生进行启发式教学。

孔子说："不愤不启，不悱不发"（《论语·述而》），意思就是在哲学教育中，不到学生思想走不通的时候就不给予开导和启发。如果说孔子的这句话容易给人留下一个"真理守护者"的错觉的话，那么紧接着这句话下来的"举一隅不以三隅反，则不复也"就完全可以打消我们的这种顾虑。我们可以从中看出，孔子所谓的"启发"，并不是提供知识、答案乃至真理，而是通过"启"和"发"的方式帮助学生打开思路，举一反三，从而追求一种"登东山而小鲁，登泰山而小天下"（《孟子·尽心上》）的思想格局。例如，在一则有关子贡和孔子的对话中，这种举一反三的效果得到了很好的呈现。子贡问孔子：如果做到了"贫而无谄，富而无骄"，如何？孔子说：可以，但不如"贫而乐，富而好礼"。子贡又说：《诗经》中的"如切如磋，如琢如磨"就是这个意思吧？孔子高兴地说："赐也，始可与言《诗》已矣，告诸往而知来者。"（《论语·学而》）在另外一则对话中，孔子更是展示了哲学教育所实现的教学相长功能。子夏问孔子：《诗经》中的"巧笑倩兮，美目盼兮，素以为绚兮"是什么意思？孔子说："绘事后素"。子夏紧接着问："礼后乎？"孔子说："起予者商也！始可与言《诗》已矣。"（《论语·八佾》）这里的"起"，朱熹注曰："起，犹发也。起予，言能起发我之志意。"①按照杨伯峻所引用的注释就是"病困而愈""滞碍通达"之义。②。总之，孔子在这场师生之间的对话中扮演的绝不是一个简单的知识传递者和问答评判者，而更像是一场讨论的参与者，他在其中不仅回答了学生的提问，而且能够从学生"举一反三"的思想生发中获得进一步的启示。我们回过头来看看这两场对话就会发现，孔子的哲学教育实际上包含着最经典的哲学教育方法，即阅读经典和讨论启发。孔子的学生或是从生活实际中发现问题，或是在阅读经典中产生困惑，从而寻求孔子的帮助，孔子的回答并不是就某个问题而局限于某个问题，而是带有某种

---

① 朱熹．四书章句集注．北京：中华书局，2012：63.

② 杨伯峻．论语译注．北京：中华书局，2009：26.

隐微的开放性（尤其在回答子夏的问题上，子夏本是对一句话的求解，但孔子给出的回答却比问题本身更简洁，而非着眼于字面上的解释），从而给学生的进一步思考留下足够广阔的空间。这两个学生都没有让孔子失望，都能从孔子的回答中联想到对经典文本的诠释（这说明他们对经典是相当熟悉的），从而又给予孔子一定的启发。一来一回，双方都能在对话中获得相应的智识和启发，从而实现教学相长。

但对话和讨论并不意味着一定会得到某种结论与共识，这一点在苏格拉底那里有着具体而丰富的展现。苏格拉底的哲学教育同样采用的是对话的方式，他称之为“精神助产术”，他的目的就是通过对话、辩驳、讨论使人们心中原本就有的真理观念变得澄明和清晰（或者说清除人们心中原有的偏见），也就是说，在对话中使对话者真正明白他们在说什么、他们想要说什么或者他们实际上说的是什么。苏格拉底与人讨论的很多问题都是有关城邦生活的一些基本观念和准则，如正义、勇敢、虔敬等，因为这些是城邦公民每天都会遇到的，他们也相信自己真正明白什么是正义、什么是勇敢、什么是虔敬。但苏格拉底的对话恰好验证了什么叫作“熟知非真知”。在一场场日常对话中，苏格拉底能够从对话双方都赞同的一些基本信念出发，一步步上升，最后推导出与之对话者无法接受的结论，然后从头开始。我们现在看这些对话当然能够发现苏格拉底的某些诡辩成分，但这并不是重点，因为问题的关键在于，苏格拉底是对普遍性概念进行提问，而他的对话者回答的往往都是具有特殊性的具体直观，所以，无论他们怎样定义，总能找到例外，从而破坏定义的原有结构。当然，我们不必过分非难古人，我们这里只想表明，在哲学教育中，对话和讨论尤其是理性的、遵守逻辑规则的以及反思性的、批判性的乃至辩证的对话和讨论对哲学思维的训练具有何种重要性。哲学讨论虽然是为了寻求某种共识性结果，但这种结果并不是最重要的（如果不是无关紧要的话），因为哲学常常没有答案乃至共识（这是一个令哲学家感到难堪但又确实不得不接受的事实）。但幸运的是，哲学思考的价值并不受哲学结论的太多干扰，即便达不成共识，哲学对话也是有意义和价值的。毕竟，“通往哲学洞见的道路漫长而艰苦，需要我们花费时间进行研究，并需要与其他追求真理的人进行合作和讨论”①。正是在

① G. 希尔贝克，N. 伊耶. 西方哲学史. 童世俊，郁振华，刘进，译. 上海：上海译文出版社，2012：58.

一来一往的对话、批判、辩驳中，人们相互提醒彼此思想的边界和可能遇到的困难与危险，从而不断磨砺思想的锋芒，并在相互提供的利剑与铠甲中，为人类未来社会的发展提供尽可能多的思想庇护。

3. 教材的更新：哲学教育中的“著”与“述”

在哲学教育中，教材（或者更宽泛意义上的教学内容和材料）的更新是哲学创新的一个重要方面。教材的更新可以从“著”与“述”这两个方面考察。就“著”的方面而论，我们需要处理好哲学教育中教材与专著之间的关系。正如一些学者已经注意到的那样，哲学教材的建设中一直存在着一个突出问题，即把教材与专著对立起来，认为专著是个别哲学史家的“一家之言”，不具有客观性或普遍性，甚至存在很多偏见等；相比之下，教材由于通常是集体合作编写的结果，从而就更加客观、真实。但实际上，“这种理解是陷入了‘双重误区’，既阻碍了‘专著’的发展，也误导了‘教材’建设”①。从某种意义上说，一些哲学专著是哲学家从特定的哲学立场出发理解和透视哲学史的产物，从而确实带有较强的个人哲学色彩，比如在中国哲学界影响甚大的三本哲学史著作，即胡适的《中国哲学史大纲》、冯友兰的《中国哲学史》和罗素的《西方哲学史》，实际上都属于这类专著。虽然随着时代的发展，已经很少有人选取这三本书作为哲学教材在课堂上使用（冯友兰的著作可能至今仍有不小的接受度），但没有人否认它们作为哲学教材曾经乃至当下所具有的重要价值和意义。与此相应，在当前中国高校受到广泛追捧的一些哲学教材中也有不少属于个人专著，其中最典型的莫过于赵敦华所著的、由北京大学出版社出版的《西方哲学简史》和《现代西方哲学新编》，其他如梯利的《西方哲学史》②、劳思光的《新编中国哲学史》、葛兆光的《中国思想史》等专著在广大师生中也有着极高的知名度和关注度。此外，由邓晓芒和赵林合著的《西方哲学史》由于写作者只有此二人，故也可以被列入此种专著系列。但不可否认的是，在高校通行的大部分哲学教材中，集体编写仍旧占据了大部分江山。如苗力田

---

① 孙正聿．关于哲学教育改革的几个问题．哲学研究，2000（6）：66.

② 据赵敦华《西方哲学简史》一书的“前言”介绍，梯利的《西方哲学史》英文版在20世纪40年代作为北京大学哲学系的教材使用过。（赵敦华．西方哲学简史．北京：北京大学出版社，2012：前言1）

和李毓章主编的《西方哲学史新编》、张志伟主编的《西方哲学史》、叶秀山和王树人总主编的《西方哲学史》（学术版）、刘放桐和俞吾金主编的《西方哲学通史》等，以及北京大学哲学系中国哲学教研室主编的《中国哲学史》、冯达文和郭齐勇主编的《新编中国哲学史》、郭齐勇主编的《中国哲学史》、张立文主编的《中国哲学史新编》等，都属于集体编写创作的优秀成果。因此，无论是个人专著还是众人合力编写的教材，实际上都可以成为哲学教育中的教学材料。至于其中所谓的主观、客观等问题，从某种意义上说是虚假的问题。因为，首先，无论是专著还是教材实际上都是由个人创作产生的，因而都是基于个人对哲学（史）的理解而写就的，要说主观偏见，二者都是“偏见”的产物，而且从解释学的角度看，这种“偏见”或“前见”是正常的、必然的。其次，哲学史家打通整个哲学史固然是一件十分困难的事，但也并非不可能，事实上前人已经为我们做出了很好的表率和示范，证明专著作为教材仍可以是相当公允的介绍和评判；集体编写教材能够最大程度地发挥个人专业研究的优势，从而常常为大家所采纳和接受，学界也确实产生了很多优秀的教材成果，但这并不意味着这种编写就是绝对客观的、公允的，因为它仍旧会受制于编写者个人研究水平的限制乃至主编者个人编写思路的限制。总之，无论是个人专著还是众人合力编写的教材，都可以成为哲学教育中的教学材料，二者之间并不存在人们所臆想的那种对立冲突或者主客观之别。相反，二者之间应当是相互促进的关系，教材不仅应当成为个人专著的研究成果的集中体现，而且其本身就应当成为某种意义上的专著，即“‘教材’不仅应当是名副其实的‘专著’（关于某个学科的人类文明成果的专门性著作），而且必须是最具权威性和前沿性的‘专著’（关于某个学科的当代水平的专门性著作）”①。

此外，教材建设中的另一个重要问题就是“述”的问题，具体来说就是“讲坛”与“论坛”之间的关系问题。实际上，这是教材与专著之间关系的另一种表现形式。② 正如孙正聿所指出的那样：“‘讲坛’的内容，从根本上说，只能是源于‘论坛’的成果；‘论坛’的成果也需要转化为‘讲坛’的内容，才能得到广泛传播和逐步完善。但是，二者的进展往往是不同步的，‘论坛’的成果总是超越‘讲坛’的内容，而

① 孙正聿. 关于哲学教育改革的几个问题. 哲学研究，2000（6）：66.

② 同①67.

‘讲坛’的内容则总是滞后于‘论坛’的成果。不仅如此，‘论坛’总是‘百家争鸣’，各抒己见，‘讲坛’则需要相对统一，取得某种共识。”① 或者我们简单来说就是，“论坛”更侧重于“六经注我”，即个人对哲学史和哲学思想的研究，它带有更多的个人思想特色，从而有待于学界讨论和接受；相比之下，“讲坛”更像“我注六经”，是对已经基本取得共识性的研究成果的客观讲述，因而具有较小的争议性。在哲学教育中，“讲坛”与“论坛”不仅缺一不可，而且需要各尽其职，尤忌串演越界，即把“讲坛”变“论坛”，使哲学教育成为一家之言，以至“讲坛”失去其本应具有的严肃性和规范性，同时也不能把“论坛”变“讲坛”，使本应充满智慧、颇具个人思想色彩的哲学研究变成陈词滥调和知识搬运。总之，只有正确处理好“论坛”与“讲坛”之间的关系，二者各得其所，方能相得益彰。

7.3 “大哲学”与哲学教育的创新

21 世纪是一个“大时代”的世纪。从经济全球化到政治多元化、从信息大爆炸到跨学科研究的兴起、从大数据的诞生到人工智能的突破，凡此种种，都向我们昭示了一个“大时代”的基本特色，即“广”与“深”（也许《中庸》中所谓“致广大而尽精微”可以称得上对这种特色的古典描述）。在这样一个各学科无论是从广度上还是从深度上都在不断发展的时代里，哲学，尤其是面向未来世界的当代中国哲学，作为一种集实践性、智慧性、当代性、中国性和世界性于一体的哲学体系，便构成了一种与传统哲学大异其趣的“大哲学”。但需要提醒读者注意的是，“大哲学”虽然是一个涵盖甚广的哲学概念，但并不是一个对所有知识、文化和思想都照单全收的“收容所”，“真正的‘大哲学’不在于其内容之包罗万象，而在于其理论根源之深度、理论面向之厚度及理论视野之广度。它既包括规模上的‘大’，即自觉地把哲学问题放在整个哲学历史发展上和哲学各学科互通的语境中理解哲学问题；也包括视角上的‘大’，即从全球意义上、从中国发展的长远需要来提出问

① 孙正聿. 关于哲学教育改革的几个问题. 哲学研究，2000（6）：67.

题、解释问题和回答问题；更包含方法论上的‘大’，即不再把哲学当作独立于科学与社会科学之外的另类学科，而是作为渗透于其他学科并为之提供思维方式指导的宏观方法论。如果以‘大哲学’为发展方向，通过跨学科和跨文化的交融，使当代中国哲学能够从不同的文化土壤之中汲取丰富的思想资源，则必然能够使当代中国哲学跳出本土哲学、西方哲学的窠臼，在携带传统特色的同时拥有世界性的视野，从而更好地推动当代中国哲学的创新和发展”①。与此同时，“大哲学”作为一种新的哲学发展方向，对于回应当代中国哲学教育中存在的种种问题会有一定的启发意义。

首先，作为理念创新的“大哲学”将有助于解决哲学教育中的史论关系问题。我们说，“大哲学”作为一种新的哲学理念，不仅极大地丰富了哲学史的内容，而且拓宽了哲学思考的视角和进路。哲学不仅被放置于“纯哲学”的领域中考察，而且更主要的是从其“文化母体”中得到理解。我们通常把哲学视作时代精神的精华，视作被把握在思想中的时代，但问题是：哲学家如果对他所生活的那个时代没有一种宏观和深入的理解，又何谈把握时代精神？虽然黑格尔强调哲学作为一只在黄昏来临时才会起飞的猫头鹰，“要直到现实结束其形成过程并完成其自身之后，才会出现”②，但这并不意味着哲学只是历史的总结，从而只是对过去了的时代的记录。相反，在黑格尔看来，现实乃是理念运动的外在形态，是概念的现实化表现，而哲学所要捕捉的则是理念（概念及其现实化），是时代精神的脉动。虽然理想的东西只有等到现实成熟后才会显现，但哲学一旦透过成熟的现实而把握到时代精神的运动，从历史呈现的隐微中把握住精神理念的教导，那么便能从解释世界过渡到改造世界，黄昏时起飞的猫头鹰就能在穿过时代的暗夜后将智慧之光带向下一个清晨。

但时代精神的把握绝不是一句空话，而是需要艰苦的探索和深邃的思考。如果缺乏对整个时代的文化气息和思想氛围的敏锐捕捉，缺乏对哲学“文化母体”的深刻领会，我们就很难相信一个人可以成为把握时代精神的哲学家。从哲学史上看，但凡那些伟大的哲学家，常常都是能够跳出“纯哲学”的视野而对哲学赖以生长的“文化母体”有着综合把

① 姚新中，陆宽宽．当代中国哲学的结构困境．哲学研究，2016（3）：125．

② 黑格尔．法哲学原理．范扬，张企泰，译．北京：商务印书馆，1961：13-14．

握的思想家，个别哲学家甚至能够达到百科全书般的境地。虽然现时代想要成为百科全书式的人物变得愈发不可能，但我们至少可以看出，真正伟大的哲学家实际上多半是从“文化母体”那里汲取养分的“大哲学”家。以“纯哲学”立身的哲学家虽然能够实现哲学的创新，但在把握整个时代精神的脉络方面，较之“大哲学”家而言，仍略逊一筹。总之，从“大哲学”的理念看，哲学的史与论之间存在着一种相互促进的关系。对“史”的把握和涉猎范围越宽阔、越深邃，“论”的创新和表达就越成功；反之，“论”的研究越深入，“史”的拓展就越丰富。因此，对哲学教育而言，知识的教育和传承当然是必要的，而且为了更好地理解哲学得以产生的“文化母体”，这种知识的拓展不仅不应当窄化和刻板化，反而应当不断开拓和加深。哲学史不应当仅仅是“纯哲学史”，还应当涉及与之相关的政治史、经济史、文化史、社会史、文学史等各方面的内容，只有对一个时代有了全方位的了解，对那个时代的精神面貌有了整体的把握，我们才能更好地理解那个时代的哲学家为何会提出这样或那样的哲学问题，也才能理解他们为何会做出如此这般或那般的哲学思考。进而，当我们面对现时代的政治、经济、文化、社会、文学等的不同精神面孔时，我们才能从哲学史那里获得真正有教益的启发，才能学会对时代提出真正的问题，并在思想的历史关联中把握到时代精神的变迁路径，从而最终有望突破旧哲学的樊篱，实现哲学的时代创新。

当然更重要的是，“大时代”的哲学教育已经不容许我们再像传统哲学教育那样，只考虑哲学本身的历史便可以完成教育的目的。如今，随着科学研究的深入发展，不同学科之间的互鉴已经成为时代的主流，各种跨学科研究此起彼伏，可以说，未来的哲学发展绝不是单靠哲学一己之力便能完成的。在这样的历史条件下，以“大哲学”为理念的哲学教育是中国哲学未来发展的必然趋势。只有以此为方向，中国哲学才有望实现时代创新，才有望培养出真正适应时代发展和世界哲学潮流的哲学学生。

其次，作为方法论创新的“大哲学”将有助于哲学教育方法的革新。如前所述，作为方法论的“大哲学”的一个最大特色就在于它的“文化母体”转向，它使哲学由原来的“纯哲学”范式转向了“大哲学”范式。这种转向的一个重要哲学教育意义就在于，它能够淡化哲学的教化功能，使哲学不再是人们眼中晦涩的高头讲章和真理大全，仿佛真理的通货，可以现成地拿来为一切时代的生活所用。它使抽象的哲学理论回归时代，让学生能够在历史的生活场景和“文化母体”中感受与理解哲学思想的诞生历程；让学生通过阅读那个时代的文学、历史、社会、思想等方面的著作来感受时代对精神的呼唤，更好地理解哲学家何以出现、如何提问和思考，从而回应这种理念的吁求。比如，不了解古希腊的神话传说和神话思维，我们就无法深入理解自然哲学产生的文化背景，就无法理解为何自然哲学产生的第一个哲学概念是“本原”，甚至为何西方文化是“两个世界”的文化；又如，不了解古希腊的神话和悲剧，我们就无法理解什么是古希腊世界中的英雄，以及古希腊哲学中的一系列伦理概念和道德范畴，如美德、正义、节制、友爱等。同理，不了解中国古代的历史和文明，我们就很难深刻体会为何孔子苦苦寻求“复礼”，为何孔子的教育内容选择“六艺”，以及什么是“大人”和“君子”；不理解中国古代的社会、历史、军事和政治，我们就无法理解为何老子在写下了《道德经》之后骑青牛而出函谷，为何庄子的文学想象是如此恣意纵横而生活也是如此放浪形骸。只有理解了哲学家生活的那个时代，才能理解那个时代的哲学家，才能理解那个时代的哲学。我们说，哲学教育虽然不是知识的灌输，但知识的传递却是必要的前提。既然如此，我们便不必急于让学生记住哲学史上各家的不同观点、内容以及这些哲学思想之间的知识性差别，而可以通过传递哲学思想的土壤，让学生在这种思想的土壤中理解思想，让理论的逻辑在历史的逻辑中得到自然呈现。孔子虽然主张哲学教育要举一反三，但在简短的对话中历史的文本并没有向我们呈现其背后更广阔的文化视野：如果我们想要在哲学教育中实现举一反三，那么我们首先要让学生“知三”“知六”“知九”，乃至更多，没有广阔的知识积累和思想视野，是无论如何也不可能做到举一反三的。“大哲学”教育方式的一个优势就在于，它能够让学生更多地接触所举之“一”背后的那些东西，让学生通过文化和思想的触类旁通来理解哲学，在更广阔的时代背景中学会发现、分析和思考问题。比如，在西方著名高校里所设置和施行并逐渐被中国著名高校如北京大学、中国人民大学等的哲学院系所采纳的 PPE、PPL 等教育模式，实际上便是这种“大哲学”的尝试和运用。它既能培养学生通过多学科的视角理解和思考哲学问题，又能培养学生以哲学的思辨方式透视其他学科的问题，从而真正达到不同学科之间的互动和贯通。

此外，这种“大哲学”的教育方式也能吸收和利用不同学科的阅读方法来服务于哲学著作的阅读。如前所述，哲学著作的一大特点就是晦涩难懂，要想解决这一困难，一方面可以通过多学科的贯通来理解哲学著作所产生的时代背景以及所要回应的问题背景，通过与其他学者、老师、同学的对话和交流来克服一部分阅读困难；另一面就需要深入原著，利用哲学以及其他学科中的一些阅读方法来增加对句子、章节以至全书的把握和理解。比如，在遇到比较难以理解的哲学语句时，我们可以借鉴训诂学、语言学、诠释学等学科领域的方法，从而更好地理解整个句子和文本的内涵。

最后，作为内容创新的“大哲学”将有助于哲学教育内容的更新。我们说，一直以来，我们都是按照“纯哲学”的范式来书写哲学史，在其中呈现各个时期哲学家们的思想观点和哲学概念，并以此作为哲学教育的主要内容。这种哲学史自然有它的优势，即它能够清晰地呈现哲学思想的理论发展脉络，以及各个哲学范畴之间的内在学理关联性，但也不能说毫无问题。其一，这种哲学史忽视了对哲学产生的文化背景的思想史考察，从而把哲学作为一种可以独立于其“文化母体”背景的概念体系。对西方哲学而言，这种书写的负面效果或许并不那么明显，甚至无可厚非；但对中国思想而言，这种哲学史的书写方式无异于对中国思想进行了一次全面的肢解，由此拼装起来的哲学史往往只是对中国传统思想的生吞活剥、依样画瓢，从而不仅大大削减了中国哲学思想中丰富多样的文化内涵，而且不利于中国哲学的表达和创造。正如庄子关于“浑沌”的寓言所表达的那样，“日凿一窍，七日而浑沌死”（《庄子·应帝王》）。对中国传统思想进行过度的肢解和区分，对传统思想的创生而言或许是一种灾难。相比之下，“大哲学”则直面哲学得以产生的“文化母体”，把传统哲学作为一种整体性的思维观念予以呈现，从不同学科领域中借鉴多样化的思维手法，整合各种思想资源，以促进中国哲学的创新和表达。正如赵敦华所说，“从历史上看，中国哲学包括社会生活的方方面面，举凡政治、道德、宗教，乃至科学、医学、道术、民俗，无不有丰富的哲学思想。但长期以来，我们按西方纯哲学的标准来选择和整理中国哲学的资料，后来又按‘两军对阵’的模式诠释中国哲学的精神，中国哲学的范围被弄得越来越窄。现在人们把中国哲学与传统文化相联系，这可以从更深厚的文化资源中吸取更多、更广阔的哲学思想，是有益的。在此方面，借鉴西方哲学中‘大哲学’的观念也是有益的”①。其二，当前我国哲学一级学科“一分为八”，各自为战，在哲学教育中互不相闻甚至互不相通，以至于学科内部壁垒重重，哲学专业的学生面对不同二级学科常常是知其一而不知其七。这种哲学教育所导致的一个严重后果就是，学生受到的教育往往只是某一个二级学科门类的“哲学”，是哲学众多“面孔”中的一个，而不是哲学的全部。一旦跨了二级学科，不同学生之间便无法沟通和对话，学生们对于自己专业之外的其他二级学科的思想历史和最新成果既不关心更不知晓，从而俨然成为哲学门内的“门外汉”。我们说，这样的哲学教育内容和教育体制是绝对不利于哲学学生的培养的，更不用说培养哲学学者和哲学家了。“大哲学”作为一种新的哲学研究范式和内容，不仅不拘泥于任何一种“纯哲学”的门类和领域，而且能通过跨二级学科乃至跨不同学科领域的研究，达到更好地把握问题实质的境地。它能够综合各学科的偏差性优势，从不同的视角研究哲学问题，从而更好地分析问题乃至解决问题。更重要的是，通过不同学科和领域的互镜式交叉研究，哲学能够更好地利用其他学科的研究成果和理论资源，这既有助于哲学问题的分析，也有助于哲学视角的打开。通过与不同学科之间的交往，哲学能够更好地切近时代、从容表达，以至创造出新的哲学概念、话语和思想体系。这才是我们希望看到的“大哲学”为我们所带来的局面。

---

① 赵敦华．“大哲学”视野中的现代中国的哲学．云南大学学报（社会科学版），2005（3）：24.

结语　中国哲学的返本与开新

新的时代需要新的思想，也孕育着新的哲学。在当今时代，哲学承担着传承知识、启迪思想、引领时代的不可推卸的责任。这既是时代对哲学提出的挑战，也是哲学创新的机遇。中国哲学学人正在积蓄力量、抓住机遇、回应挑战，为中国和世界文明的进步做出自己的贡献。当代“中国哲学”（中国的哲学而不是狭义上的中国传统哲学）同样需要在返本中开新、在开新中返本，不忘初心、精诚守护，真正确立中国哲学自己的话语体系，并在拓宽世界哲学的视野，促进不同文明之间对话、交融中体会和提炼出新时代精神的精华。

当代中国哲学和哲学教育创新的基础是返本。返本并非复古，亦非守旧，而首先是汲取中外哲学史和马克思主义哲学的丰富营养。只有自觉地把哲学研究和哲学教育放在哲学理念发展的历史长河中，才能发展出代表时代精华的思想、培养出具有理论厚重性和现实适应性的人才。21 世纪的中国哲学研究和哲学教育面临理论深度不够与应用性不强的双重困境，我们的研究和教学存在着急需克服的问题和难题。英国现实主义文学家查尔斯·狄更斯在《双城记》（*A Tale of Two Cities*）的开篇曾说：“那是最美好的时代，那是最糟糕的时代。”① 这样的说法在一定意义上也适用于哲学在今天所面临的局面，既有重大的机遇又有多重的困难。一方面，哲学必须要比以往更像哲学，做哲学就是要摆脱浮

① 狄更斯. 双城记. 孙法理，译. 南京：译林出版社，2002：3.

躁、虚无、急功近利、思想退化、人文冷淡的世风影响，在哲学专业的研究和教育中沉得下去，打实基础，才能像老一辈哲学家那样在思考中生发出思想，又在思想中真正把握现实。另一方面，哲学研究和哲学教育也需要传承知识，如何把中外哲学史中的优秀遗产、基本原理、深邃思想以新的述说方式传输给学生和大众，应用到现实问题上，是一个必要但又很不容易做好的工作。更为根本的是，哲学担负着培养人才、启迪思想的时代任务；返本不仅是回归过去、理解中国的哲学传统，而且是如何能把中外思想家以及马克思主义的哲学精髓以现代语言讲好、把握中国哲学的真正特色、把哲学思维与解决中国面临的重大现实问题的需要结合起来。

只有做好了哲学研究和哲学教育的返本，当代哲学的创新才能建立在坚实的基础上。关于对“本”和“新”的理解，按《说文解字》的说法：“本者”，“木下曰本”；而“新者”，“取木也”，“引申之为凡始基之称”。也就是说，“本”和“新”原本就具有词义上的亲缘性。本是木之下，新则是取木以重建始基；无本则无木，无木则无新，无新则无始基。在这个意义上，返本是手段，开新才是目的。古诗云：“沉舟侧畔千帆过，病树前头万木春。”（刘禹锡：《酬乐天扬州初逢席上见赠》）诗中意象所说的正是这种返本与开新之间的自然关系。但开新又不只是返本这么简单：一方面，既然要开新，就说明原来的本已经不适应新的时代和生活，是“病木”；另一方面，既然是新，那就必然要有新的模样，不能再像原来的本那样，否则，开新便没有合法性和正当性。但开新又不能无中生有，而必须要“取木”，从“病木”中开出“新春”。哲学的这种返本与开新的时代要求，实际上恰恰是在象征和呼吁着中国哲学的即将“登场”。一方面，我们当然不能将这里的“中国哲学”简单地理解为与西方哲学、马克思主义哲学相对应的传统中国哲学（实际上，传统本身是在不断发展和变化的，当我们说传统中国哲学或者中国传统哲学的时候，这里的“传统”如何界定是一件相当复杂的事情），而应当将其视为由对“中国”观念持有文化认同的哲学家所共同创造的、以中国传统思想为底色、具有现代中国气象和时代意蕴的一般哲学思想。另一方面，说中国哲学应该登场正表明目前的中国哲学尚未登场或者尚无法登场。之所以应该登场而尚未登场，其根本原因即在于中国哲学的原创性不足，应当开新而未能开新。如何开新？这是一个见仁见智的话语，但从根本上说，哲学既然是“被把握在思想中的它的时代”①，那么它就总是需要在回应时代的问题中获得新生。在此意义上，哲学研究和哲学教育的开新就是既要坚守思想又要超出已有的思维界限，汲取社会发展的灿烂光华，回应时代带来的巨大挑战。

21 世纪中国哲学所面临的挑战是全方位的，既有认知层面的也有行为观念层面的，既表现在理论层面又体现在实践层面。包括宇宙科学、生命科学、物理科学在内的科学发现日新月异，挑战着人们已有的认知模式、思维方式、概念解读形式，撼动着人们关于世界、社会、人生的已有认识和基本原则，对于存在的本质、意识的本质、生命的本质提出了新思维或新视角；包括人工智能、互联网普及、大数据在内的无所不在的技术层面的进步也在挑战着人们关于行为模式、德行规范、交往理论的已有原则，为新解释、新观察创造了无限可能性。凡此总总，都表明科技的发展已然对人类的生存方式造成了革命性影响，其所带来的挑战悄然成为哲学应当认真对待和反思的首要问题。毕竟，科技与人类生活密切相关，它不仅引领着未来时代的发展，而且改变着人类的本体论存在方式。随着人工智能时代的来临，人类的未来一方面正变得充满希望，另一方面也变得愈发不可捉摸；人类一方面将会因为科技的进步而变得无比富有，另一方面也会因为失去很多有意义的事物（比如爱情、友谊，甚至希望）而变得一贫如洗。更令人不安的是，如果有一天当人工智能和虚拟现实的发展使我们能够永远生活在一个没有烦恼、所有的愿望都能实现的“体验机”② 中时，我们会不会自愿钻进这个机器从而心甘情愿地过上一种虚拟的、快乐的生活？如果没有哲学的反思，我们又有多少“真实的”理由对此说“不”？当然，科技的挑战并不会停留在科技的范围内，它还会蔓延到其他领域，比如政治，从而引发政治哲学问题。因为政治问题在本质上可以被理解为一种通过博弈做出决策的过程，做出决策便需要理性的考量和利益的计算，当人工智能高度发达甚至机器开始有意识的时候，人便不再需要选举和投票，人工智能将会比人类更了解人类，人只需要相信机器并交出自己即可。但这样一

① 黑格尔. 法哲学原理. 范扬，张企泰，译. 北京：商务印书馆，1961：12.

② 诺奇克. 无政府、国家和乌托邦. 姚大志，译. 北京：中国社会科学出版社，2008：51-54.

来，人就不再成为自己命运的主宰者，而只是人工智能用以运算的数据。沦为数据的人还在多大程度和意义上保留着人之为人的尊严？除了政治哲学问题外，科技的挑战或许还会催生美学的大发展。因为，世界虽然是物质的，但人总是需要精神的，尤其是当物质文明高度发达、科学技术遍布于生活的每一个细节中之后，科技时代的审美问题便会成为人类亟须的一种精神养分。正如李泽厚所言，随着科技的进步和“自然人化”的深入，“以美学为重心的‘人自然化’”① 将会成为未来哲学的重心，成为未来的“第一哲学”②。总之，无论是政治哲学问题、科技问题，抑或是美学问题，都是时代的发展所带给哲学的思想挑战，但挑战不仅是危险，同时也意味着机遇。哲学在社会急剧变动、经济快速发展、科技加速进步中发挥自身的想象力，回应这些新挑战从而把握住这些新机遇，构成每一个有志于哲学思想创新的哲学学人的共同事业。面对这些挑战，一味回避或视而不见只能使哲学理论一步步走向僵化和固化，浅薄的解释也只能使人们对哲学日益疏远，从而导致思想退化、人文冷淡。相反，通过融通经验主义与理性主义思维定式、融通内向超越与外向超越的价值取向、融通哲学的历史性与现实性，我们才能拓宽哲学与时代互动的空间，为当代中国哲学创新性转型、创造中发展做出积极贡献。

回应这些挑战，是摆在每一个哲学教育工作者面前的艰巨任务，也是哲学研究和教育返本与开新的基本内容。现时代哲学返本与开新，首先必须克服哲学领域的故步自封和自以为是。古希腊的苏格拉底早就提出要认识自己，并把这一点作为哲学进步的基本出发点。我国的孔子也教导我们“知之为知之，不知为不知，是知也”。马克思主义哲学更是强调及时汲取科学新发现，更新知识观念，突破旧条框，以实践为检验真理的唯一标准。要做到哲学的返本与开新，还要打破哲学自身的学术隔离，融通不同哲学领域。自古以来，哲学生长于对话，创新于交流，不同流派之间放下学术前见，诚心交流、对话、沟通，不同二级学科之间消除隔阂、协同创新，打通古、今、中、西、马五维学术空间，才能为中国哲学的当代创新奠定更深厚的学科基础和人才基础。不同哲学学科只有共同探讨，才能促进哲学发展。作为人类认识世界、解释世界和

① 李泽厚．历史本体论·己卯五说（增订本）．北京：三联书店，2008：260．

② 李泽厚．实用理性与乐感文化．北京：三联书店，2008：104．

改造世界的一种特殊形式，哲学并不能独立于人类知识，而是植根于其他所有人文社会科学学科，其每一个概念的创造都与人类认识的进步有着千丝万缕的联系。因此，哲学的返本与开新必然以哲学与其他人文社会科学的紧密合作为前提，以它们之间的互相渗透为契机。哲学返本与开新更是完全不能脱离科学和技术的发展。科学和技术的每一次重大进步都为我们在哲学上解释过去的理论、开拓未来的观念提供了可能性。只有高度重视这些进步、从哲学的角度理解和解释这些进步，才能把这些可能性化为哲学概念和理论创新的现实性。

现时代哲学的返本与开新，更需要自觉地把中国哲学与世界哲学紧密联系在一起，从世界哲学中汲取营养，同时为世界哲学的发展提供中国的视角和动能。在全球日益紧密相连的今天，任何学术体系都不可能闭门造车、自说自话。哲学对话和交流不能仅仅限于自己的文化、自己的语言。中国文化的一个重要特质就是具有开放性和包容性，并通过与其他文化的交流和互通，始终保持自身的活力，使自己的内涵越来越丰富、外延越来越开阔。无论是历史上对来自印度佛教的成功改造、消化、转型，还是在近现代西学东渐、东学西渐中发展出具有中国特色的马克思主义哲学体系，都说明了中国哲学的内在活力，更指向当代中国哲学所应具有的文化自信和理论自信。他山之石，可以攻玉。在形式上，当前哲学领域的国内学者与国外学者并不缺乏对话的机会和场合，但从实质上讲，这些对话还没有充分展开，未能形成一种常态的对话平台，还没有通过对话产生出具有持久影响力的学术成果。

返本与开新并不是一句空话，而是需要具体的方法论作为基础，需要以中外哲学比较为途径，以应用哲学为突破。在这里我们需要强调的是，当代中国哲学的返本与开新必须进一步提升中外文明、中外哲学的互通、互镜层次，在实质上拓宽中国哲学同世界哲学的联系，建立起同世界其他各国学者、哲学家之间以问题为导向的对话机制，从而更好、更深入地进行前沿理论的探索，既为中国哲学的创新更多地汲取其他国家哲学体系的资源，也为世界哲学的发展做出中国的贡献。

参考文献

一、图书类

1. 马克思恩格斯选集：1—4卷. 北京：人民出版社，2012.

2. A.J. 赫舍尔. 人是谁. 隗仁莲，安希孟，译. 贵阳：贵州人民出版社，2007.

3. G. 希尔贝克，N. 伊耶. 西方哲学史. 童世俊，郁振华，刘进，译. 上海：上海译文出版社，2012.

4. 阿尔伯特·史怀哲. 中国思想史. 常暄，译. 北京：社会科学文献出版社，2009.

5. 阿兰·佩雷菲特. 停滞的帝国. 王国卿，等译. 北京：三联书店，2007.

6. 安东尼·吉登斯. 现代性的后果. 田禾，译. 南京：译林出版社，2011.

7. 安东尼·吉登斯. 失控的世界. 周红云，译. 南昌：江西人民出版社，2001.

8. 柏拉图. 阿尔喀比亚德. 梁中和，译. 北京：华夏出版社，2009.

9. 柏拉图. 会饮篇. 王太庆，译. 北京：商务印书馆，2013.

10. 柏拉图. 理想国. 郭斌和，张竹明，译. 北京：商务印书馆，1986.

11. 柏拉图. 苏格拉底之死. 谢善元，译. 上海：上海译文出版社，2011.

12. 柏拉图. 柏拉图全集：第2卷. 王晓朝，译. 北京：人民出版社，2003.

13. 北京大学哲学系史稿（内部资料）. 2004.

14. 彼得·奥斯本. 时间的政治. 王志宏，译. 北京：商务印书馆，2004.

15. 蔡元培. 蔡元培教育论集. 长沙：湖南教育出版社，1987.

16. 陈黻宸. 陈黻宸集：上册. 北京：中华书局，1995.

17. 陈来. 传统与现代：人文主义的视界. 北京：三联书店，2009.

18. 陈来. 古代宗教与伦理：儒家思想的根源. 北京：北京大学出版社，2017.

19. 陈来. 仁学本体论. 北京：三联书店，2014.

20. 陈鹏. 现代新儒学研究. 福州：福建人民出版社，2006.

21. 陈少明. 做中国哲学：一些方法论的思考. 北京：三联书店，2015.

22. 陈旭麓. 近代中国社会的新陈代谢. 北京：三联书店，2017.

23. 陈序经. 陈序经文集. 广州：中山大学出版社，2004.

24. 陈寅恪. 陈寅恪史学论文选集. 上海：上海古籍出版社，1992.

25. 慈继伟. 正义的两面. 北京：三联书店，2014.

26. 德里达. 书写与差异. 张宁，译. 北京：三联书店，2001.

27. 狄更斯. 双城记. 孙法理，译. 南京：译林出版社，2002.

28. 笛卡尔. 第一哲学沉思录. 庞景仁，译. 北京：商务印书馆，1986.

29. 杜维明. 二十一世纪的儒学. 北京：中华书局，2014.

30. 杜维明. 儒学第三期发展的前景问题：大陆讲学、答疑和讨论. 北京：三联书店，2013.

31. 杜维明. 现代精神与儒家传统. 北京：三联书店，2013.

32. 范寿康. 中国哲学史通论. 武汉：武汉大学出版社，2008.

33. 费赖之. 在华耶稣会士列传及书目：上册. 冯承钧，译. 北京：中华书局，1995.

34. 冯桂芬. 校邠庐抗议. 上海：上海书店出版社，2002.

35. 冯友兰. 三松堂全集：第 1、4、14 卷. 郑州：河南人民出版社，2000.

36. 冯友兰. 中国现代哲学史. 南京：江苏文艺出版社，2013.

37. 冯友兰. 中国哲学史：上、下册. 上海：华东师范大学出版社，2010.

38. 弗朗西斯・福山. 历史的终结与最后的人. 陈高华，译. 桂林：广西师范大学出版社，2014.

39. 伽达默尔. 伽达默尔集. 邓安庆，等译. 上海：上海远东出版社，1997.

40. 伽达默尔. 诠释学Ⅰ：真理与方法——哲学诠释学的基本特征. 洪汉鼎，译. 北京：商务印书馆，2011.

41. 伽达默尔. 诠释学Ⅱ：真理与方法——补充和索引. 洪汉鼎，译. 北京：商务印书馆，2011.

42. 干春松. 康有为与儒学的“新世”. 上海：华东师范大学出版社，2015.

43. 高兆明. 政治正义：中国问题意识. 北京：人民出版社，2014.

44. 葛兆光. 宅兹中国. 北京：中华书局，2011.

45. 葛兆光. 中国思想史：第 1 卷. 上海：复旦大学出版社，1998.

46. 沟口雄三，小岛毅. 中国的思维世界. 孙歌，译. 南京：江苏人民出版社，2006.

47. 沟口雄三. 作为方法的中国. 孙军悦，译. 北京：三联书店，2011.

48. 顾颉刚. 古史辨：第 1 册. 上海：上海古籍出版社，1982.

49. 海德格尔. 存在与时间. 陈嘉映，王庆节，译. 北京：三联书店，2012.

50. 海德格尔. 路标. 孙周兴，译. 北京：商务印书馆，2000.

51. 海德格尔. 面向思的事情. 陈小文，孙周兴，译. 北京：商务印书馆，2011.

52. 海德格尔. 海德格尔选集：上. 孙周兴，选编. 上海：上海三联书店，1996.

53. 韩水法. 北京大学哲学学科史. 北京：商务印书馆，2014.

54. 郝大维，安乐哲. 孔子哲学思微. 蒋弋为，李志林，译. 南京：江苏人民出版社，2012.

55. 郝大维，安乐哲. 先贤的民主：杜威、孔子与中国民主之希望. 何刚强，译. 南京：江苏人民出版社，2004.

56. 何锡蓉. 新中国哲学的历程. 上海：学林出版社，2012.

57. 何醒. 北京大学哲学系1952年. 北京：商务印书馆，2012.

58. 何兆武，柳卸林. 中国印象：上下册. 桂林：广西师范大学出版社，2001.

59. 贺麟. 五十年来的中国哲学. 北京：商务印书馆，2002.

60. 黑格尔. 法哲学原理. 范扬，张企泰，译. 北京：商务印书馆，1961.

61. 黑格尔. 精神现象学：上下卷. 贺麟，王玖兴，译. 北京：商务印书馆，1979.

62. 黑格尔. 哲学史讲演录：第1卷. 贺麟，王太庆，译. 北京：商务印书馆，1959.

63. 亨廷顿. 文明的冲突. 周琪，等译. 北京：新华出版社，2012.

64. 侯外庐. 中国哲学简史：上. 北京：中国青年出版社，1963.

65. 侯外庐，等. 中国思想通史：第1卷. 北京：人民出版社，2011.

66. 胡塞尔. 欧洲科学危机和超验现象学. 张庆熊，译. 上海：上海译文出版社，2005.

67. 胡适. 胡适日记全编. 合肥：安徽教育出版社，2001.

68. 胡适. 中国哲学史大纲. 上海：上海人民出版社，2014.

69. 华勒斯坦，等. 开放社会科学. 刘锋，译. 北京：三联书店，1997.

70. 怀特海. 过程与实在. 李步楼，译. 北京：商务印书馆，2012.

71. 黄宗羲. 黄宗羲全集：第5册. 杭州：浙江古籍出版社，2005.

72. 吉尔·德勒兹，菲力克斯·迦塔利. 什么是哲学?. 张祖建，译. 长沙：湖南文艺出版社，2007.

73. 金耀基. 中国文明的现代转型. 广州：广东人民出版社，2016.

74. 卡尔·雅斯贝尔斯. 大哲学家. 李雪涛，主译. 北京：社会科学文献出版社，2005.

75. 卡尔·雅斯贝斯. 历史的起源与目标. 魏楚雄，俞新天，译. 北京：华夏出版社，1989.

76. 康德. 道德形而上学原理. 苗力田，译. 上海：上海人民出版社，2012.

77. 康德. 康德三大批判合集：上. 邓晓芒，译. 北京：人民出版社，2009.

78. 康德. 历史理性批判文集. 何兆武，译. 北京：商务印书馆，1990.

79. 康有为. 康有为全集：第 3 集. 北京：中国人民大学出版社，2007.

80. 李零. 我们的中国. 北京：三联书店，2016.

81. 李石岑. 中国哲学十讲. 天津：天津人民出版社，2011.

82. 李四龙. 有哲学门以来. 北京：三联书店，2012.

83. 李泽厚. 李泽厚对话集. 北京：中华书局，2014.

84. 李泽厚. 李泽厚集. 北京：三联书店，2008.

85. 李泽厚. 由巫到礼 释礼归仁. 北京：三联书店，2015.

86. 理查德·罗蒂. 哲学的场景. 王俊，陆月宏，译. 上海：上海译文出版社，2009.

87. 利玛窦，金尼阁. 利玛窦中国札记. 何高济，等译. 北京：中华书局，1983.

88. 梁启超. 欧游心影录. 北京：商务印书馆，2014.

89. 梁启超. 儒家哲学. 上海：上海人民出版社，2009.

90. 梁启超. 先秦政治思想史. 上海：上海古籍出版社，2014.

91. 梁启超. 中国近三百年学术史. 长沙：湖南人民出版社，2010.

92. 梁漱溟. 东西文化及其哲学. 北京：中华书局，2013.

93. 梁漱溟. 中国文化要义. 上海：上海人民出版社，2011.

94. 林毓生. 中国传统的创造性转化. 北京：三联书店，2011.

95. 刘述先. 儒家哲学研究：问题、方法与未来开展. 上海：上海古籍出版社，2010.

96. 刘笑敢. 诠释与定向：中国哲学研究方法之探究. 北京：商务印书馆，2009.

97. 鲁迅. 鲁迅文萃：杂文. 北京：文化艺术出版社，2003.

98. 陆九渊. 陆九渊集. 北京：中华书局，1980.

99. 罗尔斯. 正义论. 何怀宏，等译. 北京：中国社会科学出版社，1988.

100. 罗荣渠. 从“西化”到现代化：中册. 合肥：黄山书社，2008.

101. 马一浮. 马一浮集：第1册. 杭州：浙江古籍出版社，浙江教育出版社，1996.

102. 牟宗三. 道德的理想主义. 长春：吉林出版集团有限责任公司，2010.

103. 牟宗三. 历史哲学. 长春：吉林出版集团有限责任公司，2010.

104. 牟宗三. 中国哲学的特质. 上海：上海古籍出版社，1997.

105. 牟宗三. 中国哲学十九讲. 上海：上海古籍出版社，2005.

106. 牟宗三. 中西哲学之会通十四讲. 上海：上海古籍出版社，2007.

107. 诺奇克. 无政府、国家和乌托邦. 姚大志，译. 北京：中国社会科学出版社，2008.

108. 欧阳竟无. 欧阳竟无集. 北京：中国社会科学出版社，1995.

109. 彭富春. 哲学与美学问题. 武汉：武汉大学出版社，2005.

110. 彭永捷. 重写哲学史与中国哲学学科范式创新. 保定：河北大学出版社，2011.

111. 普济. 五灯会元. 北京：中华书局，1984.

112. 普鲁塔克. 希腊罗马英豪列传：第2册. 席代岳，译. 合肥：安徽人民出版社，2012.

113. 乔清举. 当代中国哲学史学史：上. 上海：上海古籍出版社，

2014.

114. 清华大学校史研究室. 清华大学九十年. 北京：清华大学出版社，2001.

115. 璩鑫圭，唐良言. 中国近代教育史资料汇编：学制演变. 上海：上海教育出版社，1991.

116. 任继愈. 中国哲学发展史：先秦卷. 北京：人民出版社，1983.

117. 任继愈. 中国哲学史论. 上海：上海人民出版社，1981.

118. 色诺芬. 回忆苏格拉底. 吴永泉，译. 北京：商务印书馆，1984.

119. 施特劳斯，等. 论僭政. 何地，译. 北京：华夏出版社，2006.

120. 史华兹. 古代中国的思想世界. 程刚，译. 南京：江苏人民出版社，2004.

121. 释慧皎. 高僧传. 北京：中华书局，1992.

122. 孙宝山. 中国近代哲学思潮及其思想. 北京：中国财富出版社，2014.

123. 孙彬. 西周的哲学译词与中国传统哲学范畴. 北京：清华大学出版社，2015.

124. 汤用彤. 儒学·佛学·玄学. 南京：江苏文艺出版社，2009.

125. 梯利. 西方哲学史：上册. 葛力，译. 北京：商务印书馆，1975.

126. 万俊人. 清华大学文史哲谱系. 北京：清华大学出版社，2012.

127. 汪成法. 中国现代大学与新文学传统. 南京：南京大学出版社，2016.

128. 王汎森. 思想是生活的一种方式：中国近代思想史的再思考. 北京：北京大学出版社，2018.

129. 王汎森. 中国近代思想与学术的系谱. 石家庄：河北教育出版社，2001.

130. 王国维. 王国维文集：第 3 卷. 北京：中国文史出版社，1997.

131. 王中江. 视域变化中的中国人文与思想世界. 郑州：中州古籍出版社，2006.

132. 王宗昱. 苦乐年华. 北京：北京大学出版社，2004.

133. 韦政通. 传统与现代之间. 北京：中华书局，2011.

134. 维特根斯坦. 逻辑哲学论. 贺绍甲，译. 北京：商务印书馆，1996.

135. 维特根斯坦. 哲学研究. 韩林合，译. 北京：商务印书馆，2013.

136. 文德尔班. 哲学史教程：上卷. 罗达仁，译. 北京：商务印书馆，1987.

137. 乌尔里希·贝克，安东尼·吉登斯，斯科特·拉什. 自反性现代化——现代社会秩序中的政治、传统与美学. 赵文书，译. 北京：商务印书馆，2001.

138. 夏瑞春. 德国思想家论中国. 陈爱政，等译. 南京：江苏人民出版社，1995.

139. 肖海涛. 中国高等教育学制改革. 广州：广东高等教育出版社，2011.

140. 萧超然，等. 北京大学校史（1898—1949）. 上海：上海教育出版社，1981.

141. 萧萐父，李锦全. 中国哲学史. 北京：人民出版社，1982.

142. 萧萐父，李锦全. 中国哲学史纲要. 北京：外文出版社，2000.

143. 谢无量. 中国哲学史. 北京：中华书局，1976.

144. 许明龙. 欧洲 18 世纪“中国热”. 太原：山西教育出版社，1999.

145. 亚里士多德. 尼各马可伦理学. 廖申白，译注. 北京：商务印书馆，2003.

146. 亚里士多德. 形而上学. 苗力田，译. 北京：中国人民大学出版社，2003.

147. 杨伯峻. 论语译注. 北京：中华书局，2009.

148. 杨伯峻. 孟子译注. 北京：中华书局，2010.

149. 杨深. 走出东方：陈序经文化论著辑要. 北京：中国广播电

视出版社，1995.
150. 殷海光. 中国文化的展望. 北京：中华书局，2016.
151. 余英时. 论天人之际. 北京：中华书局，2014.
152. 余英时. 士与中国文化. 上海：上海人民出版社，2003.
153. 余英时. 中国思想传统的现代诠释. 南京：江苏人民出版社，2003.
154. 余英时. 中国文化史通释. 北京：三联书店，2012.
155. 袁宝新. 从海德格尔、老子、孟子到当代新儒学. 武汉：武汉大学出版社，2011.
156. 张岱年. 张岱年全集：第 1 卷. 石家庄：河北人民出版社，1996.
157. 张岱年. 张岱年全集：第 6 卷. 石家庄：河北人民出版社，1996.
158. 张岱年. 中国哲学大纲. 北京：商务印书馆，2015.
159. 张灏. 幽暗意识与民主传统. 北京：新星出版社，2010.
160. 张汝伦. 现代中国思想研究. 上海：上海人民出版社，2014.
161. 张申府. 张申府文集：第 3 卷. 石家庄：河北人民出版社，2005.
162. 张玮瑛，等. 燕京大学史稿. 北京：人民中国出版社，2000.
163. 张西平. 国际汉学：第 18 辑. 郑州：大象出版社，2009.
164. 赵敦华. 西方哲学简史. 北京：北京大学出版社，2012.
165. 赵敦华. 现代西方哲学新编. 北京：北京大学出版社，2014.
166. 赵汀阳. 坏世界研究. 北京：中国人民大学出版社，2009.
167. 赵汀阳. 惠此中国：作为一个神性概念的中国. 北京：中信出版社，2016.
168. 赵汀阳. 论可能生活. 北京：中国人民大学出版社，2009.
169. 郑观应. 盛世危言. 北京：华夏出版社，2002.
170. 中国科学院近代史研究所史料编辑室，中央档案馆明清档案部编辑组. 洋务运动. 上海：上海人民出版社，1961.
171. 中国人民大学教学科研及辅助单位简史（内部资料）. 1993.
172. 中国哲学：第 13 辑. 北京：人民出版社，1985.
173. 中国哲学年鉴 2001. 北京：哲学研究杂志社，2001.

174. 中华人民共和国教育大事记（1949—1982）. 北京：教育科学出版社，1984.

175. 周宪，童强. 现代与传统之间. 北京：北京大学出版社，2010.

176. 朱熹. 四书章句集注. 北京：中华书局，2012.

177. ANTONY GIDDENS. Conversations with Anthony Giddens：Making Sense of Modernity. California：Stanford University Press，1998.

178. BØRGE BAKKEN. The Exemplary Society：Human Improvement，Social Control，and the Dangers of Modernity in China. Oxford：Oxford University Press，2000.

179. CHRIS BARKER. Cultural Studies：Theory and Practice. London：Sage，2005.

180. GILBERT ROZMAN，THOMAS P. BERNSTEIN. The Modernization of China. New York：Free Press，1981.

181. M. HEIDEGGER. What is a Thing?. Translated by W. B. Barton，Jr. and Vera Deutsch. Indiana：Gateway Edition，1967.

182. XINZHONG YAO. An Introduction to Confucianism. Cambridge：Cambridge University Press，2000.

二、期刊报纸类

1. F. 费迪耶，等. 晚期海德格尔的三天讨论班纪要. 丁耘，译. 哲学译丛，2001（3）.

2. A. 茨木普耐尔. 中国哲学和沃尔夫. 蔺月峰，译. 哲学译丛，1962（5-6）.

3. 陈来. 百年来儒学发展的回顾与前瞻. 深圳大学学报（人文社会科学版），2014（3）.

4. 陈来. 中国哲学话语的近代转变. 文史哲，2010（1）.

5. 陈启伟. “哲学”译名考. 哲学译丛，2001（3）.

6. 陈少明. 讲求方法：来自西方哲学的启示. 学术研究，2008（5）.

7. 陈少明. 经典解释与哲学研究. 中山大学学报（社会科学版），

2003 (2).

8. 陈少明. 中国哲学史研究与中国哲学创作. 学术月刊, 2004 (3).

9. 戴卡琳. 究竟有无“中国哲学”?. 杨民, 季薇, 译. 中国哲学史, 2006 (2).

10. 丁伟志. “中体西用”论在戊戌维新时期的嬗变. 历史研究, 1994 (1).

11. 丁伟志. “中体西用”论在洋务运动时期的形成与发展. 中国社会科学, 1994 (1).

12. 杜维明, 安乐哲, 等. 中国哲学研究的世界视野与未来趋向. 哲学动态, 2018 (8).

13. 杜维明. 现当代儒学的转化与创新. 社会科学, 2004 (8).

14. 杜维明. 中国传统文化的当代价值. 江海学刊, 2011 (3).

15. 杜运辉. “三流合一”与二十世纪中国文化的融通和超越. 中国社会科学, 2015 (4).

16. 樊黎. 哲学教育为什么失败. 湖南师范大学教育科学学报, 2016 (4).

17. 方克立. 从曲高和寡到主流话语——张申府“三流合一”思想的历史命运. 河北师范大学学报 (哲学社会科学版), 2013 (5).

18. 方克立. 关于文化体用问题. 社会科学战线, 2006 (4).

19. 方克立. 回应中国哲学“合法性”质疑的三个问难. 人文杂志, 2005 (4).

20. 丰子义. 从话语体系建设看马克思主义哲学创新. 哲学研究, 2017 (7).

21. 冯友兰. 中国哲学与未来世界哲学. 涂又光, 译. 哲学研究, 1987 (6).

22. 傅永军. 现代性与传统. 山东大学学报 (哲学社会科学版), 2008 (2).

23. 高坂史朗. 东洋与西洋的统合: 明治哲学家们的追求. 吴光辉, 林斌, 译. 日本问题研究, 2012 (3).

24. 顾明远. 论苏联教育理论对中国教育的影响. 北京师范大学学报 (社会科学版), 2004 (1).

25. 关东．现代新儒学研究的回顾与展望——访方克立教授．哲学研究，1990 (3).

26. 贺来．如何寻求中、西、马汇通的结合点．光明日报，2015-01-21 (13).

27. 贺来．哲学教育的规范化与创新人才的培养．教学与研究，2006 (9).

28. 贺来．中国哲学、西方哲学、马克思主义哲学：价值信念层面的对话．中国社会科学，2008 (5).

29. 黄玉顺．追溯哲学的源头活水．四川大学学报（哲学社会科学版），2011 (4).

30. 江怡．走出西方语境的中国哲学．江苏行政学院学报，2007 (6).

31. 景海峰．中国哲学面临的挑战和身份重建．深圳大学学报（人文社会科学版），2003 (5).

32. 坎伯．哲学的未来．吴万伟，编译．社会科学报，2009-12-10 (7).

33. 莱布尼茨．致德雷蒙先生的信：论中国哲学．庞景仁，译．中国哲学史研究，1981 (3).

34. 劳思光．中国哲学研究之检讨及建议．南京大学学报（哲学·人文科学·社会科学），2013 (2).

35. 李翔海．从“哲学在中国”到“中国的哲学”．学术月刊，2007 (4).

36. 林安梧，欧阳康，邓晓芒，郭齐勇．中国哲学的未来：中国哲学、西方哲学、马克思主义哲学的交流与互动（上）．学术月刊，2007 (4).

37. 林安梧，欧阳康，邓晓芒，郭齐勇．中国哲学的未来：中国哲学、西方哲学、马克思主义哲学的交流与互动（下）．学术月刊，2007 (5).

38. 刘大椿．当代我国哲学教育的错位．中国高等教育，2004 (2).

39. 刘笑敢．“反向格义”与中国哲学研究的困境．南京大学学报（哲学·人文科学·社会科学），2006 (2).

40. 刘笑敢．反向格义与中国哲学方法论反思．哲学研究，2006 (4).

41. 乔清举. 中国哲学研究反思：超越“以西释中”. 中国社会科学，2014 (11).

42. 任剑涛. 重提儒学第三期发展：现代性儒学建构的进路问题. 江苏行政学院学报，2011 (4).

43. 任平. 当代中国马克思主义哲学创新范式图谱. 中国社会科学，2017 (1).

44. 沈壮海，张发林. 当前中国高校的哲学社会科学创新：观念与路径——基于全国 50 所高校的调查. 中国社会科学，2012 (8).

45. 孙向晨. 从西方哲学思考源于中国经验的哲学问题. 中国社会科学报，2012-07-02 (A11).

46. 孙向晨. 哲学反思与现时代的价值形态. 学术月刊，2016 (10).

47. 孙正聿. 当代中国的哲学历程. 教学与研究，2001 (8).

48. 孙正聿. 关于哲学教育改革的几个问题. 哲学研究，2000 (6).

49. 谭仲鹢. 世界哲学与未来中国哲学. 开放时代，1997 (1).

50. 汪信砚. 认祖归宗与当代中国马克思主义哲学创新. 哲学研究，2016 (5).

51. 王新生. 当今中国的哲学创新与哲学教育. 中国高校社会科学，2017 (1).

52. 王中江. 中国哲学的“原创性叙事”如何可能. 中国社会科学，2004 (4).

53. 王中江. 转变中的中国哲学范式的自我反思和期望. 河北学刊，2004 (1).

54. 吴根友. 当代中国哲学形态构建面临的时代问题与可能回答. 中国社会科学，2008 (5).

55. 吴根友. 对当代中国哲学创新的思考. 华中师范大学学报（人文社会科学版），2015 (5).

56. 吴根友. 判教与比较. 哲学动态，2011 (5).

57. 吴根友. 中国哲学的时代任务与创新的可能性. 学术月刊，2016 (10).

58. 向世陵. 整体、本体、境界与世界——中国哲学如何走向未来. 福建论坛（人文社会科学版），2008 (1).

59. 谢地坤. 中国的哲学现状、问题和任务. 中国社会科学，2008（5）.

60. 学生眼里的20世纪中国哲学. 哲学动态，2000（4）.

61. 颜炳罡. 20世纪中国哲学研究话语体系范式转换之得失及未来走向. 文史哲，2010（1）.

62. 杨国荣. 何为中国哲学. 文史哲，2009（1）.

63. 杨国荣. 如何做哲学. 哲学动态，2016（6）.

64. 杨海文. 中国哲学的“合法性危机”与重写中国哲学史. 河北学刊，2004（3）.

65. 姚新中，陆宽宽. 当代中国哲学的结构困境. 哲学研究，2016（3）.

66. 姚新中. 比较哲学的“第三条路线”——一个方法论的讨论. 哲学动态，2018（1）.

67. 姚新中. 传统与现代化的再思考. 北京大学学报（哲学社会科学版），2015（3）.

68. 姚新中. 哲学与现时代的两重思考. 学术月刊，2016（10）.

69. 叶秀山. 哲学还会有什么新问题?. 哲学研究，2000（9）.

70. 张立文. 中国哲学的“自己讲”、“讲自己”. 中国人民大学学报，2003（2）.

71. 张汝伦. 哲学对话与中国精神的重建. 中国高校社会科学，2016（2）.

72. 张汝伦. 中国哲学的自主与自觉. 中国社会科学，2004（5）.

73. 张祥龙. 胡塞尔、海德格与东方哲学. 中国社会科学，1993（6）.

74. 张小平，杨俊峰. “马魂中体西用”与文化体用问题纵横谈——访中国社会科学院学部委员方克立教授. 马克思主义研究，2017（5）.

75. 张志伟. 中国哲学还是中国思想. 中国人民大学学报，2003（2）.

76. 赵敦华. “大哲学”视野中的现代中国的哲学. 云南大学学报（社会科学版），2005（3）.

77. 赵敦华. “哲学二级学科”刍议. 中山大学学报（社会科学

版），2008（2）.

78. 郑家栋.“合法性”概念及其他. 哲学动态，2004（6）.

79. 朱人求. 话语分析与中国哲学研究范式的转换. 学术月刊，2016（9）.

后　记

现代中国哲学学科自 1912 年北京大学开设“哲学门”以来，已悄然翻越了百余年的春秋。在这百余年的历史中，我们很难想象有哪个时期中国的哲学家们没有在努力从事中国哲学的创新事业；但与此同时，我们也很难想起有哪些哲学家，曾以“哲学创新”为题，大书特书中国哲学的创新问题。这是时代的一种双重窘境：一方面，很少有哪个时代的哲学家或哲学学人会像我们今天这般为哲学的创新而奔走呼号；另一方面，也很少有哪个时代会像我们今天这般如此需要创新的哲学。古代的先哲们或许会讶异于我们今天的问题和处境，因为，从思想的逻辑上看，哲学本无创新的“问题”，时代的变革会给人们的生活带来思想的问题，生活中的人们也会通过对问题的思考而创造出时代的哲学，哲学是反思时代和生活问题的自然流露，而非需要通过“创新”的指令来加以完成的任务。当“创新”成了哲学的一个元问题，哲学思考便可能会因为这种带有功利性和目的性的思想“负担”而走向迷途。因此，在这种意义上，一个过于强调和呼吁哲学创新的时代或许并不是哲学创新的理想土壤，因为它所带来的时代氛围很可能会挤压思想成长的空间。

但历史的吊诡在于，中国哲学已经在这种焦灼的期待中摸索了很长时间。自西学东渐以来，中国传统思想迫切地想要在世界哲学舞台上以现代哲学的方式“说自己”和“自己说”，中国哲学学科的诞生本身就是中国思想“为承认而斗争”的哲学表达。因此，“带着锁链起舞”构成了中国哲学的一种独特历史印记和时代风骨。当代中国哲学虽然不得不在重重结构困境中背负着“创新”的思想压力而披荆斩棘，但我们期望也相信，中国哲学有能力在质疑声中完成思想的“调音”。

《中国哲学创新方法论研究》这本书构思于2015年。彼时，中国人民大学重大规划项目“当代中国哲学创新研究”刚刚立项。作为当代中国哲学学人，我们并不讳言自己一直以来对从新的视角重新审视当代中国哲学所怀有的学术热情和理论期待。因此，当有这么一个机会使我们能够为自己热爱的事业做出哪怕只是一点绵薄的贡献时，我们便欣然前往了，甚至都没来得及细细思量和掂量哲学创新路上的艰难困苦。在探索真理的道路上，我们固然害怕失败，但哲学和思想的荣耀并不会因为我们的一两次失败而蒙羞；相比之下，我们或许更害怕因想得太多而做得太少，以知识扼杀行动，从而最终遗憾地让思想止步于观念，把行动推诿于未来。本书虽然以《中国哲学创新方法论研究》为题，但读者很容易发现书中的内容并不只是方法论上的，它还包含如哲学与时代的关系、中国哲学的合法性、中国哲学的发展历程与结构困境、哲学教育等诸多实践性很强的问题。作为一本以“方法论”冠名的著作，它的内容似乎太不“方法论”了；而作为一本“研究”，它关心的对象似乎也太多了。但我们似乎又有“充分的”理由为这样的安排辩护。在某种意义上，本书的一个核心概念或基本理念就是“大哲学”。“大哲学”既是一种哲学，又是一种方法论。在赵敦华教授那里，“大哲学”主要是作为与“纯哲学”相对应的“文化母体”概念来使用。我们借鉴了这一概念的基础内涵，但在方法论的意义上对之进行了改装和扩展，使之成为一种更具普遍指导意义的哲学范畴，从而为我们所期待的哲学创新奠定一个更加开放的视角。哲学离不开它的时代，哲学的创新离不开对哲学困境的时代诊脉，左牵右引，前勾后勒，不知不觉间，哲学与时代的关系、中国哲学的合法性、中国哲学的发展历程与结构困境以及哲学教育等问题便接踵而来。于是，为了说明方法论的问题，我们便不得不将这些连带问题一同“邀请”至我们的思想现场，并努力在其中维持一种方便理解的秩序。《中国哲学创新方法论研究》一书的结构布局大体因此而来。

本书的面世着实有赖于各方的努力和帮助。在思想上，我们受益于许多学者的启发和帮助，尤其是北京大学哲学系赵敦华教授，中国社会科学院哲学研究所赵汀阳研究员、刘素民研究员，北京师范大学哲学学院刘笑敢教授，武汉大学哲学院吴根友教授，是他们的观点让我们的思考走得更远，对此我们深表谢意。我们还要感谢中国人民大学科研规划办，是其提供的项目支持让我们有机会把自己的想法付诸实践。我们还要特别感谢中国人民大学出版社的杨宗元女士和罗晶编辑，从最初的出版申报到最后的一遍遍校对，是她们的慷慨帮助和细致工作才让本书最终得以出版。

在本书即将出版之时，我们不禁想起两千多年前董仲舒的那句名言："正其谊（义）不谋其利，明其道不计其功。"我们深知在科研上还没有完全达到董仲舒所说的这个境界，但我们努力工作过、认真思考过，其中的优劣、短长、对错，只有留待读者去评判了。

姚新中　陆宽宽

2018 年 12 月 31 日

于中国人民大学

图书在版编目（CIP）数据

中国哲学创新方法论研究/姚新中，陆宽宽著. —北京：中国人民大学出版社，2019.3

（再读马克思. 文本研究与哲学创新系列）

ISBN 978-7-300-26777-7

Ⅰ.①中… Ⅱ.①姚… ②陆… Ⅲ.①哲学-研究方法-中国 Ⅳ.①D2-3

中国版本图书馆 CIP 数据核字（2019）第 033494 号

国家出版基金项目

再读马克思：文本研究与哲学创新系列

郭　湛　主编

中国哲学创新方法论研究

姚新中　陆宽宽　著

Zhongguo Zhexue Chuangxin Fangfalun Yanjiu

出版发行	中国人民大学出版社		
社　址	北京中关村大街 31 号	**邮政编码**	100080
电　话	010－62511242（总编室）		010－62511770（质管部）
	010－82501766（邮购部）		010－62514148（门市部）
	010－62515195（发行公司）		010－62515275（盗版举报）
网　址	http://www.crup.com.cn		
	http://www.ttrnet.com（人大教研网）		
经　销	新华书店		
印　刷	涿州市星河印刷有限公司		
规　格	160 mm×235 mm　16 开本	**版　次**	2019 年 3 月第 1 版
印　张	18.25 插页 3	**印　次**	2019 年 3 月第 1 次印刷
字　数	287 000	**定　价**	69.80 元